アイルランド革命 1913-23

# アイルランド革命 1913-23

第一次世界大戦と
二つの国家の誕生

小関 隆

岩波書店

# プロローグ——南アフリカ戦争

第二次世界大戦期のイギリス首相ウィンストン・チャーチル、波乱に富んだ彼の生涯のうちでも特に劇的なエピソードは一八九九年の南アフリカで生じた。この年の一〇月に勃発した南アフリカ戦争（第二次ボーア戦争）[1]を取材するため、保守系日刊紙『モーニング・ポスト』の特派員として戦地に赴いた彼は、ボーア軍の捕虜となって囚われるのだが、同年一二月一二日に収容所からの脱走を敢行した。そして、夜陰の中をさまよい、貨物列車に飛び乗り、炭坑の坑道に身を潜めた末、まんまと逃げおおせたのである。この冒険譚によって彼は一躍有名人となり、翌年の総選挙で庶民院議員に初当選して栄達の足がかりを摑む。本書にもチャーチルはしばしば登場するが、ただし、主人公はこれから述べる三人である。三人の南アフリカ戦争とのかかわりを見ることから始めよう。

脱走したチャーチルが辿りついた先はポルトガル領東アフリカの港町ロウレンソ・マルケス（現在のモザンビークの首都マプト）のイギリス領事館だったが、チャーチルと入れ替わるように、一九〇〇年一月八日に同地に到着したのがイギリス外務省領事ロジャー・ケイスメントであった。この時、彼の

---

（1）　一八九九—一九〇二年。オランダ系入植者ボーア人が南アフリカに設立したトランスヴァール共和国およびオレンジ自由国とイギリスとの間の戦争。

胸中には不満がくすぶっていたはずである。南アフリカ戦争が始まると、ケイスメントは勇んで勤務地ルアンダからケープタウンに向かい、イギリス軍が苦戦する戦況を打開するため、ロウレンソ・マルケスとプレトリアを結ぶ鉄道の橋梁を爆破してボーア軍の物資供給ルートを断つ計画を立案したのだが、外務省から与えられたのは、中立の体裁の下でポルトガルがボーア軍に軍需品を流出させている疑いについて調査するという、橋梁爆破に比べるとなんとも華々しさを欠く任務であった。

軍需品の流出は微々たる量にすぎない、との調査結果を得ると、ケイスメントは即座にケープタウンに舞い戻り、橋梁爆破計画を改めて提案するとともに、自ら作戦に参加することを申し出た。橋梁爆破作戦は一九〇〇年四月に実施されることとなったが、戦力を投入すべき他の作戦が急浮上したため、撤回されてしまう。渾身の企てでイギリス帝国の戦争に貢献する機会は、こうして失われた。

ケイスメントが橋梁爆破計画を準備していた頃、イギリス議会庶民院の書記官アースキン・チルダーズはロンドン市帝国義勇軍《シティ・インペリアル・ヴォランティアズ》（CIV）の一員として南アフリカに向かっていた。妹に送った手紙には、彼が義勇兵となった動機がこう書かれている。「しばらくの間海外へ出てみたいと切望していました。自分の国のためになにかを為すって、素晴らしいことだと思いませんか？」南アフリカにおけるイギリスの政策の正当性を微塵も疑うことなく、単調な法制官僚の生活では期待できない「冒険」を求めて、彼は南アフリカに赴いたのである。

「冒険」が到来したのは一九〇〇年六月、砲兵隊員として護衛任務にあたっていた際にボーア軍ライフル部隊との本格的な銃撃戦を経験したのである。もちろん、かつてない恐怖を味わいもしたが、日記に綴られるのはこんなことばである。「われわれは皆、戦闘をエンジョイした。それはようやくやってきたホンモノだったのだから」。チルダーズにとって、戦闘は「ゲームのよう」なものであり、そこにはボーア人への敵意や憎悪はいっさい介在していなかった。

同じ時期のダブリンに目を転じてみよう。アイルランドではイギリスの帝国主義戦争だとして南アフリカ戦争を批判する世論が優勢だったが、精力的に反戦の論陣を張った一人がアイルランド《アイリッシュ・パーラメンタリ・》議会党《パーティ》(IPP)の庶民院議員、党首ジョン・レドモンドの弟でもあったウィリー・レドモンドである(以下、兄をレドモンド、弟をウィリーと表記)。「ボーア人からの略奪を楽しめばよかろう、トランスヴァールの貧しい農民からの大勝利を喜べばよかろう」といった挑発的な演説を繰り返したウィリーは、反戦集会を治安当局が禁止しようとした時に生じた騒乱に関与して逮捕されてもいる。

ウィリーによれば、文民の強制収容や焦土作戦さえ厭わぬ「残酷で不必要、正義に適わない」イギリスの帝国主義戦争は、イギリスの支配に抵抗するアイルランドにとってチャンスでもあった。「現在イングランドは南アフリカにおいて死の呪縛の中にあります。大陸にも本国にも、イングランドは敵を抱えています。……今日ほど自由を獲得するためのチャンスをアイルランドが与えられたことはかつてありません」。これは、「イングランドの苦境はアイルランドの好機」というナショナリズムの伝統的スタンスの表明である。同時に、ウィリーからはイギリス軍兵士として戦うアイルランド人の勇敢さを賛美することばも聞かれた。「南アフリカにおいて、いつもそうであったように、アイルランド人は勇敢に戦っています……誤った側でではあるのですが」。

南アフリカ戦争はケイスメントがアイルランド・ナショナリストへと変貌してゆくきっかけとなった。自他ともに認める帝国主義者として戦争に臨んだ彼は、早くも一九〇〇年末には「親ボーア」の立場に接近していたという。

　私はかつて帝国主義を受けいれていました。イギリスの支配はなにがあっても拡張されるべきだ、なぜなら地球上の誰にとってもイギリスの支配こそが最善なのだから、その拡張に敵対する者たちを叩き潰すのは正当だ、と。ようやく私に良心の呵責が生じたのは、南アフリカ戦争、中でも強制収容所によってでした。

イギリスの正当性への確信が揺らぐのと踵を接して呼び覚まされたのが、祖国アイルランドへの思い入れである。南アフリカでの経験を通じて、ボーア人と同じくイギリスの支配に抗うアイルランド人としての意識が強まってきたのである。

　同じような変化は、従軍生活を「エンジョイ」したチルダーズにも生じていた。ボーア軍と対峙した経験から、この戦争が単純な善と悪の対決ではないこと、イギリスでは残虐で野蛮と報道されていたボーア人が彼らなりの大義に献身する勇敢にして誠実な人々であることに気づいてゆくのであり、南アフリカ経験がボーア人への肯定的評価を導いた点では、後年のチルダーズと浅からぬ因縁をもつことになるチャーチルも同様であった。もちろん、ボーア人への好意的な評価がそのままイギリス帝国への疑念に結びついたわけではないが、それでも、焦土作戦のようなイギリス軍のやり方はチルダーズを動揺させずにはいなかった。一緒に従軍していた親友ベイジル・ウィリアムズの回想を引用しよう。

　われわれは野外で眠りにおちるまであらゆる話題を語りあったものだった。……二人はいずれも頑迷なトーリ〔保守派〕として南アフリカにやってきたのだったが、段々とよりリベラルな考え方に傾きはじめた。

チルダーズの前には新しい政治的地平が開けようとしていた。

帝国主義戦争に献身せんと戦場に赴いたケイスメントとチルダーズが徐々に帝国批判の視座を獲得していったのとは逆に、はっきりと反帝国主義の立場にあったウィリーは、南アフリカ戦争後には帝国を好意的に語るようになる。きっかけとなったのが、一九〇四年二月からのオーストラリア訪問である。一九〇六年刊の訪問記『新しいコモンウェルスを旅して』には、次のようなことばが並ぶ。「オーストラリアの形成にアイルランド人は大きく関与してきた」、「ここにはもう一つのアイルランドがあり、このアイルランドは自由を享受し、しかも西洋の小さな島を依然として愛している」。オーストラリアにおけるアイルランド人移民の活躍の称揚は、帝国はイギリスのものであると同時にアイルランドのものでもある、という認識に連なる。自治領として発展するオーストラリアの事例は、間違いなく、アイルランドの未来に関するヒントをウィリーに与えた。かつての帝国主義戦争批判は、帝国の中でのアイルランドの発展という発想に段々と圧倒されてゆくことになる。

一九〇〇年一〇月に南アフリカを離れたチルダーズは同年のうちに従軍記『CIVの隊列の中で』を出版し、「兵卒の視点から戦争を見る大変に興味深い一冊」として好評を得た。後に小説で成功する彼の文才が注目されたのである。法制官僚の生活に復帰したものの、戦場経験と比べてそれはあまりに退屈であり、彼は趣味のヨット・クルージングを題材とした小説の執筆に力を注いでゆく。

南アフリカ戦争に関連して見逃せないのは、ヨハネスブルクのアイルランド人移民を中心に二つのアイルランド人部隊＝「アイルランド旅団」(2)が組織され、ボーア軍の一部としてイギリス軍との戦闘

図 P-1　南アフリカ戦争に参加した第一アイルランド旅団

に従事したことである。「アイルランド旅団」について、ケイスメントの外務省への報告は、「プレトリアの権力者たちが、女王に忠誠を誓った者たちに忠誠を過《あやま》たすよう、自分自身に対して不誠実に振舞うよう強いるためなら、強制であろうが甘言であろうが、あらゆる手段を使い尽くすことの証左」だと記している。この頃のケイスメントからすれば、まさに唾棄すべきエピソードだったわけだが、第一次世界大戦（以下、大戦）の際には彼自身がドイツで同様の「旅団」の編成を企てることになる。南アフリカの「旅団」は、重要な前例として彼をインスパイアするのである。

各々のかたちで南アフリカ戦争にかかわったケイスメントとチルダーズ、そしてウィリーがこの時に相見えることはなかった。しかし、この戦争から十余年を経て始まるアイルランド革命で重大な役割を果たす三人には、南アフリカ戦争の経験がくっきりと刻印されていた。本書は三人に焦点を合わせながらアイルランド革命を跡づけてゆく。

（2）もともとは一七世紀末にフランス軍に参加して戦ったアイルランド人部隊を指す呼称。

# 凡　例

- 本書でいう「イギリス」は、「連合王国」全体を指す場合とアイルランドを除いた「グレイト・ブリテン」を指す場合とがある。「イングランド」は地理的な概念としてのみ用いるが、引用の場合は原文に従う。
- 演説や手紙は「です、ます」体で、書物や新聞記事は「である」体で訳出することを原則とするが、文脈に応じて適宜訳し分ける。
- 引用文中の〔　〕は引用者による補足、……は中略である。
- アルファベットによる略記の一覧は次の通りである。

| | | |
|---|---|---|
| CIV | ロンドン市帝国義勇軍 | City Imperial Volunteers |
| ICA | アイルランド市民軍 | Irish Citizen Army |
| IPP | アイルランド議会党 | Irish Parliamentary Party |
| IRA | アイルランド共和軍 | Irish Republican Army |
| IRB | アイルランド共和主義同盟 | Irish Republican Brotherhood |
| IV | アイルランド義勇軍 | Irish Volunteers |
| NV | 国民義勇軍 | National Volunteers |
| RIC | 王立アイルランド警察 | Royal Irish Constabulary |
| USC | アルスター特別警察 | Ulster Special Constabulary |
| UUP | アルスター・ユニオニスト党 | Ulster Unionist Party |
| UVF | アルスター義勇軍 | Ulster Volunteer Force |

マーロウ湾
アントリム州
アルスター
ベルファスト
リズバーン
エニスキレン
ファーマナ州
スライゴー
カースルバー
コナハト
ミーズ州
トリム
ダブリン
ホウス
サンディコウヴ
ゴールウェイ
キルデア州
カラー
レンスター
グレンダロック
ウィックロウ州
ウドゥンブリッジ
クレア州
エニス
ティペラリ州
キルケニ州
リムリック
ソロヘドベグ
エニスコーシ
リムリック州
ウェクスフォード州
フェニット
バンナ・ストランド
クロンメル
ウェクスフォード
トラリー
マンスター
ウォーターフォード
バリトレント
ケリ州
ファーモイ
ウォーターフォード州
ヴァレンシア島
コーク州
コーク
キルマイケル
ベール・ナ・ブラー
バントリ
北アイルランド
0
80 km

アイルランド

# 目　次

# 序章　アイルランド革命とは？

アースキン・チルダーズ

ロジャー・ケイスメント

ウィリー・レドモンド

## 第一節　革命の概要

### 1　二つのアイルランドの誕生

一九一四年七月に大戦が始まった時、アイルランドは「グレイト・ブリテンおよびアイルランド連合王国」の一つの構成部分であり、主権をもたなかった。それから八年余りが経過した一九二二年一二月のアイルランドには、二つの国家が並存していた。一つはイギリス帝国自治領としてのアイルランド自由国であり、実質的には独立の主権国家と見なしてよい。もう一つは北アイルランド、こちらは連合王国の構成部分のままであるから、厳密には国家ではないが、自前の議会と政府による自治を認められた政治体であり、「オレンジ国家」[1]などとも呼ばれる。

この間にアイルランドが経験した変化は革命と評されるに値する。内戦の危機(一九一三—一四年)、大戦(一九一四—一八年)、イースター蜂起(一九一六年)、独立戦争(一九一九—二一年)を経て、アイルランドの全三二州のうち二六州は自由国のステータスを与えられ、内戦(一九二二—二三年)を通じてその正統性を確認した。連合王国から離脱した自由国は一九二三年には国際連盟への加盟を果たし、主権国家として国際的に認知される。イギリスによる統治を暴力的性格が濃厚な手法で覆し、アイルランドの主権=自決権を獲得してゆく過程を革命と呼ぶことは妥当だろう。大戦後には敗戦国となって崩壊する帝国から離脱して新たな国家を樹立した事例が多いが、自由国の場合、大戦の戦勝国から離脱している(イギリス帝国内には残留するが)点も特筆されるべきである。残る六州は連合王国に残ったが、自治議会と自治政府をもつ北アイルランドという新たなステータスを得る。これもまた重大な変化である。

そして、二六州から成る国家は、国号を改め、自治領から名実ともに独立の共和国になるという変化を経験するものの、今日まで存続している。同様のことは、一九二〇年に成立した北アイルランドにも、統治のあり方に揺れが生じたとはいえ、該当する。二つの国家を誕生させた革命には、現在に至るアイルランドの歩みを決定づける意味を見出すことができる。

## 2　時期区分

本書では革命を、大戦前の自治《ホーム・ルール》をめぐる対立（本章第二節参照）の中でアルスター義勇軍《アルスター・ヴォランティア・フォース》（UVF）とアイルランド義勇軍《アイリッシュ・ヴォランティアズ》（IV）という非正規軍事組織《パラミリタリ》、政府の管理下に置かれない武装集団が設立されたことを契機に惹起された政治の「軍事化」を起点とし、内戦の終結とともにひとまず終息した、一続きのプロセスと捉える。一九一三―二三年の革命期は次の四つの段階に区分される。

①UVFとIVの設立とともに起動した「軍事化」の流れが、大戦の勃発という事態を受けて、一方では主流派ナショナリストによるイギリスの戦争遂行への協力、他方では急進派ナショナリストによる武装蜂起準備と交錯した時期（一九一三―一六年）。第1章で扱う。

（1）　オレンジは一七世紀のオレンジ公ウィリアムにちなむプロテスタントのシンボルカラー。カソリックのシンボルカラーはグリーン。「オレンジ国家」とはプロテスタントが支配する国家を意味する。

②イースター蜂起を引き起こした反戦・反イギリスを掲げる急進派のナショナリズムが支持を拡大し、革命議会ともいえる国民議会の設立と「アイルランド共和国」独立の一方的な宣言に至る時期(一九一六―一九年)。第2章で扱う。

③擬制にすぎない「共和国」の実質化(対抗国家構築)と対イギリスの武力闘争とが同時進行した独立戦争が自由国の設立に帰結する一方、別個に北部アルスター地方(以下、アルスター以外の地方を「南部」と総称する)[2]の六州から成る北アイルランドという政治体が設立され、既成事実化する時期(一九一九―二一年)。第3章で扱う。

④自由国のステータスの諾否をめぐってナショナリスト同士の内戦が勃発し、それが休戦に向かう過程で自由国が正式に発足する時期(一九二二―二三年)。第4章で扱う。

## 3　革命と大戦

革命に決定的なコンテクストを提供したのが大戦であった。大戦があったからこそイースター蜂起が企てられたのであるし、独立戦争は大戦末期から直後に世界各地で勃発した数多の「戦後の戦争」の一例に他ならない。それにつづく内戦も戦間期において珍しい現象ではなく、大戦の余波として位置づけられる。近年、一九一四―一八年という通説的なそれではなく一九一二―二三年の時間枠で大戦を捉えることが提言されているが、アイルランドでも革命は二三年までつづき、大戦勃発に先行して顕在化した「軍事化」にしても、バルカン戦争(一九一二―一三年)がわかりやすい事例となるように、大戦前夜に特徴的な現象と見ることができる。革命の展開は常に大戦との連関の中で把握されるべきなのである。また、大戦に引き寄せて革命を検討することには、往々にしてイギリスとの関係に限定されがちな革命叙述の視野狭窄を克服する意味もあるだろう。

開戦七五周年から一〇〇周年までの四半世紀で、大戦の歴史的重要性に関する認識が最も大きく変わった国の一つがアイルランドである。第二次世界大戦で中立を保ったアイルランドにとって、大戦は二〇世紀に経験した最大の戦争であり、実際に二〇万を超えるアイルランド人が従軍したのだが、反戦・反イギリスを掲げる勢力がナショナリズムの主導権を握った経緯ゆえ、大戦はいわばタブーなトピックとなり、第二次世界大戦以降には大戦に関する「国民的記憶喪失」などと呼ばれる状況が広がった。しかし、南北アイルランドが共通に経験した大戦に南北和解の契機を見出そうとする動きが、一九八〇年代後半から活発化する。北アイルランド和平プロセスの進展、ヨーロッパ統合の深化、自由国の後身にあたるアイルランド共和国の経済成長、等の要因が、アイルランド史における大戦の意味を探求することを促したのである。重要な研究成果が陸続として登場し、大戦を組み込んだ革命史を叙述するための条件は着実に整ってきている。

---

（2）　アイルランドは、アルスター、レンスター、マンスター、コナハト、という四つの地方から成る。

## 第二節　自治法案と「軍事化」

### 1　前史

アイルランドとイギリス（イングランド）の関係の端緒は、教皇ハドリアヌス四世がイングランド王ヘンリ二世にアイルランドの領有を認める教書を出した一一五五年に求められるのが通例であり、一一七一年にはヘンリ二世の軍勢がアイルランドに上陸するが、支配が全島に及ぶようになるのはテューダー時代である。一五四一年にヘンリ八世がアイルランドの「王」となってイングランドとアイルランドの同君連合の形式が整い、エリザベス一世の治世に征服はひとまず完遂された。宗教改革が失敗したアイルランドではカソリックが多数派を占めつづけるが、一七世紀前半にはアルスターへのイングランドやスコットランドからの植民が本格的に展開され、アルスターの特殊性（本節2参照）の基礎が築かれた。一六四九年に始まったオリヴァー・クロムウェルの率いる新型軍によるアイルランド侵攻につづいて大規模な土地没収が遂行され、カソリックからプロテスタントへの決定的な土地所有権の移転が生じた。名誉革命で追われたジェイムズ二世を戴くカソリック軍がウィリアム三世（オレンジ公）を戴くプロテスタント軍に撃破されたボイン川の戦い（一六九〇年）を経て、カソリックの権利や自由を制限する一連の処罰法が制定され、プロテスタント優位体制が法的に確定された。一七七六年の時点で、総人口の七五％を占めるカソリックが所有する土地は全土の僅か五％であった。一七八二年にはアイルランド議会に自治権が与えられるが、宗派協調と共和国としての独立を謳うユナイテッド・アイリッシュメンの蜂起（一七九八年）は失敗し、一八〇〇年に自治議会は廃止、その翌年から実施された連合《ユニオン》によって、アイルランドはイングランド、スコットランド、ウェイルズが構成してきた連合王国という体制に組み込まれる。

連合王国体制の下で、アイルランドはイギリス帝国の宗主国の一部を成すとともに、総督府（イギリス国王の代理人である総督とアイルランド担当相が管轄する）を通じた統治の対象ともされた。帝国植民地に対しては宗主国でありながら自らもイギリスからは植民地的な処遇を受ける、という二面性を反映して、アイルランドの自立性の回復・強化を求めるナショナリズムは、二つの潮流に大別される。すなわち、連合王国体制への組み込みを承認し、その枠内での自立（焦点は自治議会の設立）を要求する自治主義と、連合王国からの離脱＝分離独立を目指す共和主義である。例外はあるが、総じて前者は合法的な議会主義を手法とし、後者は武力闘争に訴えようとする。本書でいうナショナリズムの「主流派」は自治主義に、「急進派」は共和主義に概ね対応している。

## 2　自治《ホーム・ルール》をめぐる危機《クライシス》

一八七〇年代から高揚期に入った自治主義のナショナリズム運動は、イギリスの自由党との連携を通じて議会法による自治議会の設立を目指した。自由党党首ウィリアム・グラッドストンがアイルランド統治を安定させるには自治権の付与が必要であるとの判断に至り、一八八〇―九〇年代に見通しは大きく開けるのだが、八六年の第一次自治法案は自由党議員の造反によって、九三年の第二次自治法案は保守党の牙城だった貴族院の抵抗によって、いずれも葬られた。第三次自治法案が提出されるのは一九一二年、自治運動を主導するＩＰＰ（庶民院に八四議席をもつ）の協力が自由党の政権運営に不可欠となったためであった。自由党内には自治に反対する大きな勢力はもはや存在せず、最大の障壁であった貴族院の権限も一九一一年議会法によって縮減されていたから（庶民院を三会期連続で通過した法案の成立を貴族院は阻めない）、情勢の激変さえなければ、一四年には第三次自治法案の成立を見込むことができた。自治主義のナショナリズムは、ついにその宿願を果たすかに思われた。

ここで激しい抵抗に出たのがアルスターを拠点とするユニオニストであり、連合王国体制を現状のまま維持せよとの彼らの主張にイギリスでは保守党が同調した。一九一一年の時点で人口の七四％をカソリックが占めたアイルランドの中で、アルスターはプロテスタントの人口比が五三％になるという著しい特殊性をもつ地方であって、人脈的にも経済的にもイギリスとのつながりが強いアルスターのプロテスタントは、現状のままの連合王国体制の維持を強硬に要求した。アイルランドに自治が認められるなら、連合王国内で享受している多数派の立場が失われ、カソリックが強い自治議会の下で少数派に転落せざるをえない、アルスター・プロテスタントの懸念はここにあった。彼らの強硬姿勢を端的に表現したのが、一九一二年九月二八日に発表され、二三万人以上の男性が署名を寄せた「アルスターの神聖なる同盟と誓約」である（ほぼ同数の女性が連帯を誓う「宣言」に署名した）。

われわれ自身と子孫のために連合王国における平等なシティズンシップという大切な地位を守り、アイルランドに自治議会を設立しようとする現下の陰謀の打倒に必要なあらゆる手段を行使すべく、われわれは手をとりあって立ち上がることを誓う。そして、かかる議会が押しつけられる場合には、その権威を認めないことを、われわれは神聖に、相互に誓約する。

「あらゆる手段」には武力も含まれる。一九一三年一月のＵＶＦ設立は、武力行使も辞さぬ決意の具体化に他ならない。また、自治議会が設立されてもその「権威を認めない」という一節には議会制定法への反逆が含意されるが、実際、自治が実施される場合にはアルスター独自の暫定政府を設立する方針が打ち出され、一九一三年九月のアルスター・ユニオニスト評議会の大会で承認された。議会制定法に従わず、対抗権力を構築する、とのスタンスは反国制的＝革命的といってよい。実現目前と思われた自治の前に、容易ならざる敵が立ちはだかったのである。なお、最大のユニオニスト政党であるアルスター・ユニオニスト党《アルスター・ユニオニスト・パーティ》（ＵＵＰ）の一番の目標は第三次自治法案を葬り去ることであったが、より現実的な目標として浮上してきたのが法案の修正、具体的には、アルスターを自治から「除外」し、自治議会の管轄範囲を「南部」に限定することであった。今日まで残るアイルランドの南北分割という選択肢が、ここで姿を現したわけである。

### 3　「軍事化」の端緒

ＵＶＦは一九一二年頃からアルスターの各地に誕生していた准軍隊的な団体を糾合したものであり、多くの元イギリス陸軍士官がスタッフとして参加した。設立当初の時点では武器が不足し、軍事教練の際には木製のレプリカ銃を用いたりしていたが、それでも、教練を公然と実施する武装集団が急速にメンバーを増やしていったことが、第三次自治法案の成立を目指す自由党政権に重大な圧力をかけたのは間違いない。「神聖なる同盟と誓約」で謳われた「あらゆる手段」による抵抗の決意に、一九一四年夏には一〇万人超の規模に達するＵＶＦが裏づけを与えたのである。保守党がはっきりとユニ

図 0-1　IV 部隊を閲兵するレドモンド

オニズムを支持したためもあって、ジャーナリズムでもＵＶＦへの共感を示す論調は珍しくなく、総じてパラミリタリズムは容認された。アイルランド政治に暴力の契機が導入されたのであり、議論と妥協よりも武力による対決をよしとする風潮が頭をもたげてゆく。政治の「軍事化」、すなわち、平和的・合法的な手法による政治に対して政敵を暴力的に打倒することも厭わない政治が存在感を増してゆくプロセスの端緒である。パンドラの箱が開かれ、革命の胎動が始まる。

「南部」にもパラミリタリが出現した。一つは一九一三年八—九月のアイルランド運輸一般労働組合の争議の際に見られた暴力的な鎮圧から労働者を守る目的で同年一一月に設立されたアイルランド市民軍《アイリッシュ・シティズン・アーミ》（ＩＣＡ）であるが、メンバーは三〇〇—四〇〇人に留まった。より大規模だったのは同じ月に結成されたＩＶである。後にアイルランド共和軍《アイリッシュ・リパブリカン・アーミ》（ＩＲＡ）を名乗るこのパラミリタリこそ、革命を牽引する軍事力となる。初代総裁・参謀長のオーン・マクニール[3]は自治主義者であり、彼がＩＶの設立を呼びかけた意図は、ＵＶＦに毅然と対処できない自由党政権が「除外」という選択肢に飛びつかぬよう圧力をかけるために、「南部」にもＵＶＦに相当する軍事力を確保することであった。つまり、先制的な武力行使は想定されていなかったのだが、とはいえ、一八—一九万人のメンバーを擁することになるＩＶには、アイルランド・共和主義同盟《アイリッシュ・リパブリカン・ブラザフッド》（ＩＲＢ）(4)のメンバーをはじめとして、自治ではなく独立共和国の樹立のための武装蜂起を目論む共和主義者も入り込み、指導部では多数派を形成した。イースター蜂起の際に発表される「アイルランド共和国宣言」に署名を寄せた七人のうち、実に五人がＩＶ指導部に名を連ねていたのである。その一人であるパトリック・ピアース(5)にとって、ＵＶＦの設立は強烈なインスピレイションとなった。ユニオニストの主張の是非はともかく、アイルランド人が武器を手にした事実、「ポピュラー・ミリタリズムという新しい精神」は歓迎すべきであり、「ライフルなきナショナリスト」などという馬鹿げた存在から脱するために「南部」もアルスターの前例に倣うべきだ、これが彼の言い分

(3)　ユニヴァシティ・カレッジ・ダブリンの古代・中世アイルランド史教授。イースター蜂起の計画に反対し、一九一六年四月二二日にＩＶ参謀長の立場で中止命令を出す。

(4)　一八五八年に設立された革命的な共和主義ナショナリストの秘密結社、最高評議会を指導部とする。

(5)　ゲール文化の復興を目指すゲーリック・リーグでナショナリストとしての活動を始め、一九〇八年にはセント・エンダ校を設立してアイルランド語と英語のバイリンガル教育を実践、一九一三年一二月にＩＲＢに加わる。ＩＶの創設メンバーであり、分裂後は少数派ＩＶのリーダーとなる。ＩＲＢ軍事評議会に加わってイースター蜂起の計画立案を主導し、蜂起の初日にアイルランド共和国暫定政府の大統領という立場で自身が起草の中心を担った「共和国宣言」を読みあげた。蜂起軍の総司令官として、蜂起後に処刑される。「血の犠牲」を求める彼の詩的かつ雄弁なことばには、急進派ナショナリズムを強くインスパイアする力があった。

であった。また、平和的な議会主義の手法で自治を実現せんとするIPPは、その路線を攪乱しかねないIVを当初は警戒したが、一九一四年春にはユニオニストに対抗するうえでIVを傘下に収めることは有効と判断し、IV指導部の多数派を掌握した。以降、IPP党首レドモンドを総裁とする武装組織として、共和主義者の存在にもかかわらず、IVはIPPとの協調を旨としてゆく。

IVがUVFと並び立ったことで、「軍事化」がいっそう進展したのは間違いない。武器が政治に持ち込まれ、暴力の脅威が政治を重大に左右する、場合によっては深刻な暴力的騒乱が生ずる可能性が客観的に存在するようになったのであり、これは議論を通じた合意形成と妥協を重んじるイギリス型のリベラルな政治文化とは異なる政治文化の台頭を意味した。アイルランド政治において二つの政治文化はこれまでも並存してきたが、前者の優位が掘り崩され後者が支配的になる方向へとバランスが変化してゆくのである。

そして、イースター蜂起や独立戦争の戦闘を遂行するのは他ならぬパラミリタリであって、UVFとIVの設立こそが革命の前提条件をつくったといってよい。パラミリタリズムの浮上は、イギリス政府への不信感がユニオニストの間でもナショナリストの間でも募っていたこと、同時に、大戦前夜のヨーロッパ各地に見られた、軍事的な価値観や組織を理想化し、自らの要求を強硬に主張しようとする風潮と、アイルランドが無縁でなかったことを示唆するだろう。こうして自治をめぐる対立を暴力によって打開する選択肢が提起され、南北間の内戦という見通しもリアリティを帯びた。アイルランド政治の地殻変動が確実に始まっていたのである。

## 第三節　革命を生きる

本書では、プロローグに登場した三人をクロース・アップしながら革命を描いてゆく。いずれも革命に深くかかわり革命の過程で落命した人物であり、特に大戦によって彼らの人生は激変した。三人の来歴を簡単に紹介しておこう。

### 1　ウィリー・レドモンド

ウィリアム・ホウイ・カーニ・レドモンドは、一八六一年四月一三日、ウェクスフォード州バリトレントに邸宅を構えるカソリックの名家に生まれた。父は自治主義者として庶民院議員を務め、ウィリーも早くから自治の支持者となった。一八七九年一二月に王立アイルランド連隊のウェクスフォード市民兵大隊(民兵軍)に参加、ここで中尉まで昇進した経歴が、後にイギリス陸軍に任官する際に正当化の根拠となる。いわゆる土地戦争(6)にかかわって、逮捕・投獄も経験した。一八八三年の初当選から一九一七年の死去まで庶民院議員の議席を保持し、IPP党首にまで上り詰めた兄の忠実な同志の役割を演じた。もちろん、自治の提唱は一貫している。

南アフリカ戦争を厳しく批判したことはプロローグで述べたが、一九一二年一二月三一日の庶民院

(6)　一八七九―八二年にアイルランド南西部を中心に展開された借地農の反地主闘争。

で、ウィリーは南アフリカ戦争と第三次自治法案とを以下のように関係づけた。ボーア戦争の際のアイルランド兵の活躍だけでも、アイルランド国民に非難を投げつける場合にはもっと慎重になるよう、議員諸氏に求めるのに充分な根拠であるに違いありません。マンスター・フュジリア連隊、ダブリン・フュジリア連隊、コナハト・レンジャーズ連隊、イニスキリング連隊の兵士たちの過半数は、宗教的にはカソリック、政治的には自治主義者でした。誰もが統治の問題に関して自分の祖国は公正に処遇されていないと思っていたのにもかかわらず、彼らは帝国のための戦争の任務に就き、忠実にこの任務を遂行しました。

自治の要求と帝国への貢献とは両立する、それどころか、自治が実施されればアイルランド人は帝国への帰依を強める、という主張である。これもまたプロローグで見たように、アイルランド兵の勇敢さを称え、帝国とアイルランドの結びつきを前向きに評価する視点が前景化したことで、帝国主義戦争批判のトーンは明らかに弱くなっていった。

一八八六—九二年にアルスターの北ファーマナ選挙区を地盤とした経験から、「北部の人たちの性質と気性はわが国を内戦に追い込むような行動を阻むだろう」といった調子で、ウィリーはアルスター・プロテスタントの自治への抵抗に関して楽観的な見方をとったが、しかし、UVFの台頭はやはり看過できず、対抗勢力たるIVの設立を歓迎した。UVFの武器密輸(第1章第一節参照)の成功を受けて、彼はこう演説した。「ねずみほどでも勇気のあるアイルランドの若者は皆、整列して教練を受けるべきです。北部のオレンジメンが既に装備を整えたと伝えられる以上、アイルランドの他の地方の人々にも装備を施すべく、あらゆる努力が払われるべきなのです」(7)。実際、IV指導部の一員となったウィリーは、一九一四年六月には武器の買付のためにベルギーへ赴いている。この時の武器は大戦の勃発で差し押さえられてしまうが、ケイスメントやチルダーズが中心になって実行されたIVの武器密輸（第1章第一節参照）の動きと無関係の行動であったとは思えない。つまり、議会を通じた自治を追求してきたウィリーも、「軍事化」に一役買っていたのである。

## 2　ロジャー・ケイスメント

ロジャー・デイヴィッド・ケイスメントは、一八六四年九月一日、ダブリン近郊サンディコウヴのアイルランド教会（プロテスタント）信徒の退役陸軍士官の家庭に生まれた。ただし、母はカソリックであり、ロジャーが三歳の時に秘密裏にカソリックの洗礼を受けさせている。早くからカソリシズムに親しみを覚えながら、プロテスタントとして生きざるをえなかったことは、彼が時に見せる情緒不安定の重要な一因であろう。両親と死別した後、一五歳で海運会社勤務を始め、一八八四—九二年にはベルギー国王レオポルド二世の私領地だったコンゴ自由国に滞在して、その間に作家ジョゼフ・コンラッドと知り合う。そして、コンラッドの『闇の奥』（一九〇二年）が描く帝国主義の暗部をケイスメントもやがて目にすることとなる。

（7）　プロテスタントの優位を護持する目的で一七九五年に結成され、UUPと密接に連携して革命期にも隠然たる影響力を行使した秘密結社＝オレンジ・オーダーのメンバーを意味するが、ここではプロテスタントのユニオニスト全体を指す蔑称として用いられている。

豊富なアフリカ経験を買われ一八九五年にイギリス外務省の領事職を得たケイスメントは、一九〇〇—〇三年に再びコンゴで勤務した。その際、レオポルド二世の意を受けてゴム利権の増進に励む官吏、商人、兵士による先住民虐待の調査に乗り出したことで、彼の人生は大きく転換した。一九〇四年に発表された白書＝『コンゴ報告書』は、凄まじい虐待をいち早く糾弾した歴史的文書である。非難はあたらないとしていたレオポルド二世が国際世論に押されて派遣した調査団も報告書の内容が事実であることを確認し、一九〇八年、ベルギー政府は国王個人からコンゴの統治を引き継ぐ。ケイスメントの報告書が決定的な役割を果たしたことは間違いなく、彼は国際的な称賛を受けた。先駆的な人道主義者として、彼の名は今日でもよく知られている。

長いアフリカ勤務で患ったマラリアその他の病のため、一九〇四—〇六年には領事の職務を中断してイギリスおよびアイルランドで静養するが、その間にアイルランド語の復興を唱えるようになり、ゲーリック・リーグ[8]に加入した。南アフリカ戦争の経験の中で胚胎された帝国批判が、アイルランド・ナショナリズムに結びついていったのである。

一九〇六年に領事職に復帰し、ブラジルに派遣される。アイルランドへの思いが強まる中、職務への意欲は萎えがちだったが、一九一〇年にアマゾン川の支流プトゥマヨ川流域におけるペルー・アマゾン会社のゴム採集に伴う先住民虐待の調査を命ぜられ、再び本領発揮の機会を得た。ケイスメントの調査は先住民が受けている奴隷的処遇の実態を明らかにし、一九一一年刊の報告書は広く注目と称賛を集めた。ケイスメントの名声は確立され、同年にはナイトの称号も授与されるが、本人にとってプトゥマヨの調査は帝国主義への幻滅にダメを押す経験であった。

外務省を退職したのは一九一三年八月、ちょうどアイルランドで自治をめぐる対立が緊迫の度を増していた頃であり、ナショナリズム運動にのめり込んでゆく。彼の見るところ、鍵を握る存在はドイツであった。ユニオニストの強硬姿勢に怯むイギリス政府がアイルランド問題を解決できない場合、ドイツがイギリスを打倒することがアイルランドの解放を促す、という発想である。そこではアメリカも重要な役割を果たす。「平和を愛するすべての者が希求する真の同盟とは、ドイツ、アメリカ、アイルランドの友好である。これこそが真の世界合衆国である。ヨーロッパとアメリカを結ぶリンクであるアイルランドは、ヨーロッパとアメリカによって自由にされねばならない」。ドイツとアメリカというファクターは、以降のケイスメントの行動を決定づける。

ウィリーと同じく、ケイスメントもＵＶＦの設立に強く刺激された。ＩＶの創設を熱烈に支持して大口の寄付を行い、指導部にも名を連ねて組織活動のために奔走した。彼の国際的名声はＩＶのプレスティージ・シンボルたりえた。ＩＶにかかわってケイスメントが果たした最大の実績である武器密輸については、第1章に譲りたい。

### 3　アースキン・チルダーズ

ロバート・アースキン・チルダーズは、一八七〇年六月二五日、ロンドンで生まれた。父はパーリ

(8)　アイルランド語をはじめとするゲール文化の復興を掲げて一八九三年に結成。多くのナショナリスト活動家が輩出された。

語研究の草分けとして名高いイギリス人であり、ロンドン大学ユニヴァシティ・カレッジの教授職にあったが、一八七六年に結核のため死亡してしまう。母は、ウィックロウ州に広大な所領と豪壮なグレンダロック・ハウスを有する、プロテスタントにしてユニオニストの名家に生まれたアングロ・アイリッシュ(イングランドからの入植者の子孫)であった。夫の死から数カ月後、彼女も同じく結核を患っていることが判明し、サナトリウムに収容される。以降、子どもたちと会うことはなかった。まだ六歳だったチルダーズが受けたショックは想像に余りある。五人の兄弟姉妹は、母の実家であるバートン家で暮らすこととなるが、早くに訣別を強いられた母への思いとともに、この少年時代の経験が後にチルダーズが示すアイルランドへの執着の種子になったと推察できる。

一〇歳になって以降の教育はイギリスで受け、一八八九年にはケンブリッジ大学トリニティ・カレッジに進学した。専攻は古典学と法学、ディベイト・ソサエティで自治法案への反対の論陣を張ったこともあった。この時点ではバートン家の伝統の側に立っていたのである。学生時代の友人にはエディ・マーシュ、ウォルター・ランシマン、チャールズ・トレヴェリアン、等がおり、さらに、バートランド・ラッセルやリットン・ストレイチといった時代を代表する知性とも交流をもった。一八九四年に庶民院書記官の職に就くが、情熱の対象となったのは法制官僚の仕事よりもむしろヨット・クルージングであった。同様の冒険心から南アフリカ戦争に参加したことは、プロローグで述べた通りである。

チルダーズの名を広く知らしめたのは一九〇三年刊の先駆的なスパイ小説『砂洲の謎』である。北ドイツ沿岸をヨットで航行する外務省官吏とその旧知が、ドイツのスパイと化した元イギリス海軍士官とのかかわりを通じて、ドイツ海軍のイギリス侵攻計画の存在を知り、それを阻止すべく努める、というあらすじをもつこの小説は、著者のクルージング経験に基礎を置いている。ドイツ脅威論がしばしば語られるようになっていたタイミングだったためもあり、『砂洲の謎』はベストセラーとなった(二〇世紀末までに二〇〇万部を突破)。文学史的に見ても、スパイ小説というジャンルの確立へのこの作品の貢献は大きい。チルダーズは一躍文壇の寵児となったのだが、ただし、彼にとって『砂洲の謎』はあくまでもドイツの脅威に警鐘を鳴らすための媒体であった。「ストーリーこそフィクションかもしれないものの、すべて事実に基づいています。……侵攻の図式には突飛なところなどまったくありません。……警鐘が的確かつ必要なものであることを強く確信しています」。チルダーズのメッセージを真剣に受けとめる海軍首脳は少なくなく、友人エディ・マーシュを通じて、チャーチルをはじめとする有力政治家に紹介されてもいる。

『砂洲の謎』の成功にもかかわらず、小説の第二作が書かれることはなかった。自身のことばによれば、彼は「行動が必要」な人間であって、「芸術家」ではなかった。その後の主要な著書としては、まず、『タイムズ版南アフリカ戦争史』(全六巻)の第五巻(一九〇七年)がある。詳細をきわめた力作であり、概ね好意的な評価を得たが、舞台裏では修正を要求する編集責任者レオ・エイムリとの間に緊張が生じていた。大幅なリライトを求められた最終章の趣旨は、交渉による講和を拒否して無条件降伏を求めたアルフレッド・ミルナー(南アフリカ高等弁務官兼ケープ植民地総督)のやり方はボーア人への敬意を欠いており、彼らに必要以上の屈辱と犠牲を強いた、というものである。南アフリカ戦争の際に抱いたボーア人への高い評価に、チルダーズはこだわったのである。

大雑把にいって、チルダーズの政治的立場は南アフリカに赴いた頃の「頑迷なトーリ」からリベラルへと変化した。こうした変化がアイルランド・ナショナリズムに結びついたのが一九〇八年、夏のアイルランド旅行から帰った彼はともに南アフリカで従軍した親友ベイジル・ウィリアムズを驚かせる手紙を書く。「最終的かつ確固として自治支持に転向した者として旅行から戻りました。……最も非妥協的な類のユニオニズムにどっぷりと浸かって育ったのですが」。唐突な転向宣言である。二年後には言論活動に時間を充てるために庶民院書記官のポストを辞するが、とはいえ、直ちにアイルランド問題に専心したわけではなく、一九一〇年刊の『戦争と刀剣』と一一年刊の『イギリス騎兵隊へのドイツの影響』はいずれも軍事評論であった。

アイルランド問題を詳細に論じた『自治の枠組み』(一九一一年)は、チルダーズの主著といえる。概要は以下のようである。①現状の連合王国体制はアイルランドの自由を侵害しており、「真の連合《ユニオン》」を実現したいなら、アイルランドに自治を与える必要がある。激しい戦争を経験したにもかかわらず帝国自治領の地位を得た南アフリカがよき前例であり、ボーア人と同じ「白人」であるアイルランド人も同種の自治を享受すべきである。②ユニオニストが自治に反対する最大の理由は、イギリスとの結びつきを通じて獲得してきた経済的な既得権益を喪失することへの恐怖であるが、それは杞憂にすぎない。自治はアルスターを含めたアイルランド全体に経済的恩恵をもたらす。③自治はイギリスにとっても好ましい措置である。「われわれにはヨーロッパに強力なライヴァルがいる。実践においても思考においても、われわれ全員が協力することが必要である」。現状のままでは「全員が協力する」ことは期待できない。④アイルランドの未来はイギリス帝国の中にこそあり、帝国から離脱すべき理由はない。この点について、講演パンフレット『自治の形態と目的』(一九一二年)から補足しておこう。

国民としてのプライドを微塵も犠牲にすることなしに、アイルランドは……今もこれからも永遠に自らの運命とイギリス帝国のそれとを一致させるという目的を意識的に掲げることができますし、掲げるべきです。アイルランドは帝国の建設に貢献してきました。帝国の骨はアイルランドの骨、帝国の肉はアイルランドの肉なのです。

アイルランドが倣うべきモデルは、「自由な白人の国」となりながらも帝国への忠誠を保っている自治領に他ならない。⑤議会主義の手法を放棄して分離独立を目指すのは時期尚早であり、当面は自治運動がナショナリズムを牽引すべきである。

「自治問題についてイングランド人によって書かれたこれまでで最も有力かつ明晰な書物」などと称賛を得た『枠組み』は、特に自由党系の知識人や政治家の間で広く読まれた。自治の論客として地歩を固め、自治運動の中で一目置かれる存在となった『枠組み』の頃のチルダーズから、後年の共和主義を予想することは難しい。

一九一三年秋にベルファストを訪問した折りには、ケイスメントと初めて会っている。二人は好印象を抱きあい、ケイスメントは『枠組み』を称賛したが、チルダーズのケイスメント評には不安のトーンも混じる。「彼は情熱を燃え立たせた最良のタイプのナショナリストですが、実践的な人物ではないのではないかと心配です」。翌年のIVによる武器密輸の中心を担い、「軍事化」に拍車をかけるのはまさにこの二人である。ウィリーもまた、決して遠くない位置にいた。

# 第1章　第一次世界大戦

リンブルクで組織された「アイルランド旅団」

二〇世紀の真の起点ともいうべき大戦は、アイルランド革命の行方を大きく左右した。ナショナリストはイギリスの戦争に協力する陣営と反戦・反イギリスを主張する陣営とに二分され、いずれも大戦をいわば奇貨として自らの目標を実現させるべく努めた。そして、大戦のグローバルな広がりゆえ、アメリカやドイツも革命にかかわってくる。また、大戦には政治の「軍事化」を加速させる力もあった。大戦という大状況を視野に収めることは、革命の理解にあたって欠かせない。

# 第一節　内戦前夜から大戦へ

## 1　カラーの「反乱」とUVFの武器密輸

首相H・H・アスクィスの率いる自由党政権に甚大なショックを与える事件が、一九一四年三月二〇日に発生した。自治への抵抗を叫ぶユニオニストとUVFへの警戒を強化するため、イギリス政府は駐留イギリス軍をアルスターに増派していたのだが、キルデア州カラーの駐留軍士官六〇人がアルスターへの移動命令を拒否、ユニオニストに自治の受けいれを強いるようなことはしたくないと辞職を申し出たのである。この想定外の不祥事はカラーの「反乱」と呼ばれた。「反乱」によって、UVFが軍事行動を起こした場合には駐留軍を用いて圧倒し、自治を実施してしまえばよい、というアスクィス政権の想定は根底から揺らぐこととなった。
ショックに拍車をかける事件がつづく。一九一四年四月二四―二五日の夜間、ＵＶＦがドイツで購入した武器・弾薬の密輸に成功した。一九一三年一二月の布告によって、許可なく武器・弾薬をアイルランドに持ち込むことは禁止されていたが、この非合法行為は、ユニオニズム運動を統括していたアルスター・ユニオニスト評議会やＵＵＰ党首エドワード・カーソン(1)も承知のうえで実行された。「反乱」で動揺を来していたためか、治安当局は武器密輸を実質的に黙認し、関係者を逮捕しようともしなかった。武器密輸を経て、ＵＶＦは駐留軍にとって脅威となりうる重装備の軍事力へと変貌した。五月二五日には第三次自治法案が原案のまま庶民院を通過し、あとは国王の裁可（勅裁）を受ける手続きが残されるのみとなるが、しかし、アルスターからの強い圧力を前に、アスクィス政権は修正（具体的にはアルスターの「除外」）を施さぬまま法案を成立させることに明らかに躊躇を覚えるようになってゆく。

## 2　ＩＶの武器密輸（計画立案）

一九一四年五月八日、ロンドンのアリス・ストップフォード・グリーン(2)邸に集まり、ＵＶＦに対抗する趣旨でＩＶも武器を獲得すべきとの合意に至った人々の中には、ケイスメントが含まれていた。

---

（1）一九一〇年からＵＵＰを党首として率い、大戦期には法務長官と海相を歴任する。
（2）自治運動の支持者であった歴史家。ケイスメントとは一九〇四年以来の親しい友人だった。

図1-1　ケイスメント(左)とグリーン(右)，中央はアシュボーン卿

武器密輸の計画・実行のための委員会が結成され、書記にはチルダーズの妻モーリが就いた。委員会のメンバーにせよ寄付者にせよ、その多くは自治主義者であり、財政的に特に貢献したのはゲール文化復興運動と自治運動の熱心な支持者だったメアリ・スプリング・ライスとグリーン、そしてケイスメントだった。実際にドイツから武器を運搬する任務に適任の人物として名前があがったのが、ヨット「アズガード」(ノルウェイ語で「神々の住処」、北欧神話に由来)を所有するチルダーズである。委員会の一員ダレル・フィッギス[3]の回想には、次のようにある。

　ケイスメントがチルダーズのアドレスを伝えてきて、早いうちに会ってほしいと私に要請した。この手紙を受けとってすぐ、私はチルダーズ氏をチェルシーのフラットに訪ねた。彼がいうには、ケイスメントからわれわれのプロジェクトについてすべて教えられており、それにかかわるリスクと秘密厳守の必要性を認識したうえで、あらゆる可能な方法で役に立ちたい、とのことであった。

危険を伴う非合法行為をチルダーズはなぜ買って出たのか？　彼の冒険衝動も理由の一つだっただろ

うが、なによりの動機は、ＵＶＦの圧力にイギリス政府が屈し、不当な修正を第三次自治法案に加えることがないように、ＩＶを武装させたい、という思いであった。あくまでもＵＶＦへの対抗措置であって、彼には積極的に武器を使用する意図はなかった。

フィッギスはチルダーズを「いささか真正のイングランド人すぎる」と評したが、「真正のイングランド人」ならではの強みがあることも事実だった。

イングランドにおける彼の地位、人脈、そして当時の政権党であった自由党の一部への影響力は、気安く投げ捨てるべきではない安全装置であった。……後年、彼はアイルランド人としての自分の権利を主張したが、この時点で、彼を雄弁かつ博識にわれわれの主張を支持する著名なイングランド人著述家以外の存在と考えている者は、われわれの中にはいなかった。

チルダーズは、あくまでも「著名なイングランド人著述家」であって、だからこそ武器密輸への関与が疑われにくい適任の運搬者と考えられたのである。

武器買付のためにドイツに渡ったのはチルダーズとフィッギスである。ＵＶＦの武器密輸がきっかけとなってドイツ政府がアイルランドへの武器輸出を禁止したため、買付交渉は難航し、フィッギスは自分たちはメキシコ人であるとの苦しい嘘を繰り出した。もとより二人がメキシコ人に見えるはずもなかったが、この発言が業者には「格好の口実」となり、契約が成立した。その夜、フィッギスがオペラに出かけた一方で、チルダーズは契約内容を一言一句まで再検討し、翌朝になっても文言を修

---

（3）　後に国民議会議員となり、自由国憲法の起草にも関与する。

正すべきではないかと考えつづけていたという。元法制官僚の習い性だろうか?

チルダーズとともに運搬にあたるクルーには、モーリと舟遊び程度の操舵経験しかないスプリング・ライスに加えて、旧知のイギリス陸軍軍人ゴードン・シェパードが選ばれ、二人の漁師も雇われた。チルダーズの片腕の役割を果たしたのは、ヨット仲間にして自治主義者でもあったシェパードである。また、計画を再検討した結果、「アズガード」だけではすべての武器を積載できないと判断されたため、ヨット「ケルピー」を所有するIVメンバー、コナー・オブライエン(スプリング・ライスの従兄)の援助を仰ぐこととなった。

一九一四年六月二〇日、チルダーズはダブリンに赴き、ケイスメントおよびIV指導部に席を占めるIRB活動家ブルマー・ホブソン(4)と協議のうえ、武器をダブリンに近いホウスの港で七月二六日の昼間に陸揚げすることで合意、翌日にはホウスの視察も行った。あえて白昼のダブリン近郊を選択したのは、IVの武器密輸にできるだけ大きなパブリシティ効果をもたせる狙いからだった。打ち合わせの際のケイスメントについて、チルダーズはモーリに予言的なことばを伝えている。「ケイスメントは病気、悪い風邪のようです。思うに、彼は燃え尽きつつあります」。これが二人が顔を合わせる最後の機会となった。

### 3　IVの武器密輸(実行)

運搬の最初の関門は、武器を積載したドイツからのタグボートと「アズガード」および「ケルピー」との洋上でのランデヴーであった。あいにくの濃霧となった七月一二日のランデヴーを、タグボートに乗船していたフィッギスはこう回想する。

午後になって多少は霧が晴れ、視界が広がった……五時三〇分、一艘のヨットが近づいてきた。オブライエンのヨットであろうと思われ、こちらを目指していることは明らかだった。私はコナー・オブライエンに会ったことがなく、どうやって彼を確かめればよいのか、心配であった。しかし、彼自身がすぐにこの疑問を解決した。近づいてきて、「アイルランド義勇軍の武器を載せたボートかい？」とかなんとか、私にとって困惑的なことばをかけたのである。これに対し、私は下手なアイルランド語を使って、アイルランド語で喋るようにと返事をした。スキッパーが低い声でメキシコ語かと尋ねるのを聴いて、大いに安堵したものである。

……

武器の積み替えが終わったのは八時近くになってからだった。積み替えがほぼ完了し、積荷を整えていた時、もう一艘のヨットがやってきた。

アースキン・チルダーズのヨットである。……今度のヨットはより大型で、積載可能な重量も大きかった。

……八時三〇分頃に積み替え作業を始め、暑苦しい夜の作業が終わったのは一時三〇分であった。作業を終えてみると、ヨットの乗組員たちを憐れまずにはいられなかった。ライフルや弾薬

(4)　ＩＲＢ最高評議会の一員であったが、自らも創設メンバーとなったＩＶがＩＰＰの傘下に入ることを容認したため、最高評議会から追われた。

箱の上以外には食べる場所も寝る場所も残っていなかったからである。「アズガード」の航行が心配になるほどの重量であったが、だからといって武器の一部を放棄するつもりなどチルダーズにはさらさらなかった。

武器・弾薬を満載した「アズガード」は単独航行に入る。夜間演習中だったイギリス海軍の戦艦に偶然取り囲まれて駆逐艦と危うく衝突しそうになったことをはじめ、決して平穏な航行ではなく、また、休暇期間が終わってしまうため、シェパードは一九日に下船した。アイルランドの対岸にあたるウェイルズのホーリヘッドに到着したのが二二日、陸揚げ予定日が迫ってきたため、二四日には悪天候をついて出航するものの、一八八二年以来最悪といわれる嵐に見舞われ、いったんホーリヘッドに戻った。二時間後に再び出航するが、待ち受けていたのは極度の緊張を強いられる嵐の中の航行であった。スプリング・ライスの回想を紹介しよう。

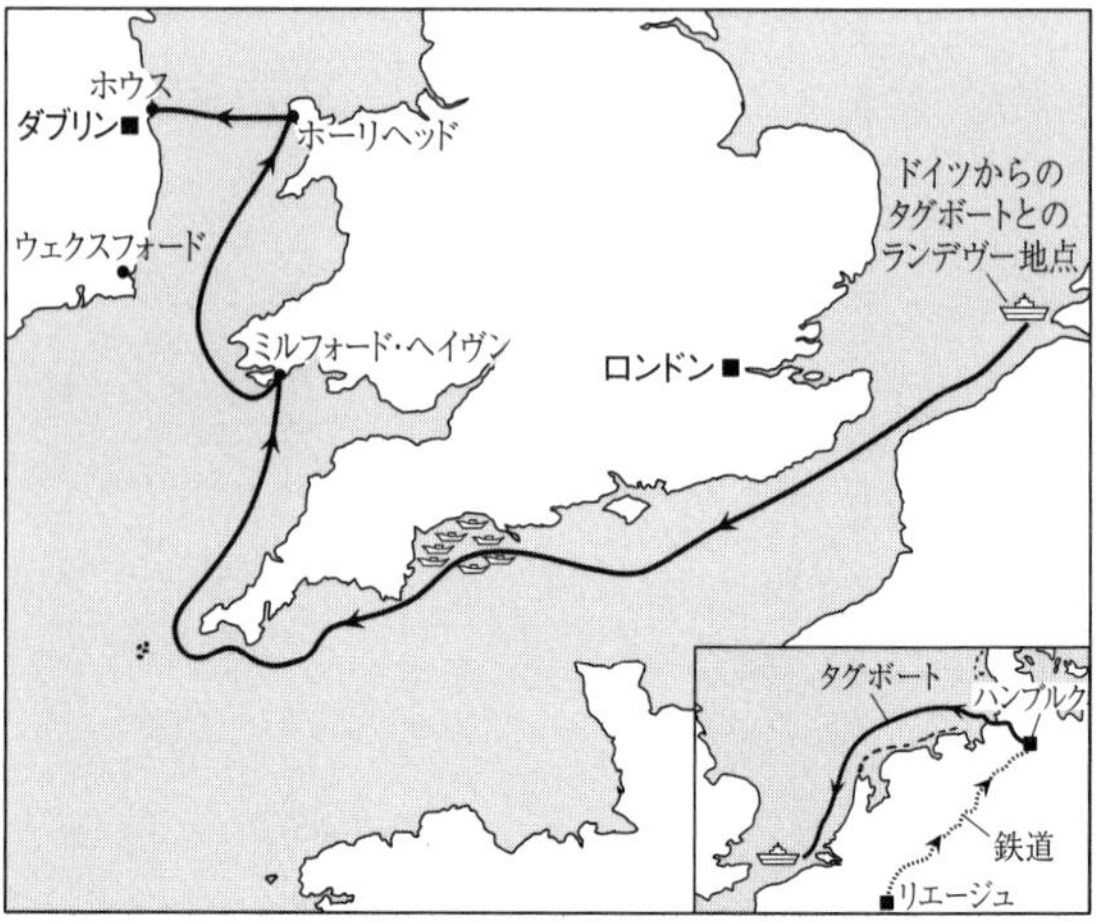


図 1-2　武器密輸のルート

　恐ろしい夜だった。アースキンは一晩中デッキに残った。黒く見える波は荒く巨大だった……一条の慰めの光となったのは、嵐の間中ずっと、いつもの輝かしい能力を発揮して、アースキンが正しい航路を確保したことだった。

嵐を乗り越えた「アズガード」は、ついにアイルランド沿岸を目視できる地点に到達する。

予定通り七月二六日午後一時にホウス港に進入、港にはダブリンから行進してきた一〇〇〇人ほどのＩＶメンバーが集結していた。「まもなくライフルが運び出され、義勇軍兵士たちに手渡された。……年配の者たちは涙を流しはじめ、兵士たちは隊列を崩してわれ先にとヨットに突進していった」。陸揚げ作業中に沿岸警備隊が接近し、緊迫した空気が流れる場面もあったが、ＩＶメンバーがライフルを構えて威嚇すると（銃弾は装塡されていなかったのだが）、沿岸警備隊はおとなしく引き返し、大きな混乱は生じなかった。陸揚げの光景を目の当たりにしながら、チルダーズは「まだ夢を見ているようだ」との思いを口にした。「夢」を現実にした一番の立役者は疑いもなく彼自身であった。

図 1-3　ホウスでの武器陸揚げの際のチルダーズ（右端）

### 4　ＩＶの武器密輸（余波）

騒乱が生じたのは陸揚げ後である。ホブソンが力説したパブリシティ効果を求めて、ＩＶメンバーは武器を携えてダブリンへの行進を開始したが、治安当局がこれを阻止しようとしたため衝突が発生し、混乱の中、ダブリン市内のバチェラーズ・ウォークでＩＶとは無関係の三人が発砲を受けて死亡する事態に至ったのである。それはあたかも危惧される内戦の序幕であるかのようだった。ＵＶＦの武器密輸を事実上黙認した治安当局が、はるかに小規模なＩＶの武器密輸には介入して死者まで出したことによって、治安当局はユニオニストの味方だ、という「南部」に広がっていた懸念が裏書きされた。ダブリンでは抗議のための暴動がいくつも発生し、三人の葬儀が行われた七月二九日には二〇万もの群衆が葬列を見送った。「バチェラーズ・ウォークを忘れるな」とのスローガンは人口に膾炙し、ＩＶへの加入者が急増してゆく。バチェラーズ・ウォークの事件によって、武器密輸は意図した以上のパブリシティ効果をもったことになる。

流血沙汰は生じたものの、チルダーズが見事に武器密輸を成功させた事実は動かない（八月一日には「ケルピー」が運んだ武器も無事に陸揚げされた）。スプリング・ライスが「私たちは歴史をつくった」と書いているように、密輸された「ホウス・ライフル」はイースター蜂起で使用され、革命の展開を方向づけるのである。もちろん、この時点のチルダーズがそんな予想をしていたわけではなく、彼はあくまでも自治を合法的手段で実現させるための圧力の一環としてＩＶを武装させたにすぎない。アスクィス政権の複数の閣僚が祝意を伝えてきたのも、彼の意図を理解していたからこそだろう。とはいえ、武器密輸のまさに立役者であったチルダーズが、自身の思いとはかかわりなく、「軍事化」を後押ししたことも否定できない。武器密輸を契機として亢進してゆく「軍事化」が、後年、自分の運命を決することなど、達成感に浸るチルダーズは想像してもいなかった。

計画立案の中心を担ったケイスメントが陸揚げ成功の報に接したのは、アメリカにおいてであった。アメリカへ渡った狙いは、武器密輸で痛感させられたＩＶの財政的な弱さ（ＵＶＦがライフル二万挺以上を密輸したのに対し、ＩＶが入手したライフルは九〇〇挺程度）を克服するための資金調達にあった。アイルランドを出発したのが七月二日、ニューヨークに到着したのが七月一八日、到着早々に在アメリカのアイルランド人ナショナリストの重鎮であるクラン・ナ・ゲール指導者ジョン・デヴォイ(5)と接触した。武器密輸成功のニュースが入ると、その中心人物だったケイスメントはアイルランド系アメリカ人の間で英雄視され、多くの聴衆を動員できる存在となった。「私たちは企てた通りのことを成し遂げたのです。しかも見事に。当地のアイルランド人は怒り狂っていますが（バチェラーズ・ウォーク事件を指す）、しかし、プライドと喜び、希望に充たされてもいます」。バチェラーズ・ウォークの犠牲者三人をケイスメントは「アイルランドのために死ぬことを覚悟した数千数万の人々の先陣」と呼び、大義に殉ずることをよしとする時代の到来を予言した。

ＩＰＰ指導部に知らせることなく実行されたホウスの武器密輸に、ウィリーは関与していない。それでも、彼もＩＶが武装する必要を認め、自ら買付のためにベルギーまで出かけていたのであるから、

（5）　クラン・ナ・ゲールは、アイルランドの急進派ナショナリズムを支援するアメリカの中心的な組織（一八六七年設立）。アイルランド語で「ゲール民族」。アメリカへ渡ったＩＲＢ活動家が多く参加し、資金援助を通じて本国のＩＲＢに影響力を行使した。ＩＲＢの活動で逮捕・投獄された後、一八七一年にアメリカに移ったデヴォイは、その後半世紀にわたって指導的立場を占めた。

武器密輸の成功を歓迎したことは間違いなかろう。しかし、こうした「軍事化」の進展は彼が属すIPPの議会主義路線を掘り崩してゆくことになる。

### 5 内戦前夜？

一九一四年七月二一—二三日には、バッキンガム宮殿において、アスクィス、保守党党首アンドルー・ボナ・ロー、カーソン、レドモンドによるトップ会談が行われた。第三次自治法案への勅裁をいつまでも先送りにはできず、おそらくこの会談はなんらかの妥協を模索しうる最後の機会であった。焦点となったのは自治からのアルスターの「除外」である。アイルランドが内戦に陥る事態を回避しようと、政府は「除外」という妥協の選択肢をとりあげたのだが、しかし、「除外」措置をとろうとする場合、避けて通れない難しい論点があった。一つは「除外」の範囲、九州から成るアルスター全体を「除外」するのか、プロテスタントが多数派を占める四州だけでよいのか、これら四州にプロテスタントとカソリックが拮抗する二州を加えた六州なのか、という論点である。もう一つは「除外」の期間、恒久的な措置か、一時的な（たとえば六年間だけの）措置か、という論点である。七月には貴族院が九州の恒久的「除外」を内容とする修正法案を採択したが、既に三会期連続で庶民院を通過していた第三次自治法案を修正する法的拘束力はなかった。会談の場で政府が提案したのは、ちょうど現在の北アイルランドにあたる六州の恒久的「除外」であった。南北分割という重大な提案であるが、レドモンドからすれば、この提案は政府がユニオニストの圧力に屈した結果に他ならなかった。結局、一時的な「除外」しか認められないとの主張をレドモンドは譲ろうとせず、カーソンがそれを「執行延期期間付きの死刑宣告」だとして拒否したため、合意は形成されなかった。

二つのパラミリタリが対峙し、駐留イギリス軍の忠誠に疑問符が付き、トップ会談でも落としどころを見出せなかったのであるから、内戦勃発という見通しはたしかにリアリティを帯びつつあった。七月一〇日にはアルスター・ユニオニスト評議会の常置委員会がアルスター暫定政府の中核を自らが担うことを宣言し、ＵＶＦ参謀長も、カーソンの同意を得たうえで、警察が武器の押収を試みた場合にはそれに抵抗せよ、との通達を出した。明らかに内戦を想定した準備であり、カーソンは決裂の可能性を織り込んでバッキンガム宮殿の会談に臨んだのである。こうした内戦前夜ともいえる緊迫した状況の中に飛び込んできたのが、オーストリアがセルビアに宣戦を布告した（七月二八日）、というニュースであった。八月四日にはイギリスが参戦を決断し、連合王国に属すアイルランドも自動的に大戦の当事者となって、状況は根底から覆った。

一つ確認されるべきは、アイルランドの内戦の危機が、ドイツやオーストリアが戦争という賭けに出ることを後押しする要因だったことである。アイルランド問題を抱えたイギリスは大規模な戦争に巻き込まれることを忌避し、参戦を控えるかもしれない、という情勢判断がベルリンやウィーンでは広がっていた。一例をあげれば、オーストリア軍参謀総長コンラート・フォン・ヘッツェンドルフは、在ロンドンの大使館付き武官の報告に基づいて、「アルスターの危機や内戦を考慮に入れるなら、〔イギリス政府は〕当面のところ戦争を望んでいないと思われる」と日記に記している。現実には内戦は回避されるのだが、それがイギリスにとっての足枷になることへの期待が、大戦勃発を促す力として作用したのである。

## 第二節　戦争協力という賭け

### 1　戦争協力と第三次自治法案

一九一四年八月三日の庶民院は、レドモンドのきわめて重大な演説の舞台となった。イギリスの戦争に協力する、というナショナリスト指導者としては前例のない姿勢を打ち出したのである。

今日のアイルランドには二つの大きな義勇軍が存在します。一つは北部で、もう一つは南部で生まれたものです。明日にでもすべての駐留軍をアイルランドから撤退させて大丈夫だ、と政府にお伝えしたい。アイルランドは、武装したアイルランド国民によって侵略から守られるでしょう。この目的のためであれば、南部の武装したカソリックは、アルスターの武装したプロテスタントと喜んで協力しあうでしょう。こうした状況から、帝国にとってだけでなくアイルランドという国の将来の幸福や統合にとっても有益な結果が生まれてくることを期待するのは、高望みでありましょうか?

アスクィス政権が第三次自治法案をあと一歩で成立というところまで推進してきた実績によって、イギリスとアイルランドの関係は友好的なものに変わった、との認識を前提に、駐留イギリス軍が大戦の任務にあたれるよう、アイルランドの防衛のためにIVを活用することを申し出たわけである。ドイツやオーストリアが抱く内戦への期待を挫く演説であった。「イングランドの苦境はアイルランドの好機」を長らく是としてきたナショナリズムの指導者が、イギリスの戦争に協力する旨を言明した異例の演説に、保守党やUUPを含め、議員たちは喝采を贈ったが、ただし、カーソンにはIVとUVFの協力という呼びかけに応えるつもりはなかった。二つの義勇軍の協力を通じてアイルランド全体の利害の一致が表現されてしまえば、アルスターは「南部」とは別の処遇(自治からの「除外」)を必要としている、という主張の根拠が崩れかねないためである。

カーソンの冷淡さはともかくとして、大戦の勃発によって内戦の危機が解消されたことは、IPPにとって歓迎すべき展開であった。そして、戦争協力といういわば賭けに出た以上、迅速に第三次自治法案の成立を図りたい、これがIPPの思惑であった。演説の翌日、レドモンドはアスクィスに念押しの手紙を送っている。

昨日の演説を行うことで……私は大きなリスクを冒しました。もしも、自治法案の法制化が二カ月なり三カ月なり先送りにされる、などという状況で私がアイルランドに戻らねばならないとしたら、破滅的な結果になるでしょう。われらが国民は自分たちが売り払われたと考え……私には彼らを押しとどめることはできないでしょう。

自治が保証されてはじめて戦争協力もありうる、というのがIPPの理屈であったが、政府は法案の成立を簡単には決断できなかった。大戦に臨むにあたり、ユニオニストへの配慮も欠かせなかったからである。法案の成立が強行されるなら「あらゆる行動」をとると伝える「脅迫するかのような」手紙が、八月一〇日にカーソンからアスクィスに届けられてもいた。ようやく九月半ば、政府は法案を成立させても戦争遂行に支障を来すことはないとの判断に達し、九月一八日に法案は勅裁を受けた。大戦終結後まで自治の実施が先送りされ(大戦は数カ月で終わるとの見方が有力だったため、この点の重大性は過小評価された)、実施にあたって「除外」に関する修正を施す可能性が留保されたため、火種は残っていたのだが、それでも、戦争に協力して自治を獲得する、というレドモンドの方針はひとまず功を奏した。

### 2　ウドゥンブリッジ演説

自治法成立が迫った九月一五日の庶民院で、レドモンドはアイルランド人がヨーロッパの戦場に出征すべきだと演説し、その二日後には、アイルランド国民に次のように訴えた。

帝国は史上最も深刻な戦争の中にある。これは許容しがたいドイツの軍事的専制によって引き起こされた正義の戦争である。小国の神聖な権利と自由を防衛するための、ナショナリティという偉大な原則を尊重し拡大するための戦争である。

……もしもアイルランドが背負うべき戦争の重荷と犠牲を担おうとしないなら、アイルランドの歴史への、そして、あらゆる意味における名誉、よき信仰、自尊心への裏切りとなろう。

自治法成立が確実となり、より踏み込んだ戦争協力を唱えるに至ったのである。

この延長線上に位置するのが、九月二〇日にウィックロウ州ウドゥンブリッジで開かれたIVの集会における、レドモンドの有名な演説である。

アイルランド全体の利益がこの戦争にかかっています。この戦争は、宗教、道徳、権利にかかわる最高次の原則の防衛のために戦われています。

……私は諸君にいいたい。教練をつづけ、きちんと任務に応えられるよう備えよ、そして、アイルランドにおいてだけでなく、自由と宗教の権利を守るための現下の戦争の戦線が広がるどこででも、自分たちが男であることを証明せよ、と。

八月三日の演説が言及したのはIVによるアイルランドの防衛だけであったが、法案成立を経て、今やレドモンドはIVメンバーにイギリス軍への志願入隊を呼びかけたのである。ナショナリストの軍事力がイギリス軍の一部となることを求めたこの演説は、従来のスタンスを大転換させた衝撃的な内容のものであり、決して熱烈には支持されなかった。イギリス軍の兵士になるというハードルはやはり高く、志願入隊者が急増することはなかったし、それどころか、公然と教練を行っていたら徴兵制⑥導入の折りには自分たちが真っ先に徴兵される、との怖れから、教練を自粛するIVの動きも表面化した。また、IPP議員にしても、レドモンドの意を受けて募兵活動に積極的に取り組む者は少数派であった。そんな少数派の一人だったのがウィリーである。そして、イギリス軍に入隊せよというレドモンドの呼びかけは、ナショナリスト陣営にまもなく決定的な亀裂を走らせることになる。

### 3　戦争協力の動機

イギリス軍への入隊さえ厭わぬ戦争協力という大胆な方針をIPPが提唱した動機は、主要には三つあった。①イギリスを含む連合国側にこそ正当な大義がある、という正義の認識にかかわる動機、②戦後に予定された自治法の修正をめぐる交渉を戦争協力によって有利に進めたい、という政治的判

---

（6）徴兵制の導入と適用については、本章第五節および第2章第四節を参照。

断にかかわる動機、③「南部」のカソリックとアルスターのプロテスタントがイギリス軍の兵士として一緒に戦うことを通じて、南北間の緊張を緩和し、南北和解とともに自治を実現したい、という将来の見通しにかかわる動機、である。

動機の①にかかわって、イギリス軍に入隊してソンムで戦死するIPPの元議員トム・ケトルは、開戦直後にこう書いている。「戦争は地獄である。しかし、それは苦痛という地獄にすぎず、不名誉という地獄ではない。そして、戦争の地獄を通じて、戦争が燃え立たせるものを通じて、正義は歩を進めねばならない」。同じくイギリス軍に参加するIPP議員スティーヴン・グウィン(コラムB参照)も、次のようにいう。

これは正義と自由を守るための戦争なのです。ベルギーのケースを見るだけで充分でしょう。正されねばならぬ歴史上最も恐るべき不正がそこにはあります。一つの国民が隷属の状態へと野蛮に蹂躙され、英雄的な抵抗が無に帰してしまう事態を怠惰に傍観することなど、私たちアイルランド人にはできません。

大戦は、「正義」「自由」といった大義をドイツと同盟国の侵略に抗して守る、という構図で把握され、だからこそ、連合国側で戦うことは正当で名誉に適う、と論じられたのである。

グウィンの引用にあるように、連合国の大義の正当性を論じるにあたって頻繁に言及されたのはベルギーであった。中立国であるにもかかわらずドイツ軍に侵攻されたベルギーは、カソリックが多数派を占める小国として、アイルランドでは特別に強い同情を喚起し、ベルギー難民への支援活動が精力的に取り組まれた。「ベルギーを陵辱するドイツ」は常套句となる。さらに、ベルギーを持ち出すことで、大戦への関与を通じてアイルランドは小国の権利を擁護できる、ヨーロッパ大陸での戦闘は自らも小国であるアイルランドのための戦闘に他ならない、と論ずることが可能になった。

前述の通り、自治法は成立したものの、戦後に「除外」に関する修正の余地が残されていた。動機の②の内実は、「除外」をめぐる交渉を有利に進めるうえで積極的な戦争協力の実績が不可欠だ、という判断である。レドモンドは以下のようにいう。

自らをイングランド人の立場に置いてみたまえ……ナショナリストのアイルランド人が信義を破り、アイルランドが任務の遂行を拒むことが、そして、任務を遂行するのがアルスターの志願兵たちだけであることが立証されたとしたら、諸君はどうするだろうか？……自分を支えてくれた者の側に立つ、イングランド人はそういうだろう。

そもそも、イギリスが大戦に敗れれば、せっかく成立まで漕ぎつけた自治法もなきものとされる可能性が大きい。連合国の勝利こそ自治の前提だという意味で、戦争協力はたしかに自治を目指すナショナリズム運動の一環たりえた。

## 4　「サイド・バイ・サイド」という動機

時間の経過とともにますます強調されるようになるのは動機の③、「戦場での南北共闘→戦後の南北和解」という見通しである。一九一四年八月半ばのＩＶの集会で、レドモンドは南北共闘について語っている。

貴方たちと同じく、彼ら〔アルスターのプロテスタント〕も皆アイルランド人なのです。おそらく初めて、近年では確実に初めて、彼らが貴方たちと手を握ることのできる本当の好機が与えられました。……自由で結束したアイルランド、北部と南部、カソリックとプロテスタントが結束したアイルランドをつくるうえでかけがえのない貴重な宝を、この危機と苦難の時から私たちは祖国のために獲得するのです。

内戦の勃発さえ危惧されていたナショナリストとユニオニストの敵対をなんとか緩和することは、「除外」をめぐる交渉を実りあるものとするうえでも、自治議会の下における南北の友好的な共存を可能にするうえでも、切実な課題であった。そして、ここで期待をかけられたのが、戦場の共有が醸成する和解の力であった。

レドモンドには期待が現実に変わる手ごたえもあった。西部戦線を視察し「生涯で……最も誇らしい一週間」を過ごした直後、一九一五年一一月二三日の演説はいう。

私が訪れた塹壕では、ベルファスト出身のアルスターの大隊とダブリン出身の大隊とが隣り合わせており、私はこれらの兵士全員と話をしました。私が見るところ、相互の諍いなどまったくなく、彼らは同志であり兄弟のようでした。……アイルランド人を塹壕で一緒にさせ、ともに生命を危険にさらさせ、ともに血を流させようではありませんか。そうすれば、彼らが祖国に戻る時、彼らを敵同士に変えてしまうような力など地上には存在しない、と私はいいたいと思います。

南北和解のためであれば、南北の兵士たちが血を流す事態でも歓迎する、という言い方はショッキングだが、それほどまでにレドモンドが「共闘→和解」の見通しに憑りつかれていたことを窺わせる。つまり、大戦は共通の敵と対峙するナショナリストとユニオニストが「同じアイルランド人」の意識を獲得するための千載一遇の機会と捉えられ、この機会を逃さぬために、レドモンドは戦争協力を訴えたわけである。再三にわたって使われた表現が「サイド・バイ・サイド」である。「北部と南部は競い合うように武器をもって立ち上がりました。神よ、彼らが戦場においてサイド・バイ・サイドで払っている犠牲が、将来の結束したアイルランド国民の堅固な絆を形成しますように〔傍線は原文通り〕」。

## 5　ユニオニストの戦争協力

ユニオニストに対し、レドモンドは熱を込めて南北共闘を提案した。「わが国の兵士たちが、同じ軍隊に属して、同じ敵に抗して、同じ高邁な目的のために、戦地に赴き、血を流し、隣り合って死のうとしています。戦場における兵士たちの団結は彼らの祖国における団結につながるでしょう。そして、……彼らの血はアイルランド全体を一つの国民へと、万人にとって平等で共通の自由へと束ねる印章になることでしょう」。しかし、こうした呼びかけにユニオニスト指導者は応えようとはしなかった。ユニオニストも積極的な戦争協力の態度をとりはしたが、それはあくまでも彼らのアイデンティティの核である「イギリス人意識」に発していたのであって、南北和解の期待などとは無関係だった。ナショナリストとの間には一線を画す必要がある、というユニオニストの姿勢は微動だにしなかった。

「忠誠なイギリス人」を自認するユニオニストにとって、戦争遂行に協力すべきことは自明であり、早くも八月一日、カーソンは、政府の要請があればＵＶＦを沿岸防衛にあたらせる、海外派遣の可能性もある、との趣旨の手紙を主要新聞に掲載した。八月二八日には、ＵＶＦを陸軍省の指揮下に置き、海外での戦闘任務も与えることが合意された。イギリスとアルスターの利害や大義の一致を主張するユニオニストが忠誠心を実践的に示そうとする方針をとったことは、予想通りといってよい。また、戦後の「除外」にかかわる交渉を有利に運びたいという狙いが作用していたことも間違いない。自治法成立に抗議する声があがったのは事実だが、憤りに任せて戦争協力を拒んだりすればイギリス世論を敵に回すだけであることを、ユニオニストはよく理解していたのである。九月三日のアルスター・ユニオニスト評議会で、カーソンはＵＶＦがとるべき姿勢について語った。

イングランドの苦境はアルスターの好機ではありません。イングランドの苦境は私たちの苦境でもあるのです……自治の問題について、私たちの立場はこれまでずっととってきたそれと変わりません。……わが国が再び安全を獲得した暁には、以前と同じように、私たちの力を行使します。……帝国が滅亡してしまったら、連合王国が恥辱の中で頭を垂れねばならなくなったら、私たちの理想にとっての土台そのものが揺らいでしまいます。したがって、私たちの任務は明瞭です。……自分の政治的信念の基盤がまさに連合王国と帝国の偉大さへの確信であることを理解しつつ、われらが義勇軍に対して、私は躊躇なくこういいたい。戦地へ行き、諸君の国を救え……戦地へ行き、アルスターとアイルランドのために名誉をかちとれ、と。

まったく逆の思惑からだったとはいえ、大戦の勃発に伴って、ほんの少し前までは内戦さえ懸念される緊張関係にあったナショナリストとユニオニストが戦争協力において一致する、いささか奇妙な状況が生まれていた。次のカーソンのことばは、レドモンドの口から発せられても不思議ではないものだろう。「私たちの国がドイツと戦っている現状では、アイルランドの問題にかかわるすべての党派は休戦を遵守しなければなりません。私たちの間にある国内問題に関する相違は、戦争が終わってから決着させられるべきなのです」。もちろん、積年の不信感が容易に払拭されるはずはなく、カーソンは南北共闘の提案を歯牙にもかけなかったし、募兵集会でナショナリストと演壇をともにすることも拒否した。とはいえ、南北間にどれほど深い溝が横たわっていようとも、戦場において「南部」兵とアルスター兵が同じ戦闘に投入されることはありえた。第2章第三節で見るように、一九一七年には「サイド・バイ・サイド」が現実のものとなり、彼らはともに血を流すのである。

短期的に見れば、大戦の勃発はユニオニストにマイナスに作用した。ユニオニストの戦争協力は政府からすれば想定の範囲内にあり、なんとかナショナリストの戦争協力を調達することの方により大きく配慮すべきであった。ユニオニストの反発にもかかわらず、政府が自治法を成立させたのはそのためである。さらに、大戦が始まってしまえば、「内戦も辞さず」といった強硬姿勢をとることは利敵行為に他ならず、ユニオニストからは政府に圧力をかける重要な手段が奪われた。こうした意味で、さしあたり大戦からアドヴァンテージを引き出したのはナショナリストの側であった。しかし、長期的な収支決算は逆だろう。戦後に実施されるのは一九一四年自治法が規定する通りのアイルランド全島の自治ではなく、一九二〇年アイルランド統治法に基づく南北分割であった。こうした逆転を生じさせた理由は大戦と革命の経緯の中にある。

# 第三節　反戦・反イギリスのナショナリズム

## 1　IVの分裂

革命期のアイルランド政治を捉える際には、IPPが主導する自治主義のナショナリスト（便宜的に主流派と呼ぶ）とユニオニストに加えて、もう一つの潮流を視野に入れる必要がある。反戦・反イギリスの主張を掲げるナショナリストである。彼らは決して一枚岩的な存在ではなかったが、その多くは連合王国内での自治では満足せず独立のアイルランド共和国の樹立を目指す共和主義者であり、武力闘争という手法を否定しない（以下、急進派と総称する）。それまでIVの中で共存してきた主流派と急進派が袂を分かつきっかけを提供したのが、レドモンドのウドゥンブリッジ演説であった。

ウドゥンブリッジ演説の直後、九月二四日には、IV指導部のオリジナル・メンバー二七人のうち二〇人が、IPPが多数派掌握のために事後的に任命してきた指導部メンバーを追放する趣旨の文書に署名を寄せ、IVを統制下に収めた。これに対し、レドモンドを支持する者たちはIVを離脱して新たに国民義勇軍《ナショナル・ヴォランティアズ》（NV）を結成した。戦争協力反対派＝IVと戦争協力賛成派＝NVへの分裂である。分裂の時点で、NVが一七万人を超えたのに対してIVは一万三〇〇〇人程度、この数値は、少なくとも開戦直後には戦争協力に賛成するナショナリストが圧倒的多数だったことを示す。ただし、さきに述べた通り、戦争協力への支持はイギリス軍への入隊には直結せず、レドモンドが期待したほどの数のNVメンバーが入隊したわけではない（一九一六年二月までに一万九〇〇〇人程度）。それどころか、王立アイルランド警察《ロイアル・アイリッシュ・コンスタビュレリ》（ＲＩＣ）によれば、一〇月二一日と二二日だけでＮＶメンバー六〇〇人がアメリカに逃れたという。教練を担当してきた予備役兵が戦地に赴き、レドモンドの呼びかけに応えた意欲的なメンバーが入隊すると、残されたメンバーの活動は募兵運動にほぼ限定されてしまい、士気は急速に減退した。規模こそ大きかったもののＮＶは機能不全に陥り、一九一五年一一月の段階で「国民義勇軍は事実上死滅」との認識にＲＩＣは達していた。

逆に、ＩＶにとっては、分裂はＩＰＰの干渉から解放され、小規模ながら凝集力の強い集団へと自らを再編成する機会となった。ＩＶにはＩＰＰによる事実上の乗っ取りに憤りを覚える創設メンバーの多くが含まれ、意欲に溢れた精鋭が結集していたため、その活動はＮＶよりもはるかに活発であった。当面の課題とされたのは、イギリス軍への入隊に反対するキャンペーンである。また、分裂を経てＩＶに対するＩＲＢの影響力も強まった。ちょうど分裂と重なる一九一四年九月、ＩＲＢ最高評議会はイギリスが大戦に力を奪われているうちに共和国樹立を目指す武装蜂起を決行する方針を採用するが、この方針はＩＲＢメンバーを通じてＩＶを導いてゆくことになる。一九一五年五月に設置されるＩＲＢ軍事評議会では、ＩＶ指導部にはいっさい秘密のまま、蜂起計画の立案が進められた。ＩＶの参謀長マクニールには先制的に武力を用いる意図はなく、徴兵制がアイルランドに押しつけられるような事態が生じない限り、武力行使は正当化されえないと考えていたのだが、しかし、彼のまったく与り知らぬ場で、ＩＶを担い手と想定する武装蜂起の準備が進展していた。規模は小さいものの、ＩＶこそが急進派ナショナリストの最重要拠点となってゆくのである。

## 2　急進派にとっての大戦

急進派ナショナリストの反戦スタンスの根底には、大戦についての批判的認識があった。彼らにいわせれば、大戦は「正義」や「文明」という美名を纏った帝国主義戦争であって、どれほど連合国が小国の権利の擁護を謳おうが、そんな戦争によって小国の権利など守られはしない。他ならぬ小国の権利を、「今も昔もまったく同じく、イギリス帝国はアイルランドに対して否定してきた」のであるから、戦争に協力することは的外れでしかない。為されるべきは、「イングランドの苦境はアイルランドの好機」という基本に則り、自治か分離独立かに関する不一致は残ったとしても、アイルランドの自立性の強化に向けて策を打つことであった。ジェイムズ・コノリ[7]の演説は端的にいう。「盗人の帝国のために戦うよりも、私たち自身の国のために戦おうではありませんか。ライフルを担ぐのなら、アイルランドのために担ごうではありませんか」。シン・フェイン(第2章第四節参照)の創設者アーサー・グリフィス[8]も明快なことでは劣らない。

いかなる中央同盟諸国との間にも、アイルランドは係争すべきことなどもっていない。ドイツと戦争しているのはイングランドである……われわれはアイルランドのナショナリストであって、イングランドであれドイツであれ、いっさいの他国の利益にかかわりなく、アイルランドの利益のために立ち上がることを唯一の責務とする。……ドイツは敵ではない。

ＩＲＢの月刊誌『アイリッシュ・フリーダム』はレドモンドに「募兵担当軍曹」「ユダ」のレッテルを貼り、「魂を売り渡す」に等しい戦争協力を厳しく批判した。蜂起に向かう動きの中心人物となったパトリック・ピアース(序章注5参照)によれば、自治法が成立してもイギリスとの関係は変わっていない。

イギリスによるアイルランドの軍事占領は今もつづいている。イギリスの担当次官が今も総督府からアイルランドを統治している。……アイルランド議会の扉は今も閉じられたままである。アイルランド国民に責任を負うアイルランド行政府は存在しない。われわれの国民としての主権は

---

(7)　マルクス主義者にして労働組合活動家、イギリス陸軍での従軍経験をもつ。一九一二年にアイルランド労働党を設立するが、大戦の勃発とともに急進派ナショナリズムへの傾斜を強め、一九一六年一月、ICA司令官としてIRB軍事評議会との間で共同の蜂起を企てることで合意に達する。ICAを率いてイースター蜂起に参加し中央郵便局で籠城、交戦中に重傷を負った。蜂起後に処刑される。代表作である『アイルランド史における労働』(一九一〇年)や『アイルランドの再征服』(一九一五年)は、社会主義とナショナリズムを結合させた先駆的な事例といえる。

(8)　ゲーリック・リーグとIRBの活動家として頭角を現し、南アフリカ滞在(一八九七—九九年)の際に南アフリカ戦争に遭遇し、ボーア軍支持の論陣を張る。一九〇五年にシン・フェインを創設し、オーストリア＝ハンガリー二重君主国のモデルに倣った連合王国内でのアイルランドの立法府の独立を提唱した。一九一〇年にIRBを離脱、イースター蜂起には不参加だったにもかかわらず逮捕され、一九一六年五月から翌年二月まで獄中生活を送る。一九一七年一〇月に新綱領を採択したシン・フェインではデ・ヴァレラに総裁の座を譲り、自らは副総裁となった。国民議会政府大統領代行として独立戦争に臨み、講和条約交渉ではアイルランド代表団の団長を務めた。一九二二年一月からは国民議会政府大統領の地位にあったが、同年八月一二日に脳出血で死亡する。チルダーズはグリフィスを「国の復活を促した最も強い知的動力」と評した。

図1-4　レドモンドの募兵運動を批判するポスター

否定されたままなのだ。われわれのステータスは一〇年前と変わらない。こうした状況下で、帝国に対する態度が変わることはありえない。

アイルランドの主権が否定されている限り、戦争協力という方針は採用しがたいのである。

　また、『アイリッシュ・フリーダム』からはイギリスの敗戦を待望する思いも読みとれる。「イングランドが敗北するなら、アイルランドは何世紀にもわたって求め戦ってきた自由を間違いなく獲得するだろう」。含意されているのはドイツと手を結ぶことである。この点については、ケイスメントに即して次節で詳しくとりあげるが、親ドイツ的姿勢はケイスメントのみならず多くの急進派ナショナリストに共有されていた。大戦という大状況がドイツへの注目を促したのである。

　しかし、少なくとも大戦の初期に関する限り、戦争協力を厳しく批判したのはほんの少数派であり、急進派ナショナリストの反戦・反募兵キャンペーンや親ドイツ的言説に向けられる視線は概して冷ややかであった。必ずしも熱狂的な戦争熱に席巻されていたわけではないにせよ、アルスターのみならず「南部」でも、世論の大勢はイギリスの戦争を支持した。簡単に数値を示すなら、大戦期を通じてイギリス軍に入隊したアイルランド人に関しては、一三―一四万人という説が有力である。宗派別の内訳はカソリックが五五%、プロテスタントが四五%であり、全人口の七割以上がカソリックだったことを考慮に入れれば、入隊率はプロテスタントの方がはるかに高く、これはとりもなおさずアルスターの貢献が大であったことを示す。これらの志願入隊者に開戦以前からイギリス軍に属していたアイルランド人を加えれば、大戦で従軍したアイルランド人は優に二〇万人を超えることになる。二万に達することのなかったIVのメンバー数とは比べ物にならない数値である。とはいえ、一九一六年の徴兵制導入以前の段階で、アイルランドの入隊率は連合王国の他の構成部分の約四割にすぎない。帝国自治領と比較すると、ニュージーランドの入隊率はアイルランドの三倍以上、オーストラリアやカナダ、南アフリカでも約二倍である。要するに、戦争に協力しようという雰囲気が広がっていた一方、自ら入隊してまで貢献しようと考える者は必ずしも多くなかった、というくらいがアイルランドの実状であった。

## 第四節　ドイツとの連携

### 1　ケイスメントと「大逆」

本章第一節で述べたように、ケイスメントは武器密輸成功の知らせをアメリカで聞いた。レドモンドが提唱する戦争協力への憤りが契機となって、ケイスメントは自治主義から共和主義へと立場を変えてゆくが、その際に前景化してきたのが、大戦ではドイツが勝つことが望ましい、アイルランドはドイツと連携すべきだ、という主張であった。エッセイ集『アイルランド、ドイツ、そして次なる戦争』(一九一三年)と『アイルランド、ドイツと海上の自由』(一九一四年)を手がかりに、イギリスの支配からのアイルランドの解放とドイツの戦勝とを結びつける彼の議論を確認しておこう。

①大戦の基本的な構図は、海上覇権を基礎に世界の通商を支配しようとするイギリスと自由な通商の促進を求めるドイツの対立である。「ヨーロッパ文明全体の大義」と合致しているのはドイツの方なのだから、アイルランドはドイツに与すべきである。「ヨーロッパの平和、ヨーロッパの海の自由、そしてアイルランドの国としての生存と繁栄という喫緊の要求は、ドイツの大義と分かちがたく結びついている」。

②ドイツがイギリスの海上覇権を打倒するうえでは、アイルランドを解放することがきわめて重要になる。海上交通の要衝ともいえる位置を占めるアイルランドを従属させていることこそが、イギリスの海上覇権を可能にしているからである。「イギリス帝国はイギリスの聖書や戦艦ではなく、アイルランドによって基礎づけられている」。アイルランドがイギリスの支配から脱することは、「国際的な福利にとって決定的に必要なステップ」である。

③ドイツは精神、知性、技術、文化、科学、等における美徳を有し、「世界の自由のために戦う」存在である。ドイツの拡張を「世界はイギリスの海上支配以上に必要としている」。

④したがって、アイルランドにとってドイツ軍の上陸は待望されるべき出来事である。その日こそ

「アイルランドが自由になる最初の日」となる。アイルランドはドイツによる一時的な支配さえ許容すべきである。「ドイツ帝国に併合されたアイルランドが、新たな支配者によって悪政の下に置かれるとは考えられない」。もちろん、支配の長期化を国際社会が許容するはずはなく、一時的な占領につづいて、「中立・独立のヨーロッパ国家」としてのアイルランドが成立するだろう。

見られるように、過度の理想化に基づく親ドイツ的スタンスは覆い隠すべくもないが、それでも、ケイスメントはやはりナショナリストであって、アイルランドの独立を促す見通しがあるからこそ、ドイツとの連携を唱えたのである。また、アイルランド問題をイギリスとの関係においてのみではなく「ヨーロッパの勢力均衡」という視野の下で把握し、ドイツの役割に注目する発想は、外交畑を歩んできた経歴にも由来するのだろう。

さらに、ケイスメントはナショナリスト系日刊紙『アイリッシュ・インディペンデント』に公開書簡を送り（一九一四年一〇月五日号に掲載）、先行きのわからない自治法への対価としてドイツとの戦争にアイルランド人が協力することの愚を力説した。そもそも、「ドイツはアイルランドに対して悪を為したことはない」。アイルランド人が戦うべき地はヨーロッパ大陸ではなく彼らの祖国なのである。こうした立論は、さきに見た急進派ナショナリストのそれと合致する。ナイトの称号をもつ著名な元外交官が、連合国への敵対姿勢を戦時に明らかにしたことは衝撃的であった。また、九月一七日付けのＩＶ宛て公開書簡では、あえてレドモンドのレトリックを使って（傍線部、四三頁を参照）「サイド・バイ・サイド」路線を批判している。

もしもアイルランド人の血がアイルランド全体を一つの国民へと、万人にとって平等で共通の自由へと束ねる印章になるべきだというのなら、その血をアイルランドで流させようではありませんか。これらの自由を確保するために血が正当に流されうるのは、アイルランドにおいてのみなのです。

……もしもこの戦争が、それを企てた者たちが呼ぶような、「小国」のための戦争であるというのなら、一つの小国のために、われらが祖国でこそ戦争を始めさせようではありませんか。

国王への「大逆」を示唆するとも読めるケイスメントの言動をイギリス外務省は重く受けとめ、監視を強化する。

## 2　ドイツへの期待

ドイツとの連携を具体化するため、自らドイツへ赴くプランをケイスメントがデヴォイに伝えたのは、一九一四年八月二日のことであった。デヴォイは懐疑的だった。彼の判断では、外務省でキャリアを積み、称号まで受けているケイスメントは広くイギリス人として認識されており、ドイツとの協力関係を築く任務には適していなかった。彼のドイツ礼賛論への違和感もあった。しかし、前のめり気味のケイスメントは、デヴォイに意向を伝える前から、ワシントンのドイツ大使館とコンタクトをとっていた。

さらに、八月二五日にはドイツ渡航の三大目的、すなわち、①ドイツ政府のアイルランドに対する友好的姿勢を明示する「声明」の発表、②ドイツ軍の捕虜収容所にいるイギリス軍のアイルランド兵をメンバーとする「アイルランド旅団」の編成、③来るべきアイルランドの蜂起に対するドイツ軍の支援（武器と将兵）、を明確にしたケイスメントの覚書が書き上げられる。覚書を精査したドイツ軍参謀本部と外務省は、ケイスメントと直接交渉すべきだ、と結論した。同じく八月二五日、ケイスメントはドイツ皇帝ヴィルヘルム二世へのアピール（クラン・ナ・ゲールの役員たちが署名を寄せた）も執筆した。

人材であれ原材料であれ富であれ戦略的位置であれ、アイルランドとそのすべてのリソースを支配し利用し濫用することを許されている限り、イギリスは海を支配しつづけるでしょう。それゆえ、アイルランドの自由は海という大問題にとって非常に重要な、決定的に重要な問題となります。

「数千数万のアイルランド人がドイツの大義を支援するために役割を果たす用意をしております」との文言を含むこのアピールによって、ケイスメントはいよいよ「大逆」の範疇に足を踏み入れたことになる。彼がベルリンへ渡ることが合意されたのは一〇月五日、デヴォイの躊躇にもかかわらず、最終的にクラン・ナ・ゲールはケイスメントに自分たちを代表する立場を与え、支援することに同意した。これを受けて、在アメリカのドイツ大使ヨハン・ハインリッヒ・ベルンシュトルフは宰相テオバルト・フォン・ベートマン・ホルヴェーク宛てにケイスメントの紹介状を書く。

ドイツ渡航の三大目的のうちでも最も大胆であり、忠誠宣誓をしてイギリス軍に入隊した者たちを翻意させる必要があるという意味で最も困難といえるのは、「アイルランド旅団」の編成であろう。ドイツ軍の捕虜となったアイルランド兵を「旅団」に組織し、条件が許せばアイルランドの武装蜂起に送り込む構想はケイスメント自身が発案したものであるが、インスピレイションの源は、プロローグで触れたように、南アフリカ戦争の際にジョン・マクブライドとアーサー・リンチ（コラムA参照）が率いた二つの「アイルランド旅団」にあった。ケイスメントは一九一三年五月にダブリンでマクブライドと会い、一九〇〇年時点では軽蔑の対象でしかなかったボーア軍のアイルランド人部隊の話に大いに刺激されていた。ただし、ボーア人もアイルランド人も同じくイギリス帝国の被害者であると論ずるのが難しくなかったのに対し、ケイスメントが呼びかけようとするアイルランド兵捕虜にとって敵はドイツに他ならなかったという意味で、状況の違いは小さくない。

ドイツ大使館からドイツ外務省への電信（九月二七日）には以下のようにあり、「旅団」への期待がたしかに存在したことがわかる。

ポーランド人、フィンランド人、そしてアイルランド人といった被抑圧国民に自由を与えるなら、わが国が当地で支持者を見出せる可能性はきわめて大きい。……実行可能でありさえすれば、アイルランド兵捕虜からアイルランド人部隊を編成するというのは効果の大きいアイデアであろう。

イギリスの悩みの種となりうる「旅団」の編成に力を貸すことは、ドイツにとって充分に合理的な選択肢と考えられたのである。ただし、ここに引用した電信は傍受され、「旅団」構想はイギリス政府の知るところとなってもいた。

## 3 渡航

一九一四年一〇月一七日、ケイスメントはニューヨークから出航するが、彼の傍らには二四歳のノルウェイ人アドラー・クリステンセンの姿があった。ケイスメントが南アメリカで勤務していた時の知人である。ニューヨークで再会した二人は同性愛の関係を結び、ケイスメントはクリステンセンを助手として雇用することとした。同性愛の対象に執着した面はもちろんあるだろうが、それに加えて、クリステンセンがドイツ語を話せること（ケイスメントはドイツ語の運用能力を欠く）、ドイツへの途上に経由するスカンディナヴィア諸国を知っていること、も大きな理由であった。しかし、彼を信頼したのは間違いであった。

二人を乗せた船は一〇月二八日にノルウェイのクリスチャニア（一九二五年にオスロと改称）に到着、ドイツ入国に必要な書類を待つケイスメントが二日間の足止めを食っている間に、イギリス外務省の文書によれば、クリステンセンはイギリス公使館とコンタクトをとり、公使と面談しただけでなく、その際にケイスメントと「自然に反した関係」にある旨を告げた。後に徹底的に衝かれることになる同性愛というケイスメントの「弱み」は、クリステンセンによってイギリス側に知らされたのである。しかし、別のストーリーもある。クリステンセンの言い分をほぼ全面的に受けいれるケイスメントの供述によれば、クリステンセンはホテルで見知らぬ者から声をかけられ、公使館へ連れてゆかれた。公使館でケイスメントとの関係を問われたクリステンセンは、ホテルに戻ってそのことをケイスメントに告げ、二人は公使館を欺く計画を立てる。翌日、公使館を再訪したクリステンセンは、ケイスメ

（9）　南アフリカ戦争の際に「第一アイルランド旅団」を編成してボーア軍で戦う。アイルランドに戻ってシン・フェインやIRBに加わり、後者の最高評議会にも名を連ねる。イースター蜂起に参加し、蜂起後に処刑される。

ントの逮捕に協力するなら褒賞金が与えられるだろうと伝えられる。信憑性が高いのは明らかに外務省文書だが、経緯や意図はともかく、クリステンセンが褒賞金と引き換えにケイスメントの情報を提供する約束を公使館と結んだのは事実であり、この約束についてはイギリス外務省も承知していた。ちなみに、外務省が褒賞金に設定した上限一〇〇〇ポンドは、本節4で見るドイツ政府の「声明」が出ると、五〇〇〇ポンドに跳ね上がる。

クリステンセンが信頼に値しない人物であったことはまず間違いない。ケイスメントの裁判(第2章第一節参照)の際には検察側証人として出廷することを申し出ているし、アメリカに妻子がいたにもかかわらず、ドイツで別の女性と結婚してもいる。実際、ケイスメント本人を例外として、クリステンセンにかかわった人々は虚言癖をもつ彼を胡散臭い存在と見なした。おそらくケイスメントと公使館の双方を手玉にとり、どちらからより大きな利益を引き出せるかを見極めようとしたのだと思われる。ドイツ滞在中のケイスメントは、クリステンセンの不誠実によって精神的に苛まれることになる。

### 4　ドイツ政府の「声明」

ケイスメントがベルリンに到着したのは一九一四年一〇月三一日、早くも一一月二日には外務次官アルトゥール・ツィンマーマンとの会談の機会を得る。会談を待つケイスメントの心には、次のような思いが去来していたという。

後悔もなければ、恐怖もない。いや、ある。若干の後悔はある、しかし、恐怖はない。私はアイルランドを思った。ほぼ間違いなく二度と見ることがないであろう国を。私がアイルランドに戻ることを可能にするのは奇跡的な勝利だけだ。そんなことを期待しはしなかった。望んでも無理なのだ。しかし、勝つにせよ負けるにせよ、すべてはアイルランドのためだ。私のすることでアイルランドが災難を被ることはない。私には災難が来るだろう、来るに違いない。そして、私にとって近しい、大切な人たちにも。しかし、私の国は私の大逆によって益を得るだけだ。……私がすべてに勝ったら、国としての復活が果たされ、何世紀にもわたる隷属の後、アイルランドは自由な世界に恥じない国となるだろう。……私が負けても、そしてドイツが倒されても、それでもアイルランドのために今加えられる一撃は、アイルランドに対するイギリスの政策の方向性を変えるに違いない。……少なくともこれくらいのことを、私は達成するだろう。

ここにも「大逆」への言及があるが、一九一五年二月一日付けのイギリス外相エドワード・グレイに宛てた公開書簡で、ケイスメントは「大逆」の罪を負う覚悟を明言している。「戦争の惨禍から多少ともアイルランドを救う、そのためなら、年金や名誉を失うことも、形式のうえでは「大逆」とされる行動の責を負うことさえ、私は厭いません」。ドイツ渡航は文字通り退路を断った覚悟の行動であった。

ツィンマーマンとの会談は友好的に進んだ。ドイツ政府による「声明」の発表を求めるケイスメントに対して、ツィンマーマンは要望を全面的に受けいれる旨を表明し、実際に宰相ベートマン・ホルヴェークに働きかける。ドイツ外務省のイギリス局長であり、ベートマン・ホルヴェークと親しかったゲオルグ・フォン・ヴェーデルは、ドイツのケイスメントをなにくれとなく援助する人物であるが、彼もまた「声明」と「旅団」にかかわる提案を「真剣に検討」するよう宰相に進言した。フォン・ヴェーデルがケイスメントに語ったところによれば、「旅団」の構想が実現されるなら、「それはわが国にとって一〇の軍団ほどの価値がある」。

会談後、ケイスメントは「声明」に盛り込まれるべき内容を記した覚書を作成した。

ドイツ政府は世界中のアイルランド国民に対し、ドイツ国民とその政府が抱いているのはアイルランドへの善意のみであること……を明言する。

ドイツ政府は、いかなる状況の下においてであれ、ドイツがアイルランドを征服し、アイルランド国民が現在享受している制度を覆す狙いをもってアイルランドに侵攻することなどないと、これ以上なく明確なことばで保証するとともに、戦争においてイギリスに対抗するドイツが大いに優勢となり、ドイツ兵がアイルランドに上陸することがあるとしても、それはアイルランド国民への敵対的な意図ゆえではなく、ただ駐留イギリス軍に対抗する意図ゆえに行われること、ドイツ兵の行動はドイツがその国民的な繁栄と自由を願ってやまない国と国民に対する善意の精神によってのみ導かれるであろうことを、宣言する。

宰相の指示に従って一一月二〇日にドイツ外務省が発表する公式の「声明」にはこの覚書の内容がほぼ忠実に再現されるのであるから、実質的にケイスメントは「声明」の起草者であった。「声明」はたしかに大きな成果であり、外交畑におけるケイスメントの経験が役立ったと思われるが、同時にドイツ政府にとって「声明」がすんなりと求めに応じてもかまわない程度のいわば軽い案件であったことも窺える。そのあたりのニュアンスを踏まえると、一一月二四日のケイスメントからデヴォイへの手紙はあまりにも楽観的に響く。「ドイツに対して忠実でいれば、私たちはこの戦争からすべてを得ることができるでしょう」。四日後のマクニール（IV参謀長）への手紙も同様である。「戦勝の暁には、ドイツがアイルランドの独立を達成しようとする私たちの努力に最善の支援を差し出すだろうということを、わが国の国民、聖職者、そして義勇軍の活動家が知るならば、誰もがドイツとアイルランドの自由を支持する側につくに違いありません」。また、「声明」の発表と同時に、ドイツの新聞はケイスメントがドイツ政府と接触していることを報じ、イギリス国王の臣民が戦時に敵国政府から公式に処遇されていることがイギリスをはじめ各国で広く知れわたった。

「大逆」と見なされうる行動をケイスメントがとっている事実が明らかになったことに対応して、旧知の仲であった作家コナン・ドイルは、長年にわたる熱帯での業務に起因する病気と疲弊ゆえ一時的な変調を来しているとして彼の「大逆」を弁明する公開書簡を発表した。ドイルがあたかも異常者の奇行のように自らの活動を描いたことは、ケイスメントを深く傷つけた。「イングランド人〔実際にはドイルはスコットランド生まれ〕とはなんと不思議な国民なのでしょう！……彼らに奉仕していた頃、私は「英雄」でした。「帝国に奉仕する実に騎士道的な官吏」などと呼ばれたものです。彼らと縁を切り、従来よりももっとずっと勇敢な、間違いなくより騎士道的な仕事をするようになると、私は「最も好意的に見ても」精神障害者なのです」。

## 5　ドイツ政府との「条約」

次に着手されるのは「旅団」の編成というはるかに野心的かつ困難な課題であるが、「声明」を得て強気になったケイスメントは、「おそらく数百人のアイルランド兵捕虜が私に従うだろう」と楽観した。注目されるのは、アイルランドの反乱に呼応して、「インドとエジプトも武器をもって立ち上がる」との見通しをもっていたことである。ケイスメントにとって、インドとエジプトはイギリス帝国という共通の敵をもつアイルランドの盟友に他ならなかったのであり、反イギリス闘争の世界的波及への期待はドイツ政府にも共有された。

ドイツ軍の捕虜となったアイルランド兵によって「旅団」を編成し、条件が整えばアイルランドに送り込んで蜂起の一翼を担わせる、という構想の実現に向けて、一九一四年一一月一三日、ドイツ軍参謀本部はアイルランド出身のカソリック兵捕虜をリンブルク（フランクフルトの北、コブレンツの東）の収容所に集めることを命令した。ドイツ政府が「旅団」の構想をどう見ていたか、一一月七日の外相ゴットリープ・フォン・ヤーゴヴからツィンマーマンへの手紙には以下のようにある。

（「旅団」の）構想を実際に遂行することへの留保があることは明らかです。軍事的な成果は小さいだろうし、ネガティヴなものでさえあるかもしれません。国際法を破ったとわが国が批判されることにもなるかもしれません。しかし、アイルランド兵捕虜にはわが国の側に立ってイングランドと戦う用意があるのだと知らしめるだけでも充分な成果になるかもしれません。

「旅団」への過大な期待を控えつつ、ある種のプロパガンダ効果を当て込んでいたのである。また、参謀本部でケイスメントとの交渉窓口となった諜報士官ルドルフ・ナドルニへの参謀長エーリッヒ・フォン・ファルケンハインの手紙（一一月二一日）では、「旅団」が及ぼしうる効果がこう述べられている。「サー・ロジャー・ケイスメントはこうした措置（「旅団」の編成）がアイルランドにおけるイギリス軍の募兵活動を完全にストップさせるだろうと確信しています。さらに、既に入隊しているアイルランド兵が離反し、アイルランド兵の反乱に、アイルランドにおける騒乱にさえ至るかもしれない、と」。いうまでもないことだが、ドイツ政府もドイツ軍も善意からケイスメントを援助したのではなく、自分たちなりの利用価値を「旅団」に見出し、ある限定の範囲内で協力しようとしていた。

一九一四年一二月一八日のケイスメントとベートマン・ホルヴェークの会談を経て、二八日にはドイツ外務省とケイスメントの間で合意文書が取り交わされた。「条約」と呼ばれたこの文書の内容は、概ねケイスメントの提案に沿っている。ベートマン・ホルヴェークの印章が刻され、ツィンマーマンが署名を寄せた「条約」を、ケイスメントはアイルランドの主権を大きく前進させた歴史的文書と評した。「条約」とは主権国家の間で結ばれるものであるから、今回の措置はドイツ政府がアイルランドの主権の擁護にコミットしたことを意味する、という解釈である。「条約」によって「旅団」の編成は正式に合意された。

「条約」の概要を確認しておこう。「旅団」を編成する目的は「アイルランドの国民的自由の獲得」であり、「旅団」には「ドイツ帝国政府の精神的・物質的支援」が与えられる。「旅団」は「アイルランドの大義のためだけに戦う」のであって、「ドイツの目的」に利用されない（第一条）。「旅団」は独自の制服を着用し、アイルランド人士官の指揮下に置かれる。ケイスメントの承諾を前提に、ドイツ軍士官が教練にあたることもあるが、戦闘は命令できない（第二条）。「旅団」の衣食や武器・弾薬は、ドイツ政府が無償で提供する（第三条）。「旅団」兵は義勇兵であって、ドイツ政府から報酬を受けない（第四条）。ドイツ軍は、「一定の条件の下で」、「有効な軍事的支援」および「充分な武器・弾薬」とともに、「旅団」をアイルランドまで送り届ける（第五条）。「一定の条件」とは、ドイツ軍が海上で優位に立ち、船舶等に余裕がある状況を意味する。アイルランドに送られる「旅団」には、「ドイツ軍将兵の支援部隊」が同行する(第六条)。アイルランドへの海上ルートが確保できない場合には、ケイスメントの承諾を得たうえで、「旅団」をドイツ国内外に配置することがありうる。想定されるのは、「イギリスを駆逐して自由を回復しようとするエジプト国民」を「旅団」が支援することである(第七条)。「旅団」がエジプトに送られる場合、ドイツ政府はトルコ＝エジプト軍の義勇兵部隊として「旅団」を承認するようトルコ政府と交渉する(第八条)。大戦の終結までにアイルランド派遣が果たされなかった場合、ドイツ政府はそれを希望する「旅団」兵をアメリカに送るよう計らう(第九条)。「旅団」がアイルランドに上陸し、反乱がイギリスの支配を覆して、アイルランド政府が樹立された場合、ドイツ政府はこの政府に全面的な精神的サポートを与える(第一〇条)。

第一条と第七条の間に矛盾を指摘することは可能だろう。ケイスメントは第五条にある「一定の条件」＝海上におけるドイツの優位の獲得については悲観的な見方をしており、「旅団」をアイルランドに送り込むことが「きわめてありそうもない」以上、ドイツに留め置かれるのではなく、「旅団」がエジプトで「ジョン・ブルの駆逐を助ける」方が「アイルランドにとってははるかに効果的な一撃」となる、と判断したのである。かねてからエジプトの反イギリス闘争に期待を寄せていたケイスメントが、第七条の内容に抵抗を覚えることはなかった。また、「旅団」のアイルランド上陸の際にドイツ軍が「充分な武器・弾薬」のみならず「将兵の支援部隊」を提供することを定めた第五・六条も、大きな成果であった。

しかし、クラン・ナ・ゲールのナショナリストにとって第七条はおよそ承認できる条項ではなく、デヴォイは「旅団」のエジプト派遣に反対する旨を通告してきた。「トルコ軍のために戦うことはアイルランド世論において致命的でしょう。アイルランド旅団が配置されるべきは、イングランド軍に対峙する位置です」。エジプト派遣をめぐってケイスメントへの不信感を強めたデヴォイは、アイルランド情勢に関する情報提供を控えるようになり、最重要の情報源を失った結果、ケイスメントはアイルランドにおける蜂起準備の進捗を詳しく知りえない立場に置かれてしまう。

## 6　「旅団」の編成

ケイスメントの強気な読みに反して、「旅団」に捕虜たちを勧誘する作業は困難を極めた。彼が勧誘に着手したのは「条約」の合意に先立つ一二月四日、約二〇人の下士官に対してであったが、彼らは同日付けで勧誘に抗議する文書を作成し、自分たちは「アイルランド人カソリックであることに加え、イギリス軍兵士であることにも誇りをもっている」と明言した。彼らに限らず、リンブルクに集められたアイルランド兵捕虜の大半は職業軍人であり、多くは一九一四年八月二三日のモンスの戦いで捕虜となっていた。職業軍人としての矜持と直近の激戦で植えつけられたドイツ軍への敵意が、ドイツ軍の策略としか見えない「旅団」への参加を拒絶する力となったことは間違いない。捕虜たちは「旅団」への入隊の意志を表明したごく少数の者たちに罵声や嘲笑を浴びせ、嫌がらせをした。とある「旅団」兵の回想にはこうある。「私がアイルランド旅団の兵士であり、親ドイツ的であると知られるやいなや、私の収容所生活はこの世の地獄と化した」。入隊希望者にドイツ軍が制服を支給し、食料その他の配給を優遇したことも、入隊希望者やケイスメントに対する捕虜たちの憤りに油を注いだ。勧誘活動が惹起する激しい敵意はケイスメントの意欲を挫くに充分であった。ダメ押しとなったのが、一九一五年一月五日に捕虜たちから受けた暴行であった。「裏切り者」「ドイツ軍からいくらもらってるんだ」といった罵声を浴び、泥を投げつけられて、傘を振り回して身を守らなければならなかったのである。暴行の数日後、ケイスメントはこう記している。

彼らの反応から、私は本当にすぐにわかってしまった。こんな蔑むべき連中からアイルランド旅団を編成するなどという希望は……全面的に棄てなければならぬ、と。私に暴行を加えた者もいたが、全員から見てとれたのは、自らの欲に訴えるそれ以外、いかなるアピールにもまるっきり不精な無関心しか示さぬこと、堕落したタイプのアイルランド人によくある反応である。

勧誘活動を支援するためにクラン・ナ・ゲールが派遣してきたジョン・トマス・ニコルソン神父への手紙には、こう綴られる。「私は一握りの卑劣なアイルランド人から暴行を受けるためにリンブルクへ戻ることなどいたしません。野卑で臆病な連中による暴行に、暴行でやり返すことなどできません。私にできるのは、野卑で臆病な連中を避けることだけです」。「アイルランド人ではなくイングランド兵であり、イングランド人よりもイングランド人らしい」捕虜たちの激しい敵意によって、彼は精神的に追い詰められ、一月五日を最後に、彼の足は収容所から遠退いてゆく。

それでは、これほどの反発を招いたケイスメントの勧誘の論法はどんなものだったのだろうか？　リクルート活動のために用意されたパンフレットが手がかりになる。

諸君がアイルランドのために戦うチャンスが到来している。

諸君はこれまで、諸君にとって昔からの敵であるイングランドのために戦ってきた。

諸君はこれまで、諸君にとってフィジー諸島と違わぬ存在にすぎないベルギーのために戦い、イングランドの利益に奉仕してきた。

諸君自身の本当の祖国のために戦う意志はあるだろうか?

アイルランドの国としての自由の獲得を目指すアイルランド旅団が、ドイツ政府の精神的・物質的な支援を得て編成されようとしている。

旅団の目的はアイルランドの大義のためだけに戦うこととなろう。いかなる状況が生じようとも、旅団がドイツの目的に利用されることはないだろう。

編成される旅団はアイルランドの旗の下で戦い、兵士たちは特別な、はっきりとアイルランド的な制服を着用し、アイルランド人の士官に率いられるだろう。

……

……アイルランド旅団に参加しない者たちは、リンブルクから移送され、他の収容所に振り分けられるだろう。

関心がある場合は、所属先の中隊長に申し出られたし。

アイルランド旅団に参加せよ、そしてアイルランドの独立を獲得せよ!

ケイスメントにとっては疑う余地もない正当な訴えだったのだろうが、イギリス国王への忠誠を宣誓し、戦闘を通じて強い反ドイツ意識を血肉化したほとんどの捕虜たちには、こうした立論は背信者のそれとしか響かなかった。憎むべきドイツ軍と手を組み、一度は忠誠を誓ったイギリスに叛旗を翻す、という高いハードルを越えることを促すだけの説得力が、自分の主張の正当性を自明視するケイスメントの論法には備わっていなかった。言い分の骨子は、反戦と反イギリス、そしてアイルランドへの献身を求める急進派ナショナリストの主張を踏襲しているが、アイルランドでも総じて冷ややかな反応しか得られなかったこうした主張が、イギリス軍の職業軍人が集まるリンブルクで激しい反発を惹起したのは、驚くべきことではない。さらに、「文字通りアイルランドのくず」「軽蔑すべき臆病な獣の群」などと捕虜たちをあからさまに蔑視するケイスメントの傲慢な態度も、ネガティヴに作用した。

ケイスメントの意欲が一時的に蘇った時期があったとすれば、それはIRB軍事評議会が派遣してきたジョゼフ・プランケット[10]からアイルランドの蜂起構想について知らされた際であり、一九一五年五月一五日には一月以来久しぶりにリンブルクで入隊を呼びかけている。しかし、プランケットが三週間半にわたってリンブルクに滞在したにもかかわらず、リクルートの停滞が打開されることはなかった。実状を理解したプランケットは、アイルランドの蜂起は「旅団」の支援に頼ることなく決行されねばならない、との認識を強める。

プランケットの来訪の主目的は、アイルランドの蜂起構想をドイツ政府に示すことであった。来訪の折りにケイスメントとともに作成し、六月八日にドイツ外務省に提出した覚書では、ドイツ軍がアイルランド西海岸に上陸し、ダブリンのそれと同時進行で展開する西部の蜂起を支援することが要請された。想定されていたのは、一万二〇〇〇人規模のドイツ軍将兵と四万挺のライフルによる支援である。しかし、プランケットとの会談の場で、ベートマン・ホルヴェークは武器提供には同意したものの、将兵の派遣については「可能であれば」との留保をつけ、外務省や参謀本部の反応はさらに及び腰だった。「旅団」の編成が行き詰まっていることを知って、「条約」の合意から後退しようとしていたのである。

プランケットをはじめ、ダブリンで蜂起を策していた者たちは、ドイツから期待通りの支援が得られない場合でも蜂起を決行するつもりだったが、ケイスメントは、充分な支援なしの決起は「犯罪的愚行」だとして反対した。とはいえ、敗北する蜂起であっても参加したいとの思いがケイスメントにあったこともたしかである。

貴方たちがこの愚行の決行を決意しているのであれば、そして、ドイツ軍が私をアイルランドに渡らせてくれるのであれば、私はアイルランドに行き、貴方たちに加わって、勝っても負けても一緒にいましょう。私はただ、蜂起計画に全面的に反対であり、最も無謀なかたちの子どもじみた愚行だと考えているだけです。私にはこの愚行の責任は負えませんし、強く異を唱えているわけですが、もしも仲間たちが決起するのなら、彼らとともにいることを拒むなどということは、名誉にかけてできません。

ただし、アイルランドに戻れるのかどうか、ケイスメントには確たる見通しはなかった。

## 7　「旅団」の実状

結局、リンブルクに集められた二五〇〇人程度のアイルランド兵捕虜のうち「旅団」への入隊に同

---

(10)　ＩＲＢ軍事評議会のメンバーとしてイースター蜂起の計画立案の中心人物となる。蜂起後に処刑される。

意したのは五五人にすぎなかった（一九一五年一一月にもう一人加わる）。目標の二〇〇人からは遠い数値だったが、それでも、どんなに少数であっても、これらの「旅団」メンバーをいかに処遇するか、という問題は生じざるをえない。「旅団」に参加した者たちと「旅団」を拒んだ者たちの間で早くから諍いが起きてもいた。一九一五年六月、「旅団」兵はリンブルクを離れ、最終的にベルリンの南三〇マイルほどのツォッセンに集められる。ツォッセンは兵舎であって収容所ではなく、「旅団」兵も今や捕虜ではなく兵士だった。しかし、ある程度の行動の自由は認められたものの、「鳥小屋」と呼ばれる劣悪な施設に押し込まれ、鉄条網に覆われ、ドイツ軍哨兵の監視下にある、という意味で、処遇は実質的には捕虜としてのそれのままであった。形式のうえではドイツ陸軍のブランデンブルク連隊第二〇三大隊に属す「旅団」が、まともな部隊として扱われることはなかったのである。

いうまでもなく、「旅団」を戦闘可能な部隊に鍛え上げる作業はケイスメントの能力の外にあった。教練のために派遣されてきたのが、豊富な戦闘経験をもつ元イギリス陸軍曹長、Ⅳの大尉でもあったロバート・モンティースである。モンティースがベルリンに到着したのは一九一五年一〇月二二日だが、この頃、体調不良に苦しむケイスメントはミュンヘンの北に位置するリーデラウで療養していた。翌々日の初対面の時のケイスメントは、モンティースには「重篤な病を患っており、落胆し神経質、不機嫌」と映った。その後の日記にも、「任務を全うできる精神状態にあるとは思えない」「失望に次ぐ失望で壊れてしまった」といった書き込みがつづく。それでも、モンティースは、「歴史をつくり、今もつくっている人、杖だけをもって野蛮なアフリカを歩き回り、ことばの力でベルギーのレオポルド二世の王冠を揺るがした人、コンゴとプトゥマヨの数百万人の生命を救った人」としてケイスメントを信奉し、「旅団」に軍隊的規律を多少とも植えつける任務を誠実に遂行した。体調と意欲を回復させたケイスメントが「旅団」の行進に参加することもあった。

それでは、勧誘に応じて「旅団」に参加したのはどのような者たちだったのだろうか？　一九一六年四月にケイスメントとともに潜水艦でアイルランドに向かうダニエル・ジュリアン・ベイリは、次のように述懐する。

私が捕虜になったのは一九一四年九月四日のことで、……その後、他のアイルランド兵などとともにリンブルクに移され、そこでしばらくよい待遇を受けた。サー・ロジャー・ケイスメントに会ったのはおそらく一九一五年四月〔ママ〕、彼はアイルランドの自由のためだけに戦うという目的でアイルランド旅団に参加せよと呼びかけた。もしかしたらこの国から出られるかもしれない、という気持ちで私は参加することにした。

ドイツから、収容所から逃れたいという動機は、ベイリ以外の「旅団」兵の多くにも共有されたようである。また、「面談した兵士たちのほとんどはいくらもらえるのかと問うた」との証言が示唆するのは、よい待遇を受けたいという動機も重要だったことである。リンブルクに一六カ月にわたって収容されたトマス・ヒギンズ(「旅団」には参加せず)は「飢え」を指摘する。「アイルランド旅団に加わった者は誰も、飢えに追い込まれていたのです」。逆からいえば、ケイスメントの訴えに共鳴して「旅団」に参加した者はごく少数だったことになる。つまり、「旅団」は規模が貧弱だっただけでなく、メンバーの質においても多くを期待できるような存在ではなかった。平均年齢二四歳という若さは、経験不足を示してもいるだろう。フォン・ヴェーデルに宛てて、ケイスメントは幻滅を綴っている。

「金銭の約束で兵士たちを惹きつけ、まがいものの兵団のようなものを設立することなら可能かもしれません。しかし、彼らの「愛国心」に訴えるのは、存在しないものに訴えるのと同じです」。

## 8 ドイツへの幻滅

実質のある「旅団」の編成は不可能と悟ったケイスメントは、絶望に陥っていった。一九一五年一月一五日の日記には、こう綴られている。「アイルランド旅団のアイデアを事実上放棄した今、ドイツに残る理由はほとんどない。〔ドイツ〕政府も私を必要としないことはたしかだ」。アメリカへ戻る方がよいとの思いが浮上してくるのは不可避だった。イギリス政府の密偵が執拗につきまとっているため、アメリカへの航海はリスクが大きすぎると判断せざるをえなかったが、それでも、ドイツを発ちたいという願望はその後もたびたび語られる。「旅団」編成の失敗を察知したデヴォイは、「非常に知的」だが「感情的で子どものように他人を信用しがち」なケイスメントがドイツで致命的な失策を犯さないか、憂慮を深め、蜂起準備にかかわる情報から彼を従来以上に遠ざけた。ケイスメントの述懐によれば、「四カ月近く一通の手紙も来ないこともあった」。一九一五年夏以降、インフルエンザと肺炎を併発させたケイスメントはリーデラウのサナトリウムで多くの時間を過ごすようになる。ドイツ政府からの金銭供与を拒みつづけたため、財政的にも楽ではなく、一九一五年末には心身ともに最悪の状態に陥った。さらに、同じ頃にはクリステンセンに妻がいることが判明し、ケイスメントを打ちのめした。「生涯で最も不幸なクリスマス」を過ごした後の心境は暗澹たるものだった。「将来のことは考えたくありません。すべてが暗く、希望がなく、危険です。死んでしまうのが一番よいと思います」。

ドイツを出たいという気持ちが強まってきた理由の一つは、ドイツ政府・軍への信頼が失われたことである。挫折感に傷ついたケイスメントの心中では、ドイツ政府・軍は自分の努力を積極的にサポートしてくれない、という思いが膨らんでいった。海軍省の渉外担当者であり、「旅団」の構想に協力的だったハンス・ベーハム大佐に対して吐露されたのは、「アイルランドの大義に対する無関心」への不満である。疑いがさらに大きくなることを危惧します」。そして、私はこのところこうした疑いを抱いています。「疑いを抱く人間は弱くなります。一九一六年二月六日に書かれたノートには、一年以上のドイツ滞在を経て到達した心境が明示されている。「私はなぜこんな政府を信用してしまったのか？……名誉の意識も騎士道精神も寛容さも、彼らは持ち合わせていない……だからこそ、世界中で憎まれているのであり、イングランドが彼らを打倒するのは確実だろう」。開戦前に執筆したエッセイと比較して、あまりにも安易な認識の変化といえるが、ケイスメントには幻滅を抑えることができなかったのである。

苛立っている点では、ドイツ政府・軍の側も同様であった。ケイスメントにも自覚があった通り、「ドイツ当局は僅か五五人しか獲得できなかったことに大いに失望」していたし、著名な元外交官の意図への疑念も根強かった。イギリスのスパイではないのか、ということである。ドイツ軍首脳の見方を典型的に示しているのが、レーヴェンフェルト将軍のことばである。「自身がかくも長年にわたって仕えてきたまさにその政府にこれほど激しい攻撃を行うサー・ロジャー・ケイスメントのような人物に、大きな信頼を寄せることはできません。このプロパガンディストがさらによからぬ意図で活動している可能性を排除しきれないのだから、なおさらです」。ドイツ側から見ても、ケイスメントは背信者だったのである。さらに、いかにも不審なクリステンセンの同伴も疑念を強める要因であり、二人の行動は一貫して監視の対象とされた。「旅団」の構想の頓挫がはっきりするにつれて、ケイスメントが厄介者と化してゆくのは避けがたかった。

## 9　エジプト遠征計画

一九一五年秋の時点で参謀本部と外務省は「旅団」をアイルランドに派遣するプランを放棄し、代わって、エジプトへの投入を検討するようになる。ケイスメントは前向きに対応し、自らオスマン帝国陸軍省との調整にあたる意向を表明した。「旅団」をアイルランドに送ることが難しい現状を踏まえるなら、「終戦まで怠惰に活動しない」よりも「エジプトからイギリス軍を駆逐しようとするオスマン帝国軍を支援する」方がよい、これが彼の判断であった。「旅団」が役に立つことを示したかったのと同時に、サナトリウムに籠るばかりの日々から自らも脱け出したかったのである。

これ〔エジプト遠征〕が実践されるなら、無惨な失敗という事態を回避できるでしょう。実践できなければ、まさに無惨な失敗です。旅団はなにかを成し遂げるでしょう。兵士として敵軍にささやかでも一撃を加え、そして、アイルランド人として自らの「大逆」が正当であることを示すでしょう。しかし、まったく無意味に大逆の罪を犯すこと、すなわち、キャンプなり兵舎なりに囲われたまま終戦を待つことは、彼らにとっても私にとってもあまりに惨めです。

ナドルニへの報告によれば、ケイスメントとモンティースを含めて三八人の「旅団」メンバーがエジプト派遣に同意した。

エジプト遠征計画がかなりのところまで具体化されたことは間違いないが、ドイツ軍は最終決定を先送りにした。「旅団」の規律と士気に懸念があったからである。また、以下のモンティースの日記に見られるように、「旅団」と参謀本部の関係も刺々しくなっていた。

〔「旅団」の〕兵士たちは捕虜として収容されているままで、休暇を許されなかった。こうした措置は……彼らを苛立たせ、結果的に東方での業務を志願していた三八人のうち二四人が志願を取り下げた。ナドルニ大佐を通じてこのことをベルリンの参謀本部に伝えると、ナドルニは怒りを爆発させ、兵士全員を西部戦線に送ってやると言い放った。貴方にそんなことはできないし、やらないだろうと私はいい、なぜ、という彼の問いに、こう答えた。「私がそれを止めるからです。兵士たちは私のことば通りに行動します」。

結局、「旅団」のエジプト派遣は実行されなかったが、それはアイルランドの蜂起計画が一九一六年二月に伝えられたためだった。決起は来るイースター、残された時間は少なかった。

## 10　蜂起計画

ワシントンのベルンシュトルフが蜂起計画をベートマン・ホルヴェークに知らせてきたのは、一九一六年二月一〇日であった。ポイントは、イースター・サンデイ（四月二三日）の決起が決定されたこと、聖金曜日（四月二一日）から二三日までの間にドイツの武器・弾薬が届く必要があること、「蜂起の開始直後からドイツの支援が期待されている」こと、である。クラン・ナ・ゲールの指導者たちは、二月五日頃には蜂起計画を知らされている。ところが、ドイツ政府・軍もクラン・ナ・ゲールもこの情報をケイスメントに伝えることを避け、蜂起計画が参謀本部からモンティースに伝達されたのはようやく三月一日になってからであって、この時点でドイツ側の方針は決定済みになっていた。蜂起計画への対応をドイツ政府・軍が検討する過程にケイスメントやモンティースが介入してくることは望ましくない、と判断されたのであろう。さらに、ケイスメントを信頼していないデヴォイは、武器・弾薬(そして将兵)がアイルランドに送られる際にはケイスメントを同行させないことをドイツ政府に要請した。

ドイツ側の方針は、四月二〇―二三日にアイルランド西岸トラリー湾のフェニットで二万挺のライフルと一〇挺の機関銃を陸揚げできるように計らう、というものだった。注意しておきたいのは、二万挺という数値である。かつてモンティースは二〇万挺のライフルを提供すると伝えられたことがあったが、その十分の一にすぎず、ケイスメントとプランケットが作成した覚書の数値に比べても半分である。ドイツ政府・軍に用意があったのはごく控えめな支援だったのであり、ホウスの武器密輸よりはるかに大規模とはいえ、「条約」が謳う「充分な武器・弾薬」との差は大きい。同じく「条約」に書き込まれた「ドイツ軍将兵の支援部隊」の派遣も行われず、二月一六日の手紙でデヴォイが求めた内容(一〇万挺のライフル、若干の大砲、ドイツ軍の士官と砲兵)はまったく充たされていない。モンティースが激しく抗議しても、決定は覆らなかった。三月一七日の海軍省と海軍最高司令部の会合では、以下のような認識が示された。

この企てにまったく見込みがないとは思われない。たとえイングランドが迅速に蜂起を抑え込む

> ことに成功したとしても、そして、蜂起の事実が知られないよう検閲が課されたとしても、それでもなお、強い精神的な影響力をわれわれは期待できる。アイルランドでかくも広範な蜂起が起こりえたという事実、海上封鎖にもかかわらずドイツ海軍が必要とされる物品を供給しえたという事実もまた、アイルランドの盟友たちに対して持続的な効果を及ぼすに違いない。……〔イギリス軍の〕かなりの規模の兵力はヨーロッパ大陸から遠く離れたアイルランドに縛りつけられることとなろう。

つまり、蜂起の敗北をほぼ前提としつつ、それでも、蜂起が生じること自体、そしてドイツ海軍が海上封鎖をかいくぐること自体の「精神的効果」と、失敗するにせよ、蜂起によってイギリスの兵力がアイルランドに充てられることに期待を寄せているのであって、本格的な支援は不必要と判断されたわけである。

　肝心な時期に情報を伝えられなかったケイスメントはどう対応したのだろうか？　サナトリウムでの療養中にモンティースからベルリンに来るよう要請されるのが三月三日、ミュンヘンまで出向いたモンティースによって蜂起計画について知らされるのが三月七日である。既にドイツ政府・軍の方針は決定済みであって、病身を押してベルリンに赴いたケイスメントは、三月一六日の参謀本部との会談で、提供される武器・弾薬が想定を大きく下回り、しかもドイツ軍将兵は派遣されないことを通告された。少なくとも五〇〇〇人規模の将兵の参加は不可欠と考えるケイスメントは、現状のままで蜂起の成功はありえないと判断し、潜水艦でアイルランドに先乗りして決起の前にダブリンの蜂起指導部と直接打ち合わせたいと申し出た。いうまでもなく、彼の念頭にあったのは勝算なき蜂起を断念させることだったが、申し出はにべもなく却下された。自身の先乗りは不可能と悟ったケイスメントは、翌日、代理をアイルランドに送ることに海軍省を同意させた。表向きには武器陸揚げプランの詳細決定を、実際にはドイツからの支援が不充分であることを蜂起指導者たちに知らせ、蜂起計画を撤回させることを任務として、三月一九日に代理がダブリンに向かったが、結局、任務が果たされることはなかった。

## 11 「旅団」の運命

ケイスメントの心に重くのしかかったのは、「旅団」をアイルランドの蜂起に参加させよとの参謀本部の要請であった。「条約」に規定された通りの武器や人員の支援があることを前提に「大逆の罪にコミットした」者たちを、勝算なき蜂起に投入することは、およそ承服しがたかった。三月二九日の参謀本部では、ナドルニの口から、「旅団」のアイルランド派遣を拒むなら、武器・弾薬の提供は撤回され、その「責任を全面的に負う」のは「背信者」たる貴方である、といった脅迫めいたことばも発せられた。「こんな立場に置かれて正気を保てる者などいるだろうか!」 進退窮まる苦境にあったわけだが、それでも、「旅団」に加わった者たちを無益な「大逆」に巻き込むことだけは避けようというケイスメントの決意は固かった。「私はもはや「死人」だ。しかし、どれほどの過ちを重ねてきたにせよ、まったくの恥知らずにはなっていない」。最優先されるべきは、「旅団」の安全の確保であった。

四月三日には、ナドルニが以下の理屈を持ち出した。「旅団」はあまりにも規模が小さく、編成されたとは見なせない、したがって「条約」は死文にすぎず、「旅団」に志願した者たちはケイスメントの指揮下にあるわけではない、彼らをアイルランドに派遣するかどうかはドイツ軍の決めることである、と。しかし、ケイスメントもこの点では譲らず、結局、参謀本部は「条約」で約束された支援を伴わずに「旅団」を送り込めばドイツの評判は地に墜ちるとの主張を容れ、四月四日に派遣の方針を撤回する。翌日の日記に、ケイスメントは「彼らを救うことはできた！」と記したが、しかし、達成感に浸っていられる状況ではなかった。心を許せる貴重な友人であった在ドイツのアイルランド系アメリカ人の医師チャールズ・カリに宛てて四月六日に書かれた手紙は、陰鬱に締め括られる。「この狂気の企ての最中に殺されることを、心の底から本気で望んでいます。これほど惨めな日々の重荷を背負っていたくないのです」。カリへの別の手紙には、クリステンセンへの言及が見られる。「私は彼を全面的に信用しました。愚かでした」。

それでも、執拗な要求の甲斐あって、ケイスメントは自身の帰国のために潜水艦を提供させることに成功した。武器の陸揚げを指揮するという名目であったが、この決定が含意するのは、不充分とはいえ無意味ではない武器援助を撤回させないまま、蜂起の開始に先立ってアイルランドに戻り、蜂起を断念させる可能性が出てきたことに他ならない。潜水艦で帰国する自分が果たすべき最大の責務は蜂起の中止に向けて全力を尽くすことだ、これがケイスメントの認識であった。四月七日の日記には彼の本音と思しきものが記される。「行き着く先が断頭台での死であろうが、イングランドの監獄であろうが、私がかくも強く軽蔑するドイツとドイツ人から逃れられるなら、幸いなことだ」。

ケイスメントが最後まで配慮する必要があったのは、ドイツに残される「旅団」の今後であった。

アイルランド派遣を断念した参謀本部は、「条約」の失効を宣言したうえで、無用の存在となった「旅団」兵たちを脱走兵として処遇する方針を四月一〇日にケイスメントに伝えてきた。およそ受けいれかねる方針であり、ベルリンを出発する当日(四月一一日)、ケイスメントはベートマン・ホルヴェークに嘆願の手紙を送った。

〔参謀本部と〕根本的に異なる見解をとる私は、ドイツ帝国政府の最高位の代表である閣下に、アイルランド人義勇兵たちの処遇についてお伝えせねばなりません。私は深く確信いたします。これらの兵士、彼らのドイツにおけるステータス、そして講和が果たされた後の彼らの最終的な処遇にかかわる限りにおいて、一九一四年一二月二三―二八日の合意のあらゆる規定は、この偉大な国の政府によって誠心誠意遵守されるであろう、と。

ケイスメントの出立以降、「旅団」がどのように遇されたか、詳細は不明である。一九一六年七月三日にダンツィヒ＝トロイルの捕虜収容所に移送され、終戦までここに留められたが、収容所では窃盗、泥酔、不服従、等が常態化したという。一九一八年一一月に偽名によるドイツのパスポートを与えられ、以降は自力で対処するよう告げられると、大半の「旅団」兵はイギリス軍に復帰した。

## 12 覚悟の帰国

四月一一日夜、ケイスメントはモンティースおよびさきに触れたダニエル・ジュリアン・ベイリとともにベルリンを発った。ドイツで書かれた日記の最後の部分はこうである。「絶望的な愚行であることは実にはっきりしている。それでも、出かけることができて嬉しい。……祖国の哀れな仲間たちが火に飛び込もうというのなら、私の居場所は彼らの横だ」。一二日に潜水艦U20(ルシタニア号を撃沈した潜水艦)に乗り込むが、エンジン・トラブルが発生したため、一五日にU19に乗り換える。武器・弾薬を積載した商船「リーバウ」の方は、ノルウェイ船籍の「アウト」に偽装されたうえ、九日にリューベックを発っていた。U19と「アウト」は二〇日にトラリー湾で合流する計画であった。

U19と「アウト」はイギリス海軍の海上封鎖網をかいくぐって首尾よくアイルランド西岸に到達したが、結局のところ、武器・弾薬の陸揚げは果たされなかった。「アウト」が合流予定地点から数マイル離れた地点に停泊したため、予定地点にいたU19から確認できなかったのである。そもそも、仮に合流に成功したとしても、失敗は不可避であった。前述の通り、元々の計画は四月二〇日から二三日までの間に合流・陸揚げというものであった。ところが、四月一四日になって、デヴォイの許にダブリンの蜂起指導部から、四月二三日以前の陸揚げは避けよ、との指示が舞い込んだ。この指示は翌日にベルリンに伝えられたものの、U19と「アウト」(無線設備なし)には届かず、武器・弾薬が二三日に到着すると想定していたIV活動家たちは、二〇日にも二一日にも陸揚げ予定地点に姿を見せ

図1-5　U19のデッキにて．ケイスメント(右から2人目)，ベイリ(4人目)，モンティース(5人目)

なかった。
聖金曜日にあたった四月二一日、イギリス海軍に拿捕された「アウト」の船長カール・スピンドラー大佐は船を沈め、乗組員は捕虜となった。同じ日の夜明け前にU19はトラリー沖二マイルの位置に達し、「アウト」を見つけることができぬまま、ケイスメント、モンティース、ベイリの三人はケリ州バンナ・ストランドに上陸した。IV活動家と接触しようとトラリーに向かったモンティースとベイリは、疲弊が著しいケイスメントを海岸近くの塁壁跡(マッケナの砦)に残した。ケイスメントが上陸当日の午後一時頃に、ベイリが翌日に逮捕される一方、モンティースは逮捕を逃れ、一九一六年一二月にはニューヨークへの船上の人となった。ベイリはケイスメントとともに訴追されることになるが、「保護」と引き換えに「真実を語る」ことを申し出、裁判の際には検察側証人としてケイスメントはドイツとの陰謀を企んだ卑劣な背信者であるとの趣旨の証言を行う。ケイスメントが有罪判決を受けたのと同じ一九一六年六月二九日、彼には無罪判決がくだされた。
一九一六年七月二五日に書かれた姉ニーナへの最後の手紙に、ケイスメントは上陸の時の思いを綴っている。

泳いで名も知らぬ浜にたどり着いた時、私は過去一年で初めて幸せを感じました。今のような運命が待っていることは承知のうえで、それでも、ほんのひと時の間、私は幸せで何度も笑みを浮かべました。

自分を待ち受ける運命を予想しつつ、それでも責務の意識にかられて実行した覚悟の帰国に、満足感を覚えたのである。ケイスメントの逮捕をもって、急進派ナショナリストとドイツの連携の企ては息の根を止められ、アイルランド革命の舞台からドイツというアクターは実質的に姿を消す。

## 第五節　三つのアイルランド系師団

### 1　募兵から入隊へ

繰り返しになるが、イギリス軍への入隊という方針は主流派ナショナリストの間でも熱烈に支持されたわけではなく、募兵活動に積極的に取り組むIPP議員は多くなかった。その先頭に立ったのがウィリーである。兄が戦争協力の意向を表明した翌日〔一九一四年八月四日〕の庶民院で、ウィリーは戦争協力を全面的に支持する旨を演説した。

イングランドが正義の側に立っているからといって、アイルランド国民が不正の側に回ってはなりません。……非道なドイツ兵が小さなカソリック国〔ベルギー〕を……蹂躙するのを、イングランドがそれを悪であり不正であると見ているという理由で、アイルランド国民は見過ごすのでしょうか？

いうまでもなく、IVの分裂に際してはNVの側についた。戦争協力を全力で実践してゆくのが、ウィリーの一貫した姿勢であった。

開戦からしばらくの間、ウィリーが一番の任務としたのは募兵活動であった。そして、精力的に入隊を呼びかける中で、彼は自身も入隊すべきだという思いを強めてゆく。一九一四年一一月二二日のコークの募兵集会での演説は、以下のようにいう。

ささやかな能力のすべてを注ぎ込んでアイルランドの自治のための戦いを実践してきた者として、私はここで話しています。……アイルランドに正義をもたらしたいという私の、そして私と同様の人々のひたむきな願いを、誠実な人であれば誰も疑うことはできないでしょう。そして、アイルランドの若者たちに海外へ行ってこの戦いを遂行せよと要請している今、アイルランドの戦いが多くのアイルランド人が赴いている地、すなわちフランダースやフランスでこそ実践されることを確信している今、年老い白髪となった身ではありますが、私はこういいたいと思います。諸君らだけで行くのではない、私と一緒に行こうではないか、と。

ウィリーが入隊を決意したのは、「一人の老人が一緒に入隊するつもりであると知れば、何万ものわが国の若者たちが戦地に赴くことになる」と考えたからであった。志願兵を増やし、戦争協力を成功させたいとの思いから、五三歳の「老人」は一身を投ずる覚悟を固めた。必ずしも思惑通りの成果を収めていない募兵運動の起爆剤になろうということである。もちろん、周囲は入隊を思いとどまらせようとしたが、決意は揺らがなかった。「仲間たちには入隊を求め、自分自身は差し出さないことに、私は耐えられないのです」。

とはいえ、ウィリーの入隊が簡単に実現されたわけではない。年齢や地位を考えれば、ありうるのは士官としての入隊だったが、第一六師団(本節4参照)の師団長ローレンス・パーソンズは、高齢と軍務経験の乏しさを理由に色よい反応を見せなかった。ウィリーが第一六師団第四七旅団に属す王立アイルランド連隊第六大隊の臨時大尉となることが認められるのは一九一五年二月二二日、IPPからの執拗な要請の結果であり、民兵隊の中尉を務めた経歴も考慮されたはずである。入隊したIPP

の現職議員六人の中でも古参だったウィリーは、主流派ナショナリストの戦争協力をシンボライズする存在となる。

## 2　第一〇(アイルランド)師団

大戦では、イギリス陸軍の三つのアイルランド系師団が戦地に送られた。ウィリーがいた第一六(アイルランド)師団に加えて、第一〇(アイルランド)師団と第三六(アルスター)師団である。

第一〇師団はイギリス軍で初の「アイルランド」の名を冠する師団である。入隊してきたのはいわば純粋に連合国の大義に共鳴した者たち、政治的にも宗教的にも雑多な者たちであって、ナショナリストが多数派だったわけではない。兵力は不足気味で、一九一四年八月末の時点で師団を構成する一二の大隊のうち充分な規模に達していたのは一つだけであった。(11) イギリス兵によって不足を補ったため、アイルランド兵の占有率は七割程度、アイルランド系としての性格は必ずしも強くない。士官に関しては、九割がアイルランド人だった。師団長ブライアン・マホン中将はプロテスタントにしてユ

(11)　イギリス陸軍は以下のような構造を基本とする。組織単位を最大から最小まで並べると、軍→軍団→師団→旅団→大隊→中隊→小隊→セクションとなり、師団は三つの旅団で、旅団は四つの大隊で(一九一八年初頭以降は三つの大隊で)構成された。師団の標準的な規模は一万七〇〇〇人程度。開戦時の正規軍は三つないし四つの大隊をもつ連隊によって構成されていたが、志願兵の流入に伴って、連隊には志願兵大隊が追加された。

ニオニスト、南アフリカ戦争で活躍したアイルランド人であった。第一六師団や第三六師団と比べて、第一〇師団は相対的に優秀な人材を集めており、教練課程を完遂できたのはアイルランド系ではこの師団だけであった。

一九一五年八月、第一〇師団はガリポリ半島上陸作戦の第二波であるスヴラ湾上陸作戦に投入された（ただし、師団を構成する第二九、三〇、三一旅団のうち、第二九旅団はアンザック入江上陸作戦に）。八月六―七日の上陸には成功したものの、指揮系統の混乱と方針決定の遅滞のためにオスマン帝国軍に増援部隊の調達を許し、戦闘、それ以上に赤痢、チフス、マラリアといった病気で兵力の九割が死傷した（戦死者は二〇〇〇人以上）。作戦は間違いなく大失敗であった。

小説家・詩人キャサリン・タイナンの回想によれば、スヴラの報を受けて、ダブリンは「喪に包まれた」。「あまりにも多くの友人たちが第一〇師団に加わって出征し、スヴラで死んだ。苦い怒りがこみ上げてきたのは、この時が初めてだった。彼らの生命は投げ捨てられた、彼らの英雄的な行為がまったく認められていないままだ、と私たちは感じたのである」。引用にある「認められていないまま」とは、第一〇師団の奮闘が陸軍の公式報告書で言及されなかった事実を指す。『アイリッシュ・インディペンデント』は一九一五年一二月二二日号の論説で改めてこの点を指摘している。「悲惨な上陸作戦で、第一〇（アイルランド）師団の数多くの兵士が犠牲となった。彼らの英雄的な戦いについて、公式の認定はまったく行われていない」。ウィリーもまた、一九一六年三月一六日の庶民院での演説でスヴラに言及した。

有名なアイルランド系大隊が膨大な犠牲者を出したガリポリその他をめぐって、ある種の失望が広がったことは知っています。……今では最期の長い眠りについているこれらの兵士たちが充分に認められていない、という感情があることは間違いありません。

スヴラの第一〇師団をめぐって噴出した、陸軍にはアイルランド兵の貢献を評価するつもりがない、という憤りは、一九一五年春頃から顕在化しつつあった反戦・厭戦ムードの広がりと募兵の停滞に拍車をかけた。逆に、反戦・反イギリスを唱える急進派ナショナリストの側では、イギリス帝国の罪を知らしめる格好の宣伝材料として、「ガリポリ半島に積み重なる植民地兵とアイルランド兵の白い骨」は広く活用された。

ガリポリから撤退した第一〇師団は、窮地に立たされていたセルビア軍を支援する目的で、ギリシア北部のサロニカに集結していた連合国軍に合流した。一年半以上のサロニカ駐留を通じて、数回にわたるブルガリア軍との戦闘に参加したものの、特筆されるべき戦果はない。一九一七年八月にはエジプト遠征に向かい、同年一〇月からイェルサレム攻略作戦に参加、イェルサレムに最初に入城した師団の一つとなった。しかし、アイルランドからの志願兵の供給が滞ったため、第一〇師団はアイルランド系の性格を段々と喪失していった。一九一八年四月から六月にかけて、アイルランド系としての第一〇師団は実質的に解体され、九月には師団の名称から「アイルランド」が省かれる。

## 3　第三六(アルスター)師団

第三六師団はアルスターの地域性を前面に押し出した師団であり、その中核はＵＶＦメンバーが担った。入隊にあたっては「アルスターの神聖なる同盟と誓約」(序章第二節参照)への宣誓が求められ、当然ながら、将兵の大半はユニオニストでありプロテスタントであった。とある兵士はこう回想する。「私がいた四〇〇〇人程度のキャンプでは、宗教や政治に関する言い争いなどありえませんでした。全員が本当に同じように考えていたからです」。あえて入隊しようとするカソリックがほとんどいなかったのは(一九一五年二月の時点で一四人)、無理からぬところだろう。ただし、UVFメンバーばかりで充分な兵力を保つのは難しく、UVFと無関係の兵士による補充が欠かせなかった。その意味で、第三六師団をUVFが衣替えした部隊であるかのように見なすのは正確ではないが、とはいえ、UVFメンバーのプレゼンスは圧倒的だった。第三六師団を戦場で率いた師団長オリヴァー・ヌジェント准将も、UVFの編成と教練に関与した人物であった。

第三六師団は一九一五年一〇月以来一貫して西部戦線に配置された。戦場の凄惨な現実を痛感させられるのはソンムにおいてである。ソンムの戦いの初日と二日目(一九一六年七月一―二日)だけで師団からは約五五〇〇人の死傷者が出る。その多くは、七月一日午前七時三〇分に突撃を開始し、事前の砲撃によって機能しなくなっていたはずのドイツ軍の機関銃ポストから射撃された歩兵である。「ソンムの血の犠牲」は大戦の最中に「南部」で生じたイースター蜂起という利敵行為(第2章第二節参照)と対比され、「忠誠なアルスター」を象徴する出来事として、ユニオニズムの最も重要な神話となる。今日でも、毎年七月一二日のオレンジ・パレードによって、一六九〇年のボイン川の戦い(序章第二節参照)に重ねられたかたちで、ソンムで明示されたアルスターの忠誠心が顕彰されている。

ソンム以降長期にわたって大規模な戦闘から遠ざけられた第三六師団は、一九一七年六月七日のメシーヌ・リッジ攻略作戦では、第一六師団と「サイド・バイ・サイド」のポジションに配置された

（第2章第三節参照）。そして、この攻略作戦は、第三六師団にとって（第一六師団にとっても）最大の戦果を収める戦いとなった。しかし、二つの師団が再び「サイド・バイ・サイド」で遂行した同年八月一六日のランゲマルク攻略作戦は、惨憺たる結果に終わる。ランゲマルクの惨敗で第三六師団は深刻な兵力不足と士気喪失に陥り、大規模な人員補充が施された結果、アルスター兵の比率は急速に下落する。UVFに依拠するアルスター・プロテスタントの師団としての第三六師団は、ここで実質的に解体した。

### 4　第一六（アイルランド）師団

ウィリーが入隊した第一六師団は、主流派ナショナリストの戦争協力を体現する存在として、レドモンドが最も期待をかけた師団であった。第一六師団が戦地に赴いてまもない一九一六年二月、レドモンドは次のように語っている。「今日、私たちは巨大なアイルランド軍を戦場に送り出しています。アイルランド軍の戦績はアイルランドを栄光で包み……私たちの心を誇りで打ち震えさせました」。戦争への貢献を明示するというレドモンドの狙いからすれば、第一六師団は「アイルランド人のみで構成され、アイルランド人のみが士官の地位に就く」部隊であることが望ましく、少なくとも編成当初にはこの希望はかなりの程度まで実現された。しかし、兵士の九割以上を占めたカソリックは士官では一割にすぎず、カソリックがプロテスタントの指揮下に置かれる関係は明瞭であって、しかも、士官の多くはユニオニストであった。一九一五年末頃には士官の三分の一をカソリックが占めるところまで比率は変化するが、同時にアイルランド兵の不足をイギリス兵で補う事態も進んだ。また、第一六師団に独自のシンボルを許すようにとのレドモンドの要求もほとんどが却下、シャムロックのバッジが許可され、一九一五年九月に師団名に「アイルランド」が加えられたのがせいぜいのところであった。なお、初代師団長はプロテスタントにしてユニオニストのローレンス・パーソンズ中将だったが、ＩＰＰへの配慮から、一九一五年一二月にはカソリックであるばかりでなく自治の支持者でもあったＷ・Ｂ・ヒッキー少将が後継となった。

不満は残ったものの、ＮＶメンバーをはじめとする「南部」のカソリックが主力を成すという意味で、第一六師団は最も濃厚にナショナリスト色を帯びた師団であった。この師団が奮闘し、あわよくば華々しい武勲をあげることこそ、「南部」の戦争貢献をわかりやすく示すはずであった。しかし、募兵運動の成果は芳しくなかった。師団を構成する第四七―四九旅団のうち、充分な兵力を維持できたのは、ＮＶメンバーの受け皿とされた第四七旅団だけであり、第四九旅団の兵力は著しく貧弱であった。しかも、一九一五年六月には、スヴラ湾上陸作戦に投入される第一〇師団を補充するため、第四九旅団から経験豊富で教練も行き届いた一二〇〇人が転配され、師団全体の士気と規律に悪影響を及ぼす。第四九旅団の兵力不足はいつまでも解消されず、戦地へも第四七、四八旅団よりも遅れて派遣されることになる。師団として不完全な状態のまま第一六師団があえてフランスに送られた背景には、貢献の実績づくりを急ぐＩＰＰからの圧力があった。兵力が不足するばかりでなく、教練も不徹底だった第一六師団は、レドモンドの期待を担うにしては、あまりにも多くの制約を抱え込んでいたのである。

## 5　西部戦線のウィリーと第一六師団

数少ないカソリック士官の一人となったウィリーは、議員活動を事実上棚上げしてコーク州ファーモイでの教練に取り組み、一九一五年一二月一七日には第一六師団とともにフランスへ向かう。大尉とはいえ、「アイルランド師団の老大人《グランド・オールド・マン》」とも呼ばれたウィリーの役割は、教練や指揮よりもむしろ兵士たちの士気を鼓舞し、部隊の雰囲気を盛り上げることにあった。前線に配置される場面もなくはなかったが、主たる任務は後方業務、一九一六年七月に病気療養から復帰して以降は、前線業務から完全に遠ざけられる。中尉として同じ第四七旅団に属したスティーヴン・グウィンは、戦地のウィリーの様子をこう伝える。

彼はいつも自分の足で歩き、兵士たちの行進の際には馬に乗るようにという説得を決して聞きいれなかった。道端に座っていた私のところに手を伸ばしてやってきた時の彼の表情くらい嬉しそうな表情を、私は見たことがない。彼は立ち止まって兵士たちの行進を見送っているところだった。この時の彼は、まさに本領を全面的に発揮し、情熱的な献身で文字通り輝いている人物であった。

ウィリーの大切な役割の一つは、師団の「南部」兵たちのスポークスマンになることであった。特に注目を集めたのが、休暇にあわせて庶民院で行った三回の演説である（一九一六年三月一六日、一二月一五日、一九一七年三月七日）。戦場を知らずしては不可能な生々しい描写を交えた演説は、好意的に受けとめられた。「誰もが感動して打ち震え、拍手に和し、その後はほとんど全員がメッセージを伝えてくれた彼に直接謝意を伝え、手を握りしめる機会を得ようとした」（『マンチェスター・ガーディアン』）。

図 1-6　第 16 師団の兵士たちを率いて行進するウィリー

戦地に出た当初の第一六師団が属した第一軍団の指揮官ヒューバート・ガフはプロテスタントにしてユニオニスト、カラーの「反乱」の当事者でもあったアイルランド人だが、第一六師団を指揮することを通じて、認識を次第に改めていった。「私が知った多くの人々の中には、ウィリー・レドモンド大尉とスティーヴン・グウィンもいた。……二人は、そしてこの師団の他の多くのアイルランド人も、自治主義者ではあるかもしれないにせよ、忠誠心、任務への献身の意識、そして勇敢な精神の持ち主であることがわかり、私は彼らに敬意と好意を抱いた」。

そして、大戦終結後の一九一八年総選挙にUUPから立候補するよう要請を受けたガフは、これを断わっている。「戦争がアイルランドを含めた多くのことに関する私の考えをいかに変えてしまったか、私は彼〔カーソン〕に伝えました」。ナショナリストと戦場を共有する経験は、筋金入りのユニオニストをも変化させたのである。

## 6　海軍士官チルダーズ

ウィリーと同じく、チルダーズもイギリス軍に加わったが、彼が入隊したのは海軍であった。武器密輸を遂行した直後の一九一四年八月初頭、海軍省から出頭要請が届いた時には、武器密輸の件で逮捕されるのではないかとの怖れが頭をよぎったが、海軍省の意図はドイツ沿岸部のクルージング経験が豊富な彼の知識を活用することにあった。『砂洲の謎』の愛読者だった海相チャーチルに対してチルダーズの登用を進言したのは、学生時代の友人エディ・マーシュである。海軍省で与えられた最初の任務は海図の作成だったが、まもなくチルダーズはドイツへの侵攻プランの立案にも取り組むようになる。ドイツ北部沿岸を海上封鎖したうえでエムス川の三角州を奪い、デュッセルドルフやケルンにまで侵攻するという壮大なプランである。採用はされなかったものの、チルダーズの意欲は伝わってくる。彼はイギリス海軍に志願入隊するが、それは不承不承の決断ではなかった。

つい数週間前に海軍の目を盗んで武器を密輸した張本人にとって、矛盾のない行動だったのだろうか？　おそらく一九二〇年一二月頃に書かれた「アイルランド革命」と題するタイプ原稿には、こうある。

カソリック国ベルギーへのシンパシー、そして、この戦争は自由のための戦争だという大変に真正な感情が、広く浸透していた。……〔しかし、大戦の展開とともに〕「小国の権利のための」戦争がまったく別の目的で行われているという確信が頭をもたげた。

ベルギーの蹂躙は許しがたく、小国の権利を掲げた連合国に大義があると当初は考えたが、それが誤りであることにその後気づいた、という図式である。ただし、チルダーズの場合、生来の冒険衝動が入隊を後押しした面もあったかもしれない。実際、彼はきわめて積極的に軍務を全うするのである。

海軍省での仕事を終えると、チルダーズは軍艦「エンガディン」に乗り組み、その後まもなく諜報士官に志願して新たな任務を帯びる。機密の電文等の解読に加えて、操縦こそしないものの、飛行機に搭乗して偵察のための写真撮影を行い、銃や爆弾も扱うこととなった。九月二日の日記には旺盛なやる気が綴られている。「諜報士官になって以来、私はずっとこの〔暗号解読法の〕学習に取り組んできた。メッセージが解読できるようになるためには……膨大な量の練習が必要だ。……すべては練習、練習、練習だ」。

海軍士官チルダーズが経験した最も華々しいエピソードは、クックスハーフェン爆撃である。軍艦に搭載された飛行機によってエルベ河口の港湾都市クックスハーフェンの飛行船格納庫を爆撃する、という彼も策定に関与したプランが、一九一四年一二月二五日に実行されたのである。自身も飛行機に同乗する希望が叶えられるのだが、決行日の朝には失態を演じてしまう。「一日の始まりはひどいものだった。操舵兵が私の名を呼ぶ声で目覚め、罪深いスタート、何時だろう、六時だ、一時間半も寝過した。この時の恐怖と絶望を忘れることは決してないだろう。……よりにもよってこんな日に。「もう飛び立ったか?」と私は叫ぶ。まだだ、ちょうど発進準備をしているところだ」。チルダーズを乗せた飛行機は、ドイツ沿岸部に到達したものの、霧で視界が悪く、エンジン・トラブルも始まったため、格納庫を発見できないまま帰艦することとなる。成果は乏しかったとはいえ、チルダーズの冒険欲求を満足させる経験ではあった。日記には「すべてをひっくるめて、忘れがたい一日だった」とある。チャーチルはチルダーズが「大胆かつ勇敢であった」ことを称賛し、顕彰の意味ですべての海軍艦船に『砂洲の謎』を贈った。もちろん、海軍士官としてのチルダーズの本領はあくまでもドイツ沿岸部に関する知識と経験に裏づけられた教育能力にあり、自身が危険なミッションに参加することは想定されていなかったのだが、クックスハーフェンの経験で味をしめた彼は危険を好む性向を強めてゆく。特に執着したのは飛行機に搭乗することで、飛行を禁じる上官の命令にしばしば背いた。

一九一五年三月二三日から、チルダーズは軍艦「ベン・マイ・クリー」に偵察員として配置される。ガリポリ半島のオスマン帝国軍の塹壕や砲座、ダーダネルス海峡に仕掛けられた潜水艦ネット、等の撮影が一番の任務だったが、爆撃作戦にも参加した。ドイツ沿岸部のエクスパートがオスマン帝国海域に配置された理由は判然としない。一九一五年一一月には「ベン・マイ・クリー」に新たな任務が与えられ、ブルガリア南部の偵察を行うとともに、ブルガリアの鉄道橋梁への爆撃を実施する。最初の爆撃の際には、禁を破ってチルダーズも飛行機に搭乗した。オスマン帝国軍からスエズ運河を防衛する任務(一九一六年一―三月)を経て、三月九日にロンドンでデスク・ワークに就くよう命令を受ける。まもなく飛び込んでくるのがイースター蜂起の報である。

## 7　戦争協力の行き詰まり

主流派ナショナリストの戦争協力の大前提には、大戦は数カ月で終結する、一年もすれば自治は実施される、という見通しがあった。しかし、現実の大戦は予想を裏切って長期化の様相を呈し、それに伴って、これまた当初の想定をはるかに上回る犠牲が不可避であることが明らかになってゆく。一九一五年五月七日のルシタニア号撃沈は衝撃的だったし、次々と送り返されてくる傷病兵の姿にも強烈なインパクトがあった。こうした中、アイルランドからの入隊者は急速に減少してゆく(一九一五年四―五月には約六〇〇〇人だったが、五―六月には約三〇〇〇人へと半減）。IPPの有力者ジョン・ディロンは、主流派ナショナリストの本音をこう漏らす。「この戦争が長期に及んだら、私たちはかなり厳しいピンチにさらされるでしょう」。

戦争協力が空転してゆくきっかけとなったのが、一九一五年五月、アスクィスを首相の座に残したまま、自由党単独政権が連立政権へと移行したことであった。その意味は三つに整理できよう。①保守党が与党となったため、IPPが握るキャスティング・ヴォートが無意味化し、政府への影響力が減退したこと。②法務長官となったカーソンをはじめ、ユニオニストの大立者を複数入閣させた政府に自治を戦後に実施するつもりがあるのかどうか、見通しが怪しくなったこと。「内閣にランズダウン卿、ボナ・ロー氏、バルフォア氏、そしてサー・エドワード・カーソンがいて、……自治法を無効にし、アイルランドを分割するような法案が出てこないなどといえるだろうか？」とは、『アイリッシュ・インディペンデント』の論説の問いかけである。③連立政権は徴兵制の導入を目指すとの観測から、反戦・厭戦ムードが強まったこと。一九一六年一月に成立する徴兵制は当初はアイルランドには適用されず、志願入隊制が維持されるのだが、いずれは徴兵されるとの不安が浸透する中、急進派ナショナリストがとる反戦のスタンスが徐々に支持を集め、NVからIVへ転向する者たちも増えてゆく。

膨大な犠牲を伴う戦争協力が本当に自治の実現にとって有効なのか、疑問や批判の声が主流派ナショナリストの間でも聞かれるようになるが、自らの提唱に応えて少なからぬアイルランド人が戦闘に従事している以上、そして、敗戦によって自治が雲散霧消することなどあってはならない以上、レドモンドにとって戦争協力の撤回という決断が容易なはずはなかった。反戦・厭戦ムードが強まってきても、戦勝最優先の姿勢を貫くことを強いられたわけである。そして、こうした苦境が招かれた主因は、大戦の短期終結、自治法への政府の誠実な態度、ユニオニストの敵対姿勢の緩和、等、ＩＰＰにはコントロールできない条件に戦争協力方針が依存していたことにある。とりわけ、大戦の泥沼化は決定的な負の外部要因となった。一九一五年春頃から表面化した戦争協力の行き詰まりは一九一六年ともなれば誰の目にも明らかであり、この年のセント・パトリックス・デイ（三月一七日）にあたってレドモンドが発したメッセージは、無理に前向きなトーンをとろうとしているかに読める。

　この〔戦争協力の〕方針は、アイルランド史上かつてなかったほど、国内でアイルランド国民を結束させました。すべての信条、すべての階級の人々が一丸となって、小国の自由のためばかりでなく、人道と文明の大義のために立ち上がった連合国を支持しています。

イースター蜂起が勃発し戦争協力の瓦解が始まるのは、翌月のことである。

# 第2章　イースター蜂起

徹底的に破壊されたダブリンのサックヴィル・
ストリート

一九一六年四月二四日、予定より一日遅れて開始されたイースター蜂起は、一九一三年以来の胎動期を経て、アイルランド革命がいよいよ本格的に起動したことを告げる出来事であった。アイルランド共和国の独立を掲げた蜂起が契機となって、戦争協力が破綻してゆくとともに、IPPが体現する自治主義の凋落とそれに代わる共和主義の台頭という転換が進み、泥沼化する大戦とも相まって、「軍事化」にいっそうの拍車がかかる。

## 第一節　絞首刑

### 1　ケイスメントと蜂起の行方

ケイスメントの残り少ない日々を追うことから始めよう。一九一六年四月二一日に逮捕された後も、彼の最大の課題が蜂起指導部にあたるIRB軍事評議会に決起を断念させることであるのに変わりはなかった。自らの逮捕を早く公表するよう治安当局に求めたのも、ドイツの支援が来ないことを知らしめようとの思いからであった。政府の公式発表が出るのは四月二五日だが、二二日のうちにケイスメントの上陸と逮捕は新聞で報道された。

IVがIRB軍事評議会のコントロールの下にあり、四月二三日に蜂起を決行する準備が進んでいることを、ＩＲＢ活動家ながら蜂起に反対するブルマー・ホブソンからＩＶの参謀長マクニールが知らされたのは、四月二〇日夜であった。二二日午後にはケイスメントの逮捕と武器・弾薬の陸揚げ失敗の報が入り、勝算なしと判断した彼は蜂起の企ての中心人物であるピアースに計画の断念を説得するが失敗、二二日夜にＩＶ全部隊に向けた中止命令を執筆する。こうした意味で、逮捕を覚悟のうえ帰国したケイスメントの行動はたしかにマクニールの背中を押した。翌二三日、ダブリンで唯一の日曜紙『サンデイ・インディペンデント』には、「イースター・サンデイに向けてアイルランド義勇軍に与えられていたすべての命令はここに撤回される」との中止命令が掲載されるが、結局、翌日に蜂起は開始される。蜂起計画が練られてゆく過程で同じように周縁に追いやられていたケイスメントとマクニールは、ぎりぎりまで各々のやり方で蜂起の阻止を試み、蜂起の行方に僅かばかりの影響を与えたのである。

ロンドンに送致されたケイスメントは、四月二四日から警察で取調べを受けた。軍法会議で裁くか、文民裁判にするか、政府の方針が決まるまでの二週間ほどはロンドン塔に囚われ、この間に蜂起が決行されて失敗したこと、つまり自分のミッションが果たされなかったことを知った。逡巡の末、政府が文民裁判を選択したのは、蜂起指導者たちが非公開の軍法会議できわめて粗略に裁かれたことに対する反発が広がっていたことへの配慮からである（次節6参照）。

## 2　ケイスメントの裁判

一九一六年六月二六日に始まった裁判における罪状は大逆罪（根拠は一三五一年法）であった。カーソンの後任の法務長官として検察側を率いたF・B・スミスはUVFの武器密輸に関与した人物であり、被告弁護側は、ケイスメントの「大逆」を問うのであれば、スミスにも同様の責があってしかるべきだと主張したが、検察側は大戦勃発以前に行われた武器密輸と交戦中のドイツと手を結ぼうとする「大逆」とはまったく性格が異なると反論した。四日間の審理の後、首席判事によって、ケイスメントがイギリスに打撃を与えようというドイツの狙いに沿って活動したことは否定できない、との判断が示され、陪審は有罪の結論に達した。

有罪判決の後、ケイスメントに発言の機会が与えられた。「五六五年前に制定された古いイングランドの法」を持ち出して、「自身の国民への忠誠」を理由に「現代に生きるアイルランド人から生命と名誉を奪う」こと、陪審員がアイルランド人ではなくイギリス人であることの不当性を指摘したうえで、ケイスメントは「被告席に至るに違いない道」を承知のうえで選んだ、「この背信者の被告席に立つことを誇りに思う」と述べた。

私たちはこういわれています。アイルランドのためではなく、フランダースのために、ベルギーのために、メソポタミアの砂漠のほんの一片のために、あるいはガリポリの山上の岩だらけの塹壕のために、何千何万のアイルランド人が出征すれば、アイルランドの自治が獲得されるだろう、と。しかし、彼らが自身の祖国で生命を賭けて身を投げ出すと、祖国において決意をもって戦う者たちによってのみ獲得されうる自由を夢見るだけでも、彼らは祖国への背信者であり、彼らの夢も彼らの死も同様に不名誉な妄想を成すにすぎないと決めつけられます。

二〇世紀の今日、忠誠心が犯罪と見なされるのはアイルランドにおいてだけです。……自分たちの国で生活したい、自身の頭で考えたい、自分たちの歌を歌いたい、自身の労働の果実を手にしたい、と弱々しい息遣いで乞わねばならぬような国で……それを自然な人間の運命として従順に受けいれるよりも、このような状況に抗して行動する叛徒であることは間違いなくより勇敢で健全で真正だと確信します。

量刑は絞首刑であった。また、有罪判決に伴って、ナイトの称号が剝奪された（こうした事例は過去三世紀近くなかった）。

上級審への抗告にあたっては、南アフリカ戦争時の「アイルランド旅団」の前例が持ち出された。「第一旅団」を組織したジョン・マクブライドは「大逆」の罪に問われたりはしなかったし、「第二旅団」を率いたアーサー・リンチも、一九〇三年に死刑判決を受けるものの終身懲役刑に減刑され、四カ月後には釈放、〇七年に恩赦を与えられた。二人が処刑されていない（マクブライドはイースター蜂起に参加して処刑されるが）事実とケイスメントへの量刑との間の齟齬を衝く論法だが、七月二四日に抗告は棄却された。

### 3 「ブラック・ダイアリ」

有罪判決以降、人道主義者として高名なケイスメントの助命・減刑を求める声が国内外に広がった。請願運動に奔走する人々の中にはチルダーズの姿もあったが、おそらく最も注目されたのはコナン・ドイルである。ケイスメントは「明らかに異常」であって「責任を負える精神状態にはない」としたうえで、処刑により戦時にアイルランドやアメリカの世論を敵に回すことの愚を強調するドイルの請願には、ギルバート・キース・チェスタトン、ジョン・ゴールズウォージといった作家やC・P・スコットのようなジャーナリストが署名を寄せた。ガートルード・バニスター(ケイスメントの従妹)が組織した請願への署名者には、チルダーズの妻モーリの他、J・A・ホブハウス、アーノルド・ラウントゥリ、リットン・ストレイチ、等が含まれる。ケイスメントは「異常」だとの言い分に同意できず、ドイルの請願への署名を拒んだW・B・イェイツは内相ハーバート・サムエルに嘆願し、カンタベリ大主教もサムエルや大法官と面談して減刑を求めた。七月二六日にはアイルランド選出議員の請願がアスクィスに提出されたが、署名は三九筆に留まった。レドモンドをはじめ、多くのアイルランド選出議員が署名を控えた最大の理由は、いわゆる「ブラック・ダイアリ」である。

「ブラック・ダイアリ」とは、ケイスメントの住居から一九一六年四月二五日に押収された一九〇

### コラムA　アーサー・リンチ

アイルランド人の父とスコットランド人の母の間にオーストラリアで生まれたリンチは、南アフリカ戦争の際、マクブライドに倣って「第二アイルランド旅団」を結成し、ボーア軍側で戦った。これは明らかにケイスメントをインスパイアする前例であった。一九〇一年の北ゴールウェイ補選で当選、ロンドンに戻ったところを逮捕され、〇三年に絞首刑判決を受けるが、IPPの助命請願と国王の介入のためもあって、減刑のうえ〇四年には出獄した。一九〇七年に恩赦の対象となり、〇九年からはIPP庶

民院議員を務めた。

ドイツの支配下に置かれれば自治の可能性が消滅してしまう、との見通しから、リンチは大戦へのイギリスの参戦を支持した。「ボーア人のための戦いへと私を導いた動機と連合国のための戦いへと私を導いた動機とは、根本において同一」、いずれも小国の自立を実現するためだというのである。また、徴兵制の導入にも前向きであり、空軍の創設は早くからの持論であった。イギリス陸軍に入隊したが、彼が為した最大の戦争への貢献は、アイルランドの徴兵制反対運動の高揚を受け、一九一八年の志願兵募集運動の先頭に立ったことであった。しかし、運動の成果は乏しく、「二つの国の間に友好的な感情をもたらし、……アイルランド人の自治権の承認を平和的に行う条件を整える絶好の機会は失われた」。

アーサー・リンチ

イースター蜂起に関して、リンチは「若き指導者たちの並外れた勇気と献身への称賛」を表明し、彼らが「英雄や殉教者の殿堂に位置を占める」ことを予言した。IPPに属してはいても、リンチには共和主義者の自覚があり、蜂起が情勢を根本的に変化させたと察知したのである。

一九一八年総選挙では、西クレア選挙区に赴けないことを理由に議席を放棄し、代わってロンドンで労働党から出馬するものの、落選した。以降は政治とはかかわらず、医師として生活する傍ら、精力的な執筆活動をつづけた。詩集や小説の他、心理学、倫理学、文学、科学、等の著書を刊行し、アインシュタインを論難したこともある。ただし、いずれも評価は低く、いささかマッド・サイエンティスト的な印象ばかりが残る。

三年、一〇年、一一年の日記を指す。年少者との同性愛行為があからさまに綴られるこの日記の利用価値は一目瞭然だった。さっそく抜粋がジャーナリストや政治家に回覧され、ロンドンのクラブや庶民院でも閲覧に供された。国王ジョージ五世の目にも触れている。内務省が「ブラック・ダイアリ」を広く人目にさらした狙いは明瞭、ケイスメントが「虫唾の走るような人物」(サムエルの言)であることを知らしめ、助命嘆願の動きを抑え込むことである。結審翌日の六月三〇日に大衆紙『デイリ・エクスプレス』が、「下劣な背信者に正当な報い、サー・ロジャー・ケイスメントに死刑判決、性的倒錯者の日記」との見出しの下、ケイスメントの「道徳的退廃」を告発したのは、まさに注文通りだった。性生活まで暴露して被告の評判を落とそうとするやり方への批判がなかったわけではないが、同性愛が犯罪だった時代に「ブラック・ダイアリ」という冷水は実に効果的だった。『タイムズ』が、「こんな手法は、どれほどの内実があるにせよ、今日では不適切にして見苦しく、非イングランド的である」との論説を掲載するのは、処刑の翌日(八月四日)になってからである。「不適切にして見苦しい」手法を用いてでもケイスメントを屈辱の中で死に追いやろうという企てが、たしかに遂行されたのである。

内務省は処刑後も日記の存在そのものを関知していないとする立場を貫き、一九五九年にようやくパリで公刊されるものの、依然としてイギリスでの公刊はできなかった。たとえば、一九二〇年代にケイスメントの伝記を書くことを構想したT・E・ロレンス(「アラビアのロレンス」)は、「ブラック・ダイアリ」にアクセスできなかったため、執筆を断念している。とはいえ、「不適切にして見苦しい」手法が使われたことへの批判は根強く残り、さらに、日記の真贋をめぐる論争が長期に及んだためもあって（二〇〇二年の科学的な鑑定以降、真正という判断が優勢である）、ケイスメントへの関心は死後にも維持された。今日なお、ケイスメントはアイルランドの代表的な殉教者としてしばしば言及される。その意味で、同性愛の暴露によって彼の殉教者化を阻もうという狙いは裏目に出たといえる。

## 4　ケイスメントの処刑

助命を促す最も大きな力をもっていたのはアメリカ世論であった。在ワシントンのイギリス大使セシル・スプリング・ライス（武器密輸を実行したメアリと姻戚関係）は、処刑は政治的に賢明でないとの見方を伝えてきた。アメリカのアイルランド系住民の反発を買い、待望されるアメリカの連合国側での参戦を遠ざけてしまうとの懸念からである。七月二九日には、アメリカ上院が助命を求める決議を採択した。イギリス政府が最終決定をくだす八月二日になっても、スプリング・ライスは執拗に助命を訴えた。「もしもケイスメントが処刑されるなら、……〔アメリカ国民の〕イングランドへの敵意に火が点き、深刻な政治的困難が危惧されることとなるでしょう」。

八月二日午前の閣議は減刑を否定した。「ブラック・ダイアリ」まで利用し、いわばなりふり構わぬ態度でことに臨んできた政府にとって、減刑という選択肢は採用しがたかった。翌日に外相グレイがスプリング・ライスに送った電報にはこう記されている。「当地で知られることとなった事実にもかかわらず減刑を行えば、国内の世論にも戦地の軍にも最大限の憤激が惹起されて当然だろう」。「不適切にして見苦しい」手法は助命嘆願運動に打撃を与えただけでなく、政府から減刑という選択肢を奪いもしたのである。

図 2-1　処刑後に『コンチネンタル・タイムズ』に掲載されたケイスメントのカートゥーン

八月二日午後、ケイスメントは翌朝の処刑を通告された。カソリックへの改宗（厳密には、幼少期に秘密裏の洗礼を受けたカソリック教会との「和解」）が果たされるのはこの日の夕刻、処刑当日には聖餐も施された。「心のうちではカソリック」ながら形式上はプロテスタントであったケイスメントは、自身の中に深甚な分裂を抱え、精神的安寧を容易に得られずにいたわけだが、改宗は疑いもなく絞首刑を控えた彼に救いを与えた。執行通告の後に書かれた文書には、自分が「光栄ある大義」に身を捧げた者たちの列に連なることへの誇りが表明されている。あるいは、大戦という「憎悪と虚偽と組織的殺戮の乱痴気騒ぎ」に席巻される世界は、もはや執着に値しなかったのかもしれない。「この戦争がたしかに為したのは、諸国の生活の中にあったクリスチャニティを葬ることでした」。安眠のうえ臨んだ八月三日朝の処刑に先立ち、ケイスメントが残した最後のことばは、「私は納得しています、祖国のために死にます」、そして「主よ、貴方の御手に私の御霊を委ねます」であった。ペントンヴィル刑務所の周辺に集まっていた群衆は、絞首刑の執行を知らせる鐘に快哉で応えたという。戦地からの膨大な犠牲の報に連日のように接していた人々にとって、ナイトでありながら「大逆」を犯し、同性愛まで囁かれる背信者に同情する余地などなかったのである。

## 第二節　イースター蜂起の衝撃

### 1　蜂起の展開

一九一六年八月のロンドンから四月のダブリンに戻り、蜂起の概略を描いておこう。マクニールの中止命令によって蜂起指導部の決意が覆されることはなく、蜂起は四月二四日朝に開始された。中止命令に伴う混乱もあって、一日遅れの蜂起に参加してきたのはＩＶおよびＩＣＡのメンバー一六〇〇人程度に留まった。ダブリンにおける決起に呼応する地方の動きは限定的で（叛徒が制圧できた町はウェクスフォード州エニスコーシのみ）、蜂起は実質的にダブリンに局限された。ドイツからの武器なしでも大規模な軍事行動が可能だったのは、「ホウス・ライフル」を使用できるダブリンの蜂起軍だけだったともいえる。二四日昼までに蜂起軍は市中心部の重要な建物を占拠し、目抜き通りサックヴィル・ストリート（現在のオコネル・ストリート）の中央郵便局に本部を設置した。武器・弾薬の陸揚げを阻止し安堵していた治安当局は明らかに不意を衝かれたのであり、駐留軍総司令官もアイルランド担当相もイースター休暇をとっていた。

しかし、治安勢力の反撃は迅速で、最も重要な総督府が置かれるダブリン城の防衛態勢を二四日夕方に整えると、市庁舎をはじめとする占拠された建物への攻撃を開始した。蜂起軍には可能な限り長く籠城するという以上の作戦は事実上なく、二五日にカラーやベルファストから、二六日にはイギリ

図 2-2　降伏を通告するピアース（右）

スからも増援軍が到着すると（最終的には二万人規模に）、蜂起軍の拠点は次々と陥落し、中央郵便局は孤立してゆく。二六日からは、リフィ川を遡上してきた砲艦「ヘルガ」による砲撃も始まった。また、二五日にダブリンに戒厳令が布告され、翌日には全国に拡大された。ついに中央郵便局が砲撃にさらされるようになるのは二七日、それに伴ってサックヴィル・ストリート周辺は徹底的に破壊された。市中心部が戦闘の舞台となった結果、蜂起軍と無関係の住民が巻き込まれて死傷する事態が頻発し、二九日午後に蜂起軍の総司令官ピアースは降伏を決断する。彼が真っ先にあげた降伏の理由は、「ダブリン市民のこれ以上の殺戮を防ぐため」であった。二九日午後三時三〇分に無条件降伏が申し入れられるまでに、死者は約五〇〇人（蜂起軍六四人、治安勢力一三四人、その他は一般住民）に上った。蜂起軍とも治安勢力とも関係のない住民の犠牲が大きかったのは市中心部の建物占拠を作戦の基軸としたためであり、こうした作戦を採用した蜂起指導部には、蜂起がどれほどの被害を住民に及ぼすか、想像力が欠如していたといわざるをえない。

## 2　蜂起の狙い

蜂起軍はほぼ一方的に敗北したわけだが、こうした結果は容易に予想できたはずである。ならば、あえて決起した動機をどう理解すればよいのだろうか？　しばしば指摘されるのは、ピアースが表明した「血の犠牲」、つまり、自己犠牲によって同胞の胸中に眠っている戦闘的なナショナリズムを呼び覚ます、という動機である。しかし、大戦の渦中にある「イングランドの苦境」を狙い、ドイツとの連携まで策した蜂起には、もっとプラグマティックな性格があったと思われる。治安勢力と蜂起軍の圧倒的な軍事力の差を考えれば、およそいかなる蜂起にも充分な勝算などありえなかったが、それでも、僅かではあっても成功する可能性が最も大きいのが戦時というタイミングを捉えた蜂起であった。自己犠牲の覚悟と成功への願望とは両立する。勝算が小さいからといって蜂起を諦めるのか、たとえ絶対的には小さいにしても相対的に最も大きな勝算が見込める機会に決起するのか、蜂起を企てた者たちの念頭にあった二者択一はこれであった。そして、仮にドイツの支援が得られなくても大戦が終結する前に蜂起に立ち上がるべきだ、というのが彼らの結論であった。手をこまねいて「イングランドの苦境」＝「アイルランドの好機」を逃し、独立を目指す意志を行動をもって示さないことこそ、最悪の選択肢に他ならなかった。ナショナリズムの伝統に則った蜂起という英雄的行動を通じて自治主義に毒されたアイルランド国民を覚醒させ、国際的な支持を拡大することで、敗北する公算が高い蜂起は最終的な勝利に貢献できる、これが蜂起指導部の判断であった。長老格の蜂起指導者トマス・クラーク[1]のことばを借りるなら、「最小限の損失が最大限の収穫に帰結する」のである。

また、イースターを決起の時に選んだことから推察できるように、蜂起には宗教的な含意があった。

「世界を取り戻すには神の子の血が必要であった。アイルランドを取り戻すにはアイルランドの子たちの血が必要であろう」。叛徒をキリストに準《なぞら》えるピアースのこうした発想は、蜂起指導者や叛徒の多くに共有された。決起直前の四月八日、IRB軍事評議会によってヴァティカンに派遣された国立博物館館長プランケット伯爵（蜂起指導者ジョゼフ・プランケットの父）が、蜂起は「カソリックとしての行動」であるとして教皇ベネディクト一五世の祝福を求めたエピソードは象徴的である。その多くが敬虔なカソリックであった叛徒たちを鼓舞するうえで最も有効だったのは、彼らの信仰心に訴えることであった。処刑される蜂起指導者にはマルクス主義者コノリや無神論者クラークが含まれるが、彼らも処刑の直前に聖餐を受け、よきカソリックとして死ぬことを選んだ。やや位相を異にするものの、ケイスメントもカソリックとなって死に臨んだ点では同じである。あるいは、女性の蜂起指揮官のうちで最も著名なマルキヴィッツ伯爵夫人(2)は、死刑判決を減刑され、出獄した直後にカソリックに入信するが、それを促したのは蜂起の最中に目撃した叛徒たちの宗教的な献身であった。叛徒の多くは蜂起を宗教的な行動と捉え、死の可能性に直面する試練に、神聖な大義のために戦うのだという思いをもって立ち向かったのである。

彼らの信仰心は事後にも頻繁に言及され、結果的に、蜂起を導いたナショナリズムとカソリシズムとは不可分のものだという認識が広がってゆく。蜂起の神聖化である。いうまでもなく、ナショナリズムとカソリシズムが結びあわされたことの意味は重い。宗派性が前面に出れば、「南部」とアルスターとの分断は深まり、アイルランド全島の分離独立という目標を達することが難しくなるからである。なお、カソリック教会は蜂起に反対する立場をとったが、ダブリン大司教ウィリアム・ウォルシュは公的には蜂起を非難せず、叛徒たちに投降を呼びかけることも拒否した。アイルランド統治の失敗こそが蜂起の主因である、との認識ゆえである。

さらに、蜂起には内戦的な性格が刻印されてもいた。真っ先に蜂起の鎮圧にあたったのはイギリス軍の「南部」兵であり、そこにはNVメンバーが少なからず含まれていた。蜂起はかつて同じ義勇軍に属したナショナリスト同士の武力衝突でもあり、数でいえば、蜂起軍側よりも治安勢力側についた者の方が多かった。かつての同志が企てた蜂起の鎮圧が容易な任務であったはずはなく、はっきりと叛徒たちへの共鳴を示す「南部」兵もいた。たとえば、チルダーズの従弟で自治主義者だったロバート・バートン(3)は、イギリス軍の一員として蜂起の鎮圧に不本意ながら従事した後に除隊し、シン・フェインに加わる。ユニオニストだった王立アイルランド連隊の大尉ジョン・レーガンでさえ、以下のように述懐している。

捕囚とされた者たちが深夜に「ゴッド・セイヴ・アイルランド」を歌いながら行進してゆく物音には、なにか不思議な響きがあった。私はこんなことばを聴いているような気がした。「われわ

---

(1)　一五年間の投獄の後、アメリカに渡り、IRB再建のために、クラン・ナ・ゲールによって一九〇七年にアイルランドへ送られた。蜂起後に処刑される。

(2)　ICAの指揮官としてイースター蜂起に参加、銃殺刑を宣告されるが終身刑に減刑となる。設立当初から国民議会議員を務め、内戦では条約反対派の側に立った。

(3)　後にシン・フェインの国民議会議員となり、独立戦争の講和条約交渉のための代表団に加わる。内戦では条約反対派に与した。

れが敗れるとて、アイルランド人の大義に揺るぎはない」……部下が何人か殺され、叛徒たちには反感をもっていたのだが、私は強く心を動かされもした。

蜂起によって最大の被害を受けたのはダブリンの住民であり、彼らは概して蜂起の意図を理解しなかった。積極的に蜂起を支援する住民はごく少なく、むしろ目立ったのは、混乱に乗じて略奪を行う者たちであった。叛徒に非難のことばが投げつけられることも珍しくなかった。交通機関の麻痺、燃料供給の寸断、食料不足、等、蜂起がもたらす不都合と危険への怒りや従軍している家族への思いに起因する非難だったと思われるが、称賛の声を圧倒したことは間違いない。とはいえ、蜂起を見る目が敵対一色だったわけでもない。ちょうどイギリス軍への入隊を志願したばかりだったジョン・マコイと友人の反応を紹介しよう。

友人は私に、……蜂起についてどう考えるか、と問うた。私は、どう考えればよいかわからない、ダブリンで蜂起を始めた連中は愚かだ、成功する見込みなどほとんどないのだから、と応えた。友人がいうには、彼らは愚か以下の連中だった。彼らは国に損害を与え、イギリス陸軍に志願入隊したアイルランド人を裏切っている。蜂起は自治の大義に対する致命的な背中からの一撃だ。私は全然そうは考えないとことばを返した。……彼らの勇気を称える……と私はいった。もしも自分がダブリンにいたなら、彼らの許に馳せ参じて協力を申し出ただろう。ダブリンの彼らは、これまで幾世代ものアイルランド人が行ってきた古くからの同じ戦いに、同じく成功の見込みが薄い中で従事しているのだ。友人は激してしまって申し訳ないと思ったようで、そんな風に今回の件を考えたことはなかったと話した。

敵意や侮蔑から称賛や共感まで、二人の気持ちは大きな幅で揺れているが、これは二人に限ったことではなかった。当初は支配的に見えた非難の世論には動揺が孕まれており、まもなく劇的な変化を見せることになる。

## 3　蜂起と大戦

大戦に引きつけると、蜂起はどう見えてくるだろうか？　四月二四日にピアースが中央郵便局のバルコニーから発表した「アイルランド共和国宣言」は独立宣言にあたる歴史的文書であるが、そこには次のようなくだりがある。

アイルランドは……自らが立ち上がるべき瞬間をじっと待ってきた。今まさに、アイルランドはその瞬間を捉える。アメリカに逃れた者たちの子孫やヨーロッパの勇敢な盟友たちに支援されながら、しかしなによりも自分自身の力に依拠しながら、アイルランドは勝利への絶対の確信をもって一撃を加える。

「ヨーロッパの勇敢な盟友たち」とは間違いなくドイツであり、ドイツを「盟友」と見なす蜂起が、単に戦時の利敵行為というだけでなく、ドイツが策した陰謀として非難を受けることになっても無理はなかった。「レーニンの封印列車」や「アラビアのロレンス」を持ち出すまでもなく、交戦相手国の反体制運動への支援は常套的な戦略であって、蜂起＝「ドイツの陰謀」との構図には充分なリアリティがあった。蜂起の鎮圧に出動したとあるイギリス兵によれば、「蜂起はドイツの手中にあるトランプの最後の一枚」であった。

「共和国宣言」からもう一つ引用すべきは次の部分だろう。

この重大な時にあたり、アイルランド国民は、その勇気と規律によって、共通の幸福のために自らを犠牲にする覚悟をその子どもたちがもつことによって、自らが置かれている厳粛なる運命に相応しいことを明示しなければならない。

死をもって祖国に奉仕する、といったヒロイズムは、大戦のコンテクストの中でこそ把握されるべきである。一九一五年一二月の時点で、ピアースは大戦について次のように述べていた。「過去一六カ月間はヨーロッパの歴史上最も光輝に充ちていた。ヒロイズムが地上に舞い戻ったのである」。ヒロイズムの基盤は愛国主義であり、国のために一身を投げ出すことを礼賛する点では、反戦を掲げる急進派ナショナリストと「サイド・バイ・サイド」の死を求める主流派ナショナリストの間に一致が見られた。大戦の流血をピアースはこう賛美する。「世界の古びた心臓は戦場の赤いワインによって蘇生される必要があった」。戦時に特徴的な暴力の美化は、蜂起を促した強力な要因であった。また、前述のキャサリン・タイナンは、大戦による「慣れ」なくしてあれだけの規模の犠牲を伴う蜂起はありえなかったという。

われわれは段々と死と殺戮に慣らされていった。私はいつも思うのだが、イースター・ウィークの人々が反乱を決行した時の徹底ぶり、軍事的な容赦のなさは、大戦の前にはありえないものだった。あの頃、人命からは神聖さが失われていた。

大戦に由来する暴力の日常化とヒロイズムは「軍事化」を亢進させ、ヒロイズムの暴力的な具体化の実例となった蜂起が「軍事化」にいっそうの拍車をかけるのである。

蜂起と同じ頃、西部戦線ではヴェルダンの消耗戦が驚愕すべき犠牲を生み出しており、メソポタミアのクートではイギリス軍が降伏して多くが捕虜となり、蜂起勃発のまさにその日にはイングランド東部が空襲を受けた。第一六師団はといえば、四月だけで二一二八人の死傷者を出し、その多くは二七日と二九日の毒ガス攻撃の犠牲者であった。こうした戦況や人的被害に照らすなら、蜂起が反感を誘ったことは驚くにあたらない。また、戦時に最優先されるべきは治安の早期回復であって、治安勢力がダブリン中心部の徹底的な破壊を厭わなかった理由はそこにある。

そして、軍法会議での簡略な審理による蜂起指導者の処刑、三五〇〇人もの逮捕、といった対処も、戦時における「ドイツの陰謀」の粉砕ということで容認されると治安当局は考えたのだが、しかし実際には、こうした対処はアイルランド世論の反発を惹起し、反発は蜂起指導者への同情から蜂起の礼賛へ、急進派ナショナリズムへの支持へと連なってゆく。信心深さを印象づけつつ刑に処された蜂起指導者は殉教者と見なされることとなり、獄中結婚の直後に処刑されたジョゼフ・プランケットのようなエピソードが悲劇的イメージをさらに浸透させた。蜂起そのものよりも事後に流された血が革命を方向づけるのである。

民主的な付託を受けていない少数者による暴力の発動であったとはいえ、「共和国宣言」を発した蜂起が、ナショナリズムの基調が自治主義から共和主義へとシフトしてゆく、必ずしも急速ではない（蜂起によって一変したというわけではない）変化の重要な契機となったことは否定できない。議会の手続きによる自治の実現を目指してきたＩＰＰは、蜂起以降、凋落の様相を呈するようになる。代わって台頭するのが、議会主義につきものの妥協を嫌忌する戦闘的なナショナリズムであり、蜂起が多大な犠牲を伴った事実こそが非妥協的スタンスの根拠となる。さらに、カソリシズムと結びついた蜂起＝利敵行為は、第三六師団の「ソンムの血の犠牲」(第1章第五節3参照)と対比されることを通じて、南北の分極化を修復困難なところまで推し進め、結果的に南北分割という選択肢を後押しした。実際、蜂起を受けて、ユニオニスト陣営では「除外」の必要性が改めて力説されるようになる。結局のところ、ユニオニズムへの効果的な対応策を持ち合わせていなかった点では、急進派ナショナリストも主流派ナショナリストと同様であった。暴力の脅威を政治的圧力として活用する手法をいち早く導入したユニオニストに対応して、IVも武装を進め、彼らが入手した武器が蜂起において実際に使用されたわけだが、暴力が潜在性の領域から解き放たれた結果、以降の革命は流血に彩られることになる。

## 4　蜂起とウィリー

戦場の「南部」兵たちの蜂起への反応を一口に表現すれば、それは「背中から刺された」ことへの憤りと困惑であった。とりわけ、「共和国宣言」に見られる「ヨーロッパの勇敢な盟友たち」への言及は、ドイツ軍と戦う彼らにはあまりにも背信的に響いた。第一六師団のとある中尉はこう記す。「私の血は沸騰しています。……誤った方向に導かれた哀れな愚か者たちよ！　陸軍省が第一六師団をダブリンに派遣し、事態を収拾させてくれることを、神に祈ります。二七日〔毒ガス攻撃〕を経験して、今や私たちはどんなことにも挫けません。すぐにでもドイツの操り人形たちをおとなしくさせるでしょう」。毒ガス攻撃と戦った第一六師団の「不屈の勇敢さ」は、蜂起を非難するレドモンドによっても言及された。「ほんの小さな徒党がアイルランドのこのうえなく正当な希望とこのうえなく勇敢な行動をかくもたびたび汚してしまう、これほど悲劇的な構図がかつてあっただろうか?」もちろん、急進派ナショナリズムに共感を抱く「南部」兵がいなかったわけではないが、蜂起に呼応して軍規を乱すような行動は生じなかった。

蜂起の直後、第一六師団の兵士たちを動揺させようと、ドイツ軍は次のようなプラカードを戦場に立てた。

アイルランド人よ! アイルランドの革命でイングランド人の銃が諸君の妻や子どもに向けて発砲されている。……サー・ロジャー・ケイスメントは起訴された。武器を捨てよ。われわれは諸君を心から歓迎する。

プラカードを見た「南部」兵たちは「ゴッド・セイヴ・ザ・キング」や「ルール・ブリタニア」を歌い、ケイスメントの人形を吊るし上げて反撃した。にもかかわらず、蜂起をきっかけに軍上層部には「南部」兵に関する懸念が広がり、「ドイツの陰謀」に乗じかねない潜在的な叛徒への不信感は根強く残ることになる。

蜂起の知らせに接したウィリーは、頭を抱えて座り込み涙を流したという。一身を投じてまで推進しようとしている大義が破綻する、「裏切り者の首魁」と見なされる、と予感したためである。蜂起が戦争協力を瓦解させることになると直感したのはウィリーだけではなかった。一九一六年九月九日に戦死するトム・ケトルの妻は、次のように記録している。「彼は苦々しげによくいったものだった。彼ら〔蜂起軍〕がすべてを台無しにしてしまった、……これらの者たちは英雄にして殉教者として歴史に刻まれるだろう、自分が位置を占めるとしたら、呪わしいイギリス軍士官としてだろう、と」。とはいえ、ウィリーやケトルがあっさりと絶望したわけではなく、戦争協力を実践する決意は保たれた。

### 5　蜂起とチルダーズ

一九一六年三月末からロンドンの海軍省で執務していたチルダーズは、蜂起の報を受け、自分が密輸した武器が実際に使用されたことに衝撃を覚えた。蜂起自体については批判的な見方をしたが、しかし、チルダーズによれば、責任を負うべきはイギリス政府であった。ロバート・バートンへの手紙には、以下のようにある。

アイルランドに関する私の意見は単純です……すなわち、自由を否定された国民は反乱に決起する、悲劇的な結末の責任は自由を否定した者たちにある、ということです……私が知る限り、アイルランドの自治がイングランドとアイルランドの双方にとって最善の策でなかった時など歴史上ありません。それがいつにも増して喫緊のこととなった時の一つが、この戦争が勃発した時でした。戦争を正当化する最も崇高な大義は小国の自由だったのですから……反乱自体はもちろん哀れむべき、ドイツの支援を求めた点では忌むべき出来事でした。しかし、核心は別のところにあります。しばしば典型的な叛徒とは、半ば狂い半ば飢え、夢想で育まれた神経症患者です。私たちはかなりの人数を銃殺にします。人間の性質からしておそらくは正当化されうるこれまた古くからの慣習です。そして、もっと賢明な者ならこういうでしょう。「そう、しかし今こそ私たちはなにかをしなければならない」。アスクィスがアイルランドまで赴き、自治を実施しようと試みるわけです！　痛ましいパラドクスです。どうして今になるまで待ったのか？　成功を祈念しますが、多くを期待はしません。

小国のための戦争という大義に共感して入隊したチルダーズからすれば、アイルランドに自治を認めないことは、「わが国の戦争政策全体に、そしてわが国の国民的倫理全体に逆行」する。したがって、すぐに遂行されねばならぬ「なにか」とは自治の実施に他ならない。

蜂起が戦争協力を破綻させるだろうと予感した点では、チルダーズもウィリーと同様であったが、チルダーズの場合、既にアスクィス連立政権がカーソンを入閣させた頃から、戦争協力は自治獲得のために本当に有効なのか、という疑念を深めていた。また、海軍士官としての従軍経験を通じて、連合国は小国の権利を擁護するために大戦を遂行しているわけではない、との思いが彼の中で大きくなってもいた。蜂起以降もチルダーズは従軍をつづけるが、それが正しいのかどうか、もはや彼には確信がなかった。

## 6　処刑のインパクト

前述の通り、蜂起へのイギリス政府の対処はアイルランド世論の反発を招いた。その直接の責任者は全権を付与された駐留軍総司令官ジョン・マクスウェルであり、彼はたしかにアイルランド政治の難しさへの洞察力に乏しい軍人であった。とはいえ、六カ月にわたって全土を戒厳令下に置いた彼の統治手法が過度に苛烈なものであったか否かについては議論の余地がある。蜂起と無関係だった数多くの者たちも含め、三五〇〇人を逮捕したのは明らかに過剰であったが、蜂起の規模と戦時というタイミングを考えれば、一八四八年や六七年の蜂起の際と比較すれば突出しているものの、処刑者一五人（軍法会議で裁かれていないケイスメントを除く）は過多ともいいがたい。

　問題はむしろ処刑の行われ方にあった。蜂起指導者が裁かれたのは法的根拠が薄弱な非公開の軍法会議においてであり（一八四八年や六七年の蜂起指導者の場合は公開の文民裁判）、被告は弁護人を伴わず、法曹の資格をもたない者が判決を言い渡した。開廷から処刑まで僅か二四分というケースさえあったように、審理も杜撰であった。軍法会議にかけられたのが一八七人、銃殺刑の判決を受けたのが八八人、実際に処刑されたのが一五人であるが、銃殺刑は五月三日から一二日にかけて断続的に執行され、その間に助命嘆願の声が急速に広がった。初日の三人（ピアース、クラーク、トマス・マクドナー）[4]の処刑を容認したIPPはそれ以上の処刑には反対し、レドモンドは議員辞職さえ仄《ほの》めかして強く政府に迫った。アスクィスも慎重な対処をマクスウェルに求めたのだが、しかし、およそ指導者とは見なしがたいウィリアム・ピアース（ピアースの弟）のような人物まで含めて、処刑はつづけられた。九日には中央郵便局の籠城戦で重傷を負ったため自力で立つこともできないコノリが椅子に縛りつけられた姿で銃殺され、強い抗議を惹起した。有力な指導者として銃殺刑からの減刑に与ったのはマルキヴィッツ伯爵夫人とエーモン・デ・ヴァレラ[5]、アメリカ生まれの後者の減刑にアメリカ世論の反発を危惧するアスクィスの意向が介在していたように、量刑は明らかに恣意的だった。いかにも杜撰かつ乱暴なやり方で、助命を求める声に耳を貸さず、処刑をだらだらとつづけたことこそが、蜂起へのシンパシーの浸透を促したのである。

　逆に、「男らしく」「威厳をもって」死に臨んだ蜂起指導者たちの態度は人心に強くアピールした。こうした意味で、蜂起に込められたプロパガンダ効果は達成されたといえる。共和主義も武力闘争も否定していたアーサー・グリフィス（第1章注8参照）は、処刑の衝撃をこう語っている。「私の中で原始人のようななにかが目覚めた。……私は憤怒の思いで拳を握り締め、復讐を切望した」。蜂起への共感の広がりを憂慮したIPPは、五月九日に次のような声明を発表した。「当初からわれわれが一貫して行ってきた抗議に反して、軍による処刑がアイルランドにおいて継続されたことは、反乱にはなんの共感も抱いていなかったアイルランド国民の大多数の間に敵意と憤激が急速に広がる原因となった。……いかなる状況であろうと同じような処刑はこれ以上許されるべきではなく、戒厳令はただちに解除されるべきである」。

もちろん、強引に鎮圧してしまえば一件落着などと政府が楽観していたわけではない。特にアメリ

（4）　IVの創設メンバーであり、一九一五年九月にIRBに加入、翌年四月にIRB軍事評議会に加えられた。蜂起後に処刑される。

（5）　スペイン人の父とアイルランド人の母の間にニューヨークで生まれる。ゲーリック・リーグを経てIVの創設メンバーとなり、ホウスの武器密輸にもかかわった。IVダブリン第三旅団を率いてイースター蜂起で戦い、軍法会議で銃殺刑を判決されるも執行を免れる。一九一七年六月に出獄する頃には唯一生き残ったトップ・ランクの蜂起指導者として別格の存在となっており、同年一〇月にシン・フェインとIVの総裁に就任する。国民議会政府大統領の立場で独立戦争に、条約反対派の指導者の立場で内戦に臨み、一九三二年にフィーナ・フォイル政権を成立させてから五九年に首相のポストを辞すまでの時期には、下野することもあったものの、文字通りアイルランド政治の最重要人物として君臨した。その後も一四年にわたって（一九五九―七三年）共和国大統領の地位にあった。政治的怪物と評されるべき人物である。

カには慎重な配慮が必要であった。ケイスメントに関連して述べた通り、アイルランド問題をこじらせ、アイルランド系住民が大きな影響力をもつアメリカの参戦を妨げてしまうようなことは、なんとしても避けねばならなかった。繰り返しになるが、デ・ヴァレラが処刑を免れた一番の理由はアメリカ生まれの出自にあり、アメリカの参戦を受けて一九一七年六月には釈放される。また、帝国への配慮も求められた。一九一六年一〇月に徴兵制導入を目指す国民投票を行って敗れたオーストラリア首相W・M・ヒューズによれば、敗北の理由の一つは蜂起に伴うアイルランド系住民の急進化にあった。アイルランド問題の解決なくして徴兵制導入は難しい、との認識に立って、一九一六年一二月二九日、同月六日にアスクィスの後継首相の座に就いたばかりのデイヴィッド・ロイド・ジョージに、彼は以下のような電報を送った。

〔アイルランド問題は〕重大な影響を及ぼすものであり、オーストラリアのみならずイギリス本国の戦争遂行に直接的に関係してきます……アイルランド問題は今や帝国問題なのであって、そうしたものとして対処されねばなりません。私が思うところ、それは早急に解決される必要があります。

大戦の行方とアイルランド問題の扱いとは、こうして結びついていたのである。

### 7　自治の見通し

蜂起の直後、この時にはまだアスクィス政権の軍需相であったロイド・ジョージは、自治への道筋をつける特命を与えられた。一九一六年五月二三日にロイド・ジョージが示した、自治の即時実施、アルスター九州のうち六州の「除外」、戦後の見直し、を骨子とする提案に、レドモンドもカーソンも好意的な反応を見せたが、「除外」は一時的な措置だと解釈していたレドモンドに対し、「除外」を恒久的なものとする意向をロイド・ジョージが明確に伝えたのは、七月二二日になってからであった。二枚舌を使われたとしてレドモンドが激昂したため、この提案に沿った合意形成の見通しは絶たれた。自由党の自治政策は明らかに行き詰まっており、七月三〇日に新しいアイルランド担当相に就任するのはユニオニストとして知られる保守党のヘンリ・デュークであった。自治の約束が反古にされようとしている、という懸念が広がることは不可避だった。一二月六日に保守党が中枢を占めるロイド・ジョージ連立政権（カーソンも海相として入閣）が成立したことで、懸念はいよいよ強められる。首相に就任したロイド・ジョージは、「今のところアイルランド問題の決着に向けてなにか動くつもりはない」とレドモンドに通告した。

蜂起に伴う情勢の流動化を受けて、早めに自治の見通しをつけておくのが賢明だと判断し、レドモンドはいったんロイド・ジョージの提案に乗る決断をしたのだったが、「二枚舌」に幻惑されて一時的な措置と解釈していたにせよ、「除外」の容認という重大な譲歩をしたことで、彼の政治的信頼は大きく損なわれた。自由党の自治政策の行き詰まりは、とりもなおさずIPPの危機に直結する。自治の見通しが怪しくなる中、戦争協力までしながら、いざという時に処刑に歯止めをかけられず、マクスウェルの戒厳令統治を黙認したかに見えるIPPから人心が離れてゆくことは避けがたかった。IPPの凋落を白日の下にさらしたのが一九一七年二月の北ロスコモン補選、IPP候補はシン・フェインが擁立したプランケット伯爵に完敗した。戦争協力という賭けが裏目に出たことは明白であった。

## 第三節　「サイド・バイ・サイド」の死

### 1　ソンムの第一六師団

一九一六年七月一日から一一月一八日までつづいたソンムの戦い、大戦でも屈指のこの激戦の初日と二日目に第三六師団から膨大な犠牲が出たこと、「ソンムの血の犠牲」がイースター蜂起と対比され、アルスターの忠誠心を明示する悲劇として語られてきたことは、既述の通りである。ソンムの戦いにかかわって想起されるのは圧倒的に第三六師団なのだが、実はこの戦いには第一六師団も投入されている。一九一六年に入って以降、第一六師団の死傷者は六〇〇〇人以上に上っており、蜂起の衝撃でアイルランドからの入隊者が激減したためもあって、ソンムで戦闘配置に就いた八月三一日の時点で、兵力は著しく不足していた。

九月三日、NVとのつながりが最も強い第四七旅団がギユモン攻略作戦に加わって大きな戦果を収め、最高の栄誉であるヴィクトリア十字勲章を授与される兵士も出た。さらに、同月五日からのジャンシ攻略作戦には第四八旅団と第四九旅団が投入され、第四七旅団も加わった九日の最終的な攻撃によってジャンシ奪取を果たす。ソンムの第一六師団は立て続けに戦功をあげたのである。師団の活躍を、イギリス遠征軍総司令官ダグラス・ヘイグは公式報告書で称賛した。「ギユモン攻略に参加したアイルランド連隊は最高の意欲と勇敢さを示し、この日の成功が獲得されるにあたって小さからぬ役割を果たした」。保守系日刊紙『デイリ・テレグラフ』の従軍特派員フィリップ・ギブズ（コラムD参照）は、ギユモンにおける「南部」兵の奮戦ぶりを次のように報じている。

彼らの攻撃は……現下の戦争でも最も驚嘆すべき成果の一つであった……バグパイプの演奏を伴いながら、彼らは荒々しく抵抗不可能な攻撃の先頭に立った。ともに戦ったイングランド兵たちは、アイルランド兵が突撃してゆくやり方はそれまで見たこともないようなものだった、と私に語ってくれた。……死は、そして、足許に横たわっている死者たちも、彼らにとって恐怖ではなかったのだ。……

最初から最後まで、この攻撃は効率性と組織性、そして勇敢さの模範のようであった。ジャンシについては、スティーヴン・グウィンの報告を紹介しよう。「彼らはその勇敢さにおいてアルスター兵に匹敵し、その結果においてアルスター兵よりも幸運だった。こうした武勲に惜しみない賛辞が贈られた」。七月一―二日の「アルスター兵に匹敵」するだけの「南部」兵の貢献を主張したいグウィンにとって、ヘイグの賛辞は心強いものだったに違いない。しかし、蜂起を経たアイルランドでは、第一六師団の奮闘は喝采よりもむしろ戦争協力への懐疑を広げることになった。二つの作戦で四桁に上る死者が出たからである。

死者の中にはケトルも含まれていたが（九月九日）、七月以来、体調への配慮から戦闘業務をすべて解かれていたウィリーは前線に出ることを許されなかった。それでも、第一六師団の戦功に勇気づけられた彼は、前師団長パーソンズに高揚した調子で報告した。

かつて貴方の指揮下にあった師団は驚嘆すべき戦果をあげました！　ギユモンとジャンシの攻略

はソンムの戦場で達成された最大の戦果です。われらが兵士たちの突撃力、忍耐強さ、勇敢さは見事なものでした！ ……貴方が誇りを覚えられんことを！

## 2 南北共闘から南北和解へ

一九一六年一二月一五日、休暇中のウィリーは庶民院で演説を行い、第一六師団のソンムでの戦功を語ったうえで、「南北共闘→南北和解」の見通しについて熱弁をふるった。

アルスター出身の兵士たちとアイルランドの他の地方出身の兵士たちとは、このところきわめて緊密に協力しあっています。……政治や宗教、その他のあらゆる点で見解を異にする兵士たちが、共通の敵と対峙する中、フランスやベルギーの塹壕やキャンプで一緒に肩を寄せ合いながら戦うことが可能なのであれば、見解の異なるこれらの者たちが意見を一致させ、将来のアイルランドが満足すべき方法で統治されうるような取り決めや決着に至ることもまた可能に違いありませんし、可能であるべきです……

……兵士たちは塹壕で時を共有し、友人になりました。唯一必要なのはアイルランド議会のフロアで彼らを一緒にすることです。その時にもまた、彼らは友人同士でしょう。

戦場経験に由来する説得力を切り札に、ウィリーは戦場の共有が孕む和解の力を高らかに謳ったのである。この頃から、彼の発言の中ではこのテーマが圧倒的に前景化されるが、それはあたかも、蜂起をきっかけとする戦争協力の瓦解を予感した自分に、戦争協力の意義を改めて言い聞かせているかのようである。演説は好評で、たとえば保守党党首ボナ・ローは、アイルランドが連合王国の他の構成部分と同じく危険に身をさらす（適用除外となっている徴兵制を受けいれる）意志をもつことが判明するなら、国民のアイルランドへの姿勢は変化するだろうと述べて、戦争協力が世論を自治支持の方向へと導く可能性を示唆した。

一二月一八日に書かれたコナン・ドイル宛ての手紙でも、ウィリーが繰り返すのは「南北共闘→南北和解」の見通しである。

もしも私たちが立派に死んでいった者たちの墓標の上に北部と南部を結ぶ橋を架けられるなら、それは彼らにとって素晴らしい記念碑となるでしょう。……アイルランドの二つのセクションが実際にサイド・バイ・サイドで塹壕を守っている様子を見れば、そうした考えに導かれない人などいないでしょう！

同じ頃に書かれた遺書には、ウィリーの思いがより生々しく綴られている。

海外で死ぬのなら、……神の慈悲を慎ましく乞いながら、真のアイリッシュ・カソリックとして死ぬことでしょう……すべての友人たちに理解してほしいと思います。アイルランド旅団に加わってフランスへ渡るにあたり、すべてのアイルランド兵がそうであるように、私があらゆる意味で最善の貢献をアイルランドの幸福のために行っていると心から確信していたことを。

芳しくない健康状態のまま、年末に老兵ウィリーは戦地に復帰する。

一九一六年後半以降の第一六師団をなによりも苦しめたのは兵力不足であった。レドモンドに宛てた九月二九日のロイド・ジョージの手紙によれば、「現勢は旅団とほとんど変わらないくらい」であり、講じられた対策の一つが、同じく兵力不足に悩む第三六師団との合同であった。しかし、この提案にレドモンドは反対し、カーソンも第一六師団ではなく第五一（ハイランド）師団との合同を主張した。究極の南北共闘ともいえる師団合同にレドモンドが反対したのは、戦後の「除外」をめぐる交渉を意識してのことだろう。「南部」の戦争貢献を明示し交渉で優位に立つ狙いにとっては、貢献はユニオニストと一線を画して為される方が望ましかった。独自の貢献の志向が南北共闘よりも優先されたわけである。ウィリーが、「南部」からの志願兵によって第一六師団を補充せよとの趣旨の手紙を一〇月一七日の『タイムズ』に寄せたものの、募兵の成果は捗々《はかばか》しくなく、結局、第一六師団には（第三六師団にも）イギリス兵の補充が施された。

## 3　「サイド・バイ・サイド」の夢

またしても病が悪化したウィリーは一九一七年二月にロンドンへ戻り、三月七日、生涯最後の庶民院演説を行う。一世一代ともいえる有名な演説である。

……いかなる嘲りを浴びせられることもありえない人々、自分たちの任務を遂行している人々、死んでいった人々、これから死ぬかもしれない人々、そして、今この瞬間まさに死んでいっているかもしれない人々の名において、現在の状況が求めるものに応えることを私はここで貴議員〔カーソン〕に要求します。私が彼に願いたいのは、ナショナリストである国民同胞に会い、貴議員とその支持者たちに対する提案を受けいれること、そして、イギリス帝国を今日の強大な帝国にした自治という基盤の上に立って、それなしでは今日のイギリス帝国などありえなかった自治という基盤の上に立って、将来のよりよいアイルランド統治のためのなんらかの決着へと歩を進めることです。

……

……貴議員とその同僚に、彼らの同胞の多数派を導き、英語圏世界全体が望んでいるアイルランドにおける真の和解を実現するため、自分たちの姿勢を部分的に犠牲にするよう訴えるのは、やりすぎなのでしょうか？

……私の気持ちはいよいよ強められています。なぜなら、自分があまりにも微力ではあるもののできる限りの力で、私や私の仲間とともにフランスへ行き、その多くが決して帰還しないであろう何万ものアイルランド人、フランスにおいて例外なく欠乏と苦難、危険とほとんど耐え難い境遇に苦しんでいる何万ものアイルランド人の心情にとって最も切実な願いであると私が知るものを代弁せんとしている、との自覚があるからです。

……おそらく死ぬことになる私たちは、神の名において、私たちが祖国を離れることを強く促したもの、父や母がそれを願うよう教えたもの、私たち全員が求めるものを実現するよう、貴方たちにお願いします。すなわちそれは、私たちの国を幸福で安んじた状態にすること、そして、同じ大義のために同じ戦場で肩を並べているカナダ人やオーストラリア人やニュージーランド人に、私たちがこう述べられるようにすることです。君たちの国と同じく、私たちの国もイギリス帝国内での自治を享受している、と。

声涙ともに尽きんがばかりの壮絶な演説であった。なによりも印象的なのは、自らを戦死した兵士、死を覚悟した兵士の代弁者に見立て、戦場経験をもつ者だけに可能な迫真性をもって訴えるスタイルだろう。グウィンは以下のように書く。

演説に立ち上がった人物は、戦闘で汚れた軍服を纏い、白髪で、顔には皺が刻まれていた。しかし、そこには年齢が冒すことのできない文字通り生新で純真な人間性を湛えた人物がいた。……演説を聞いた議員たちが終始看取したのは、……彼は生命を投げうって〔南北和解が可能であることの〕証左になろうと熱望している、ということであった。

議員たちは演説に聴き入り、ジャーナリズムも熱烈な賛辞を贈った。師団長ヒッキーはウィリーの妻エリノアに宛てた手紙で、次のように伝えた。「ウィリーの演説は素晴らしかったです。彼が早く再び戦地へ出てこられるなら、嬉しいのですが。……どうぞお伝えください。こちらには為すべきことがたくさんある、私のため、そして兵士たちのために、彼はそれを為さねばならない、と」。自分は戦場の同僚たちの足手まといなのではないかとの疑念を抱くウィリーにとって、実に嬉しい手紙であったことは想像に難くない。パーソンズ夫人宛ての彼の手紙にはこう綴られている。「健康を回復したらすぐに戦地に戻るつもりです。……一つだけ申し上げます。貴女のご夫君の育てた師団が現状を救済するのです！」

## 4 「二つのアイルランド」

しかし、どれほど感動的であったにせよ、ウィリーの演説が状況を好転させることはなかった。直後に発言に立ったロイド・ジョージが力説したのは「現実に向き合う必要」であり、ここでいう「現実」とは、「何世紀にもわたる冷酷でしばしば野蛮だった不正が……アイルランド人種の骨の髄にまでイギリスの支配への憎悪をしみ込ませた」こと、そして、「アイルランドの北東部に、その他のアイルランド人がイギリス人の統治に敵対するのと同じくらい強くアイルランド人の統治に敵対的で、それに抗して反乱を起こすつもりのある……住民がいる」ことである。アルスターは、「ファイフやアバディーン〔いずれもスコットランド〕の住民と同じくらい、血においても宗教的信条においても伝統においてもものの見方においても、その他のアイルランドとは違っている」。彼の結論はこうである。

明確に自治を要求しているアイルランドの構成部分に自治を与える用意はありますが、アイルランド北東部の住民に、彼らの意志を踏みにじり、彼らと敵対する住民の統治に服すよう強いることには同意できません。

「除外」は必須だ、ということである。南北間の過去の遺恨を忘れるよう訴えたウィリーに対し、歴史的に形成された「二つのアイルランド」が存在する「現実」を直視せよと応えるロイド・ジョージは、「除外」の必要性を公言し、一九一四年自治法の規定から後退した姿勢を打ち出したのである。激しく反発したIPP議員は議場を退いた。ウィリーの演説は、政府を前向きに動かすどころか、決裂ムードを誘発してしまったことになる。

ウィリーが戦地に戻る直前には、ショッキングな出来事があった。選挙区にあるエニスの地区評議会から議員辞職を迫る決議をつきつけられたのである。ウィリーはこう応えた。

……確実なことが一つあります。二つのアイルランド師団がサイド・バイ・サイドで任務にあたることになれば、それは記念すべき日であり、ドイツ兵にとっては最悪の日になるでしょう！……二つのアイルランド師団の兵士たちがお互いの戦果を喜んで讃えあっていると報告できるのは、嬉しいことです。……海外の戦場のアイルランド兵たちが示す団結は、祖国においても教訓として学ばれるべきです。年来の闘争と悪意の感情は弱められるべきであり、よき未来のために悪しき過去を捨て去ることができないのかどうか、人々はじっくりと考えるよう促されるべきです……

……兄弟のような同胞愛と相互寛容の精神がアイルランドにも広がり、帝国内での協調と自由がとうとう達成されるなら、それは本当に幸せなことでしょう……

自らが議席を占める正当性を主張することなど棚上げしたかのように、ウィリーはひたすら「サイド・バイ・サイド」がもたらす和解を力説した。ロイド・ジョージが「二つのアイルランド」を強調したことで、自治の見通しに暗雲が漂ってきたのは明らかだったが、それでもなお、ウィリーは「南北共闘→南北和解」の図式に賭けたのである。

## 5 メシーヌ・リッジの「サイド・バイ・サイド」

ウィリーが復帰した第一六師団は、メシーヌ・リッジ攻略作戦の準備を進めていた。大戦の悲惨を象徴する第三次イープルの戦い（パシェンデールの戦い）の前哨戦である。メシーヌからウィシャテにかけての地域を睥睨する高地メシーヌ・リッジはドイツ軍によって要塞化されており、ここを奪取することは来るべきイープル突出部の戦いの前提条件であった。そして、第一六師団と第三六師団には、まさに「サイド・バイ・サイド」でメシーヌ・リッジを攻略する任務が与えられた。突撃が開始されたのは一九一七年六月七日の午前三時一〇分、五時間後には目的地を制圧した。六月七日から九日にかけて、第一六師団からは一〇〇〇人以上の死傷者、一四九人の行方不明者が出たが、戦果の大きさに照らせば、そして西部戦線の「常識」からすれば、この犠牲は相対的に軽微だった。メシーヌ・リッジの「サイド・バイ・サイド」はジャーナリズムでも広く報じられ、たとえば従軍特派員のフィリップ・ギブズはこう伝える。「ある士官が私に話しかけた。「アイルランドにとって偉大なる一日でした」。彼がいうには、……ユニオニストと肩を並べたアイルランド・ナショナリストがウィシャテを奪取したことは、今回の戦争における最も見事なエピソードの一つである」。南北共闘（ただし、この時点で第三六師団のアルスター兵の割合は約五割、第一六師団の「南部」兵はさらに少なかった）によって初めて遂行された作戦は、たしかに重大な戦果をもたらした。

「サイド・バイ・サイド」の実現には、ウィリーも一役買っていた。ソンムの戦いの直後、彼はW・T・コイラー大尉に向けて訴えている。

この戦場には黄金の機会が存在します。私たちには二つの全き規模の師団、すなわち、カソリックを代表する第一六師団と〔プロテスタントを代表する〕第三六アルスター師団があります。今のところ、二つの師団は厳密に切り離されていますが、それは、もしも接触させたら二つの師団は野良猫のように喧嘩を始めるだろう、という伝統的な想定に基づいています。私は二つの師団を一緒にするようできる限りの政治的圧力をかけています。なぜなら、サイド・バイ・サイドで共通の敵と戦おうという場合、二つの師団が喧嘩をすることなどないと確信しているからです。

第三六師団の師団長ヌジェントもまた、「サイド・バイ・サイド」が「アイルランド国内のトラブルを除去する」効果をもつとの見通しを共有し、第一六師団との共闘を歓迎した。

第一六師団の従軍司祭エドモンド・ケリからウィリーの妻エリノアへの手紙は、突撃前夜のウィリーの様子を伝えている。

〔兵士たちへの訓示で〕彼は、私たちが北部の兵士たちと肩を並べて戦うことになる点に言及しました。北部と南部、東部と西部、アイルランドが一体となって任務に向かう時、突撃を阻むことのできる力など地上には存在しない、と……突撃に参加できそうもないことで彼はすっかり惨めな気持ちに陥っていました。あらゆる影響力を用いて、兵士たちと一緒に突撃に参加できるようヒッキー将軍に要請しても、受諾される見込みはまずありませんでした。哀れな仲間たちをなにが待ち受けているか、彼はきわめて強く心を揺さぶる調子で語り、彼らの苦難と運命を分かち合うことを切望していました。

除隊の意向さえ口にして突撃への参加を執拗に訴えてくるウィリーに根負けしたのであろうか、最初の攻略目標に到達したら即座に後方に戻るという条件付きで、ヒッキーは彼の突撃への参加を渋々許可した。ウィリーの喜びようは、「あの時の彼くらい嬉しそうな人を見たことがない」と評されるほどであった。さきに引用したケリの手紙にはこうある。「馴染みの大隊とともに任務にあたることが許可されたのは、彼にとって至上の喜びでした。……彼は塹壕に向かい、兵士たちは彼の姿を見ると拍手を贈りました」。六月六日午後一〇時にウィリーが合流した王立アイルランド連隊第六大隊のA&B中隊は、文字通り第三六師団に接するポジションに配置されていた。

## 6 ウィリーの死

六月七日午前三時一〇分に突撃が始まった直後、ウィリーは手に被弾し、さらに二〇分後には足にも銃弾を受ける。軽傷であったため、周囲の兵士たちはウィリーの手当てをすることなく突撃を続行した。もう一度ケリの手紙を見よう。

ウィリアム・レドモンド少佐は突撃してゆきました。彼こそ、私たちには地獄の氾濫のように見えたものに立ち向かったまさに最初の人でした。一〇〇〇挺もの銃が発する閃光と鳴動、毒ガスの臭い、戦闘の硝煙によってかき消される夜明けの光、わが軍の最前線に立つ大隊があげる喚声、こうした光景全体がもつ悪魔的な美と凶暴さを本当に想像することは貴女にはできないでしょう。不運にも少佐は足と手首に傷を受けて倒れました。そして、なんとも不思議なことに、アルスター師団の担架兵のすぐ脇の戦場に横たわったのです。

ウィリーを救助し、野戦病院に運んだのは第三六師団の兵士たちであった。野戦病院での最後の時間について、第三六師団の従軍司祭ジョン・レドモンド（紛らわしいが、ウィリーやＩＰＰ党首とは家系的に無関係）はエリノアに書き送っている。

彼は実に辛抱強く痛みに耐えました。片足と片手に傷を負ってはいましたが、それは決して外観を留めぬほどのものではありませんでした。……傷に包帯を巻き、しばらく休みをとると、彼はとても元気になったようでした。回復できると感じていたのでしょう。しかし、彼は世を去ってしまいました。

七日午後六時半、ウィリーは死亡した。いまわの際の彼に秘蹟を施したのは第三六師団に随行していたカソリックのバレット神父であった（第三六師団にもカソリック兵が増えていたことを示す）。負った傷

図 2-3　ウィリーの墓を取り囲む第 16 師団と第 36 師団の兵士たち

そのものは致命傷というほどではなかったが、高齢にして病を抱えるウィリーからは回復力が失われていたのだろう。

翌日の葬儀は第一六師団と第三六師団の従軍司祭が執り行い、両師団の兵士が礼砲を鳴らした。再度ケリの手紙を引用しよう。「自分がアイルランドのために死んでゆくことを、彼は心の底から確信していました。……ウィリー・レドモンドは、カソリック教徒の神聖さ、兵士の勇敢さ、そして愛国者の祖国に対する無私の愛を称賛できるすべての人の称賛に値します」。念願であった「サイド・バイ・サイド」が現実のものとなった戦闘で倒れ、第三六師団の兵士による救助と看護を受け、二つの師団の従軍司祭によって葬られたウィリーは、南北共闘を文字通り実践するかたちで死を迎えた。エリノアが証言するように、これは覚悟の死、望んだ死でさえあったかもしれない。「反乱〔イースター蜂起〕の後にはしばしば、自分が死ぬことがアイルランドへの最善の奉仕になると思うと語っていました」。戦争協力の空転を直感しながら、ウィリーはそれでも南北共闘に賭ける姿勢を崩さなかったのであり、「サイド・バイ・サイド」が実践された達成感、そして、自らの死が南北和解への力になるとの期待を抱きつつ世を去った点で、戦争協力を一身に体現してきた人物の最期にはたしかに救いが充ちていた。

ウィリー追悼の冊子を編集したアーサー・ライアンによれば、「栄誉ある死の時に彼をアルスター兵の手に委ねたのは間違いなく特別な神の意志であり、共通の祖国の再生に向けて、すべてのアイルランド人が精神的に結束し協働する、という生涯を通じて彼が語ってきた願いへの応答である」。ウィリーを「親切で魅力的」と評した同僚のイギリス人大尉ロウランド・フィールディングは、妻への手紙に書いている。

ウィリー・レドモンドも亡くなりました。五四歳〔ママ〕だというのに、彼は連隊とともに突撃することの許可を求めました。突撃の場にいてはいけなかったのです。……

人間の考えはなんと変わることでしょう！　そして、戦争によって人間はどれほど党派の政治を憎むようになることでしょう……私は彼をスティーヴン・グウィンやハリソン〔IPPの元議員ヘンリ・ハリソン〕と同格に位置づけます。三人は皆、トーリ的な環境の中、貴女や私が呪わしい者たちと見なすよう育てられたアイルランドのナショナリストです！　彼の死はアイルランドでどのような影響をもつでしょうか？　私にはわかりません。彼は聖人になるのか、背信者になるのか？　私は祈念します。彼の死が北部だけでなく南部でも、あらゆる人々に対して、帝国へのより重大な責務を教えることを。

戦場での交流が先入観を崩してゆくことを率直に認める点で、フィールディングの手紙は「南北共闘→南北和解」の見通しに親和的なものといえるが、同時に、ウィリーが背信者扱いされる可能性を考慮していることも見逃せない。

## 7　ウィリーの記憶と東クレア補選

ウィリーの死は大きな反響を呼んだ。有力政治家や軍首脳はもちろんのこと、教皇、イギリス国王夫妻、フランスやベルギーの大使、高位聖職者、等がこぞって哀悼の意を表明し、フランス政府は名誉軍人十字勲章を授与した。「勇敢に任務を遂行し、高貴な模範を示した」(ジョージ五世の言)ウィリーは、ある種の「英雄」に祭り上げられたのである。六月一一日の庶民院におけるロイド・ジョージの追悼演説はいう。「〔一一人の庶民院議員が戦死したが、〕この騎士道精神に溢れた愛すべき人物の英雄的な犠牲は一際抜きん出ています」。計り知れないショックを受けたのが、真情を吐露できる相談相手を失ったレドモンドである。戦争協力の瓦解が進む中、自分が提唱した方針を実践した弟の戦死が彼を打ちのめしたことは容易に想像できる。

ユニオニストさえウィリーの死に心を動かされたかのようであった。六月一一日の庶民院では、カーソンが、「塹壕の中でアイルランド兵がサイド・バイ・サイドで戦闘できるのであれば、私が生きている間にでも、あらゆる党派が理想とする自由に適ったアイルランド問題のなんらかの解決が期待できるでしょう」と述べて、「南北共闘→南北和解」の見通しに同調した。反カソリシズムの牙城ともいうべきオレンジ・オーダーの幹部であった第三六師団のとある兵士は、「もしも自治問題が塹壕のアイルランド兵たちに委ねられるなら、一時間もしないうちに解決される」と語っている。彼にいわせれば、南北共闘の経験によって自身や同僚は大きく認識を改めた。「たった今フランスにおいて自分と肩を並べて戦闘している人々を相手に戦うことなど決してない」。ユニオニズムへの共感が強い大衆紙『デイリ・メイル』もまた、ウィリーの死は「すべてのアイルランド人、すべてのイングランド人が高貴なインスピレイションを見出すであろう哀切な悲劇」であり、「英雄的な死」を無駄にしないためにも、「ウィリー・レドモンド少佐が生き、そして死んだ精神」をもってアイルランド問題にアプローチすべきだと主張した。ウィリーの死の衝撃は、ナショナリズムに対立してきた人々にも南北和解を口にさせるだけの力をもっていたのである。アイルランド大法官J・オブライエンは、ウィリー追悼を南北和解に結びつけるべきことをこう力説した。

彼は独りで死んだのではありません。彼は正義と権利の戦いに兵士たちを率いている最中に死んだのです。これらの兵士たちには、北部出身の者も南部出身の者もいます。彼らは見解を一致させているわけではなく、信仰も異なります。……しかし、あの偉大なる日、彼らは一致団結していました。

……レドモンド少佐の記憶に寄せて打ち立てられうる最も立派なモニュメントは、相互の和解、相互の敬意、そしてこの国のための結束し決然とした努力というモニュメントでありましょう。

しかし、どれほどの賛辞が寄せられたにせよ、現実の情勢はウィリーの期待を裏切る方向で推移した。冷徹な現実をはっきりと示したのは、空席となったウィリーの議席をめぐる一九一七年七月の東クレア補選である。釈放されたばかりのデ・ヴァレラを擁立したシン・フェインが争点に設定したのは、「デ・ヴァレラか、徴兵か」「ダブリンで諸君のために戦ってくれる候補か、ドイツと戦うために諸君を送り出す候補か」であった。IPPの候補者P・リンチは空の棺を載せた葬儀用馬車で練り歩くなどしてウィリーの記憶に訴えたが、デ・ヴァレラにいわせれば、彼の死は無益な死に他ならなかった。リンチの得票はデ・ヴァレラのそれの半分にも届かず、戦死した「英雄」の記憶が蜂起後の「南部」では得票に結びつかないことを露呈させた。今や大戦も戦争協力も忌まわしいものでしかなかったのである。シン・フェインが補選に勝つのは初めてではなかったが、「英雄」扱いされる長老議員の後継候補が処刑を逃れた蜂起指導者に大敗を喫したことはやはり衝撃的であった。『タイムズ』は選挙結果の意味を端的に表現した。「東クレアは……すべてのアイルランド国民に遺贈されたウィリアム・レドモンド少佐の忠誠と勇気という遺産を拒絶した」。蜂起に際してウィリーが覚えた悲観的な予感は的中し、彼の記憶も色褪せてゆくことになる。

## 8 「サイド・バイ・サイド」の内実

メシーヌ・リッジの南北共闘には南北和解をもたらしうるだけの内実が備わっていたのだろうか?「サイド・バイ・サイド」が実施されたのは、政治的・宗教的な反目が作戦遂行を阻害するようなことはない、と判断されたからこそであり、実際、教練においても戦闘においても二つの師団は互いに友好的だったとする証言は多い。ウィリーの最期を看取った第三六師団の従軍司祭ジョン・レドモンドは、両師団の間に「友好と信頼の感情」が育まれていたという。攻略作戦の直前には、両師団の大隊の対抗フットボール試合が開催されたが、フィールディングによれば、「二つの激しく対立する党派」は「アイルランド本国ではありえないような友好的精神をもって」戦った。ただし、彼は、「敵と仲良く交流してしまって、なにかトラブルになるんじゃないか」との声がアルスター兵の間で聞かれた、と記してもいる。やはり緊張は存在したのであり、それは時に表面化した。第一六師団の士官デニス・リーツは次のようなエピソードを記録している。

> とある夕方、アルスター師団の兵站部からわれわれの食堂の物資をとってくるようにと、疲弊気味の兵士たちに命じた。彼らが戻ってからまもなく、物資を保管する大テントで激しい騒ぎが起こっているのが聞こえた。罵詈雑言や叫び声とともに食器類を壊す音だった。急いで行ってみると、兵士たちがテントを壊していた。私はどうしてそんなことをするのか理由をいうよう命じた。すると、何人かの兵士が血塗られたオレンジメンへの脅しや呪いのことばを口にしながら、憤った様子で私の目の前でボトルを振り回した。ボトルにはソーダ水が入っているだけで、問題はないように見えたが、灯りを点けさせると、騒ぎの原因がラベルであることがわかった。「ボイン川の水」という名なのだ。許しえない侮辱だと考えた兵士たちは、仕返しのためにアルスター師団の方へ向かった。ボイン川の戦い〔序章第二節参照〕については聞いたことがあった。しかし、それは政治的含意などなんらもたないのであり、私には兵士たちが狂気に陥ったように思えた。
> ……なんとか流血沙汰なしで師団の兵士たちを連れ戻すことができた。

たかだかソーダ水の名が引き金となって騒動が生じてしまうような緊張が、「サイド・バイ・サイド」には孕まれていた。表面上の友好関係を一皮剝けば、対立が露になるのである。「南部」のプロテスタントにしてユニオニスト、第一〇師団の戦史を書くブライアン・クーパーによれば、南北の兵士は「まるで兄弟のようにサイド・バイ・サイドで生活し、戦い、死んだ」が、「一致できない点に関してはほとんど語らない」といった配慮も必要であった。第三六師団の伍長R・F・E・エヴァンズは、メシーヌ・リッジ攻略作戦の頃をこう回想する。戦闘任務を外れている時にはアルスター兵と「南部」兵はよく喧嘩をし、「教皇と地獄に墜ちろ」などということばが飛び交うこともあった一方、「戦線に就くとこうしたことはすべて忘れられ、彼らは最も忠実な戦いの同志となった」。対立の火種は明らかに存在したものの、両師団の兵士は概ね穏当にふるまい、「サイド・バイ・サイド」の配置が士気や規律に悪影響を及ぼすことはほとんどなかった。

それでは、少なくとも表面的には保たれた南北の兵士の友好関係を支えていたのは、ウィリーが熱弁をふるったような「同じアイルランド人」という意識の覚醒だったのか？　強硬なユニオニストであったヒューバート・ガフが、第一六師団の兵士たちの「忠誠心、任務への献身の意識、そして勇敢な精神」を高く評価したのは第1章第五節で述べた通りだが、集団の一員として敵と対峙し、死の危険にさらされる戦場の兵士をなによりも特徴づけるのは、戦場を共有する味方の兵士＝同志との仲間意識、自らや同志が属す部隊への忠誠心であった。ＩＰＰの支持者ジョン・ルーシは従軍生活について いう。「私たちは人生でかつてなかったほど緊密に結びついた。平時には決してありえないところまで、互いを知り、愛するようになった」。戦死する直前、友人への手紙にケトルはこう記す。「仲間たちから離れるチャンスが二度ありました。一度は病気休暇をとることによって、もう一度はスタッフの〔後方の〕業務に就くことによって。しかし、私は仲間たちと一緒にいることを選択しました」。このような強固な仲間意識は、大切な同志と部隊を裏切ることはできない、という忠誠心と不可分であった。そして、仲間意識や忠誠心に関しては「南部」兵もアルスター兵も例外ではなく、「サイド・バイ・サイド」に配置されれば、彼らの間に仲間意識や忠誠心はやはり醸成された。こうした意味で、戦場の共有にはたしかに南北の兵士を接近させる力が備わっていた。反目を克服して、「サイド・バイ・サイド」が機能しえた一番の理由は、「同じ兵士」としての仲間意識や忠誠心にあったと考えられる。

ただし、戦場で育まれる仲間意識や忠誠心はナショナリズムには直結しない。兵士にとって切実なのは、祖国への忠誠よりも同志や部隊への忠誠の方であった。兵士の連帯感がナショナリズムを圧倒した事例を一つあげよう。第一六師団に所属するとある急進派ナショナリストは、イースター蜂起で友人が処刑されたため、脱走してアイルランドに戻ろうと考えたが、結局これを思いとどまった。苦楽をともにしてきた仲間たちから離れるのは不名誉だ、祖国の同志よりも戦場の同志を優先すべきだ、と考えた結果である。彼は自分の選択とナショナリズムとにこう折り合いをつけた。「世界中の戦場でアイルランド兵が獲得したあらゆる名誉はアイルランドの名誉ではなかろうか?」　祖国の情報が乏しい戦場では、兵士たちの関心は身辺の諸事に向かいがちであり、ナショナリズムが後景に退いても無理はなかった。要するに、「サイド・バイ・サイド」の基盤は「同じアイルランド人」の意識というよりも、「同じ兵士」の意識であった。仲間意識や忠誠心が堅固である限り、祖国の情勢に変化が生じても、兵士たちの士気や規律に大きな動揺は生じない。実際、自治の見通しが怪しくなろうが、蜂起が勃発しようが、第一六師団は粛々と任務を遂行した。

南北共闘は、ウィリーが期待したように、南北和解を促したのだろうか?　仲間意識や忠誠心は政治的・宗教的な境界線を希薄化させるから、和解を相対的に容易にはしただろう。しかし、それは戦場という特殊な環境の共有を通じて獲得されたものであって、平時である戦後にそのまま移しかえるのは難しい。南北共闘を南北和解につなげようと思うなら、「同じ兵士」の意識を平時における「同じアイルランド人」の意識へと変換させることが必要になるが、「南北共闘→南北和解」を訴えた者たちはそこのロジックを提示できなかった。変換のロジックを欠く限り、どんなに切実であったにせよ、南北和解は夢に留まらざるをえない。また、一時的な共闘で歴史的に根深い南北の敵対が解消される、などと期待するのは、やはり虫がよすぎるようにも響く。

そもそも、「南北共闘→南北和解」という見通しは、第一六師団も第三六師団も戦地に赴いていない段階で、戦場の現実とは無関係に組み立てられたもの、大戦の長期化も膨大な犠牲も視野に収めていない願望の産物であった。そして、戦場の現実を身をもって知ったウィリーも、大戦が容易には終わらないことを認識したレドモンドも、ただただ同じように和解の展望を繰り返すばかりで、議論を深化させなかった。第三六師団の従軍司祭ジョン・レドモンドはウィリーへの敬意に充ちた回想を発表した人物であり、彼が唱える南北和解にも共感を示したが、しかし、大戦につづく独立戦争の時期には、アルスター特別警察《アルスター・スペシャル・コンスタビュレリ》(USC)のBスペシャルズ[6]の設立に尽力する。「軍事化」の進んだ大戦後のアイルランドは和解ムードが広がる場ではなく、和解のスローガンに取り囲まれて戦場で死んだ者たちの記憶は暴力的抗争の中で忘却されてゆく。結局のところ、西部戦線で実現された南北共闘が戦後の南北和解を導くことはなかったのである。

## 第四節　自治主義の終焉

### 1　シン・フェインと共和主義

イースター蜂起のことを同時代人はしばしば「シン・フェイン蜂起」と呼んだ。明らかに間違った呼称なのだが、そもそも、これまでにも何度か言及したシン・フェインとはいかなる政治集団だったのか、ここで確認しておこう。シン・フェイン(アイルランド語で「私たち自身」)が政治集団の体を成したのは一九〇五年、目標に掲げられたのはオーストリア＝ハンガリー二重君主国をモデルとする連合王国内でのアイルランドの立法府の独立であった。ナショナリズムの二大潮流でいえば、分離独立ではなく自治を志向する潮流に属したのである。同じく自治を目指すIPPとの最も重要な違いはイギリス議会への登院拒否、すなわち、選挙においてアイルランドの有権者の支持を得た者はロンドンの議会には赴かず、ダブリンに対抗議会を設置すべきだ、というスタンスであった。とはいえ、蜂起以前の段階では、シン・フェインが選挙で当選者を出すこと自体が考えにくかった。

状況を一変させたのが蜂起であるが、しかし、「共和国宣言」を発した蜂起の共和主義からは隔たった位置にいたシン・フェインが蜂起の首謀者であるかのような言説が、なぜ流布したのか？　蜂起指導部の中核を成したのはIVに入り込んだIRB活動家であって、叛徒の大半もIVやICAに属し、シン・フェインは蜂起から距離をとっていた。にもかかわらず、「シン・フェイン蜂起」なる呼称が広まったおそらく最大の理由は、シン・フェインという名がIPPに批判的で多少ともより戦闘的なナショナリストの総称ないし蔑称として、以前からジャーナリストや総督府の関係者によって使

(6)　USCは、正規の警察を補助する目的で一九二〇年に設立されたアルスター独自の武装警察。特にBスペシャルズはカソリック弾圧で悪名が高い。第3章第五節参照。

われてきた経緯にある。蜂起に関与していなかったシン・フェインの創設者アーサー・グリフィスが逮捕されたことも、「誤解」を促す作用をもった。しかし、こうした「誤解」は、処刑された蜂起指導者が殉教者と見なされてゆくにつれて、シン・フェインの政治的な財産になる。そして、この財産を活用せんとして、シン・フェインは蜂起後の補選にプランケット伯爵やデ・ヴァレラのような蜂起関係者を擁立した。結果的に、出獄した蜂起参加者をはじめ、急進派ナショナリストの多くがシン・フェインに加わることになる。不正確にも蜂起の首謀者と目されたシン・フェインは、一九一八年三月の時点で一〇〇〇以上の支部と八万以上の党員を擁す一大勢力となり、ポスト蜂起の時代の急進派ナショナリズムを主導してゆく。

こうした経緯から想像できるように、シン・フェインは、旧来のシン・フェインの立場を墨守する者から共和主義と武力闘争を唱える者までが集まる寄り合い所帯であった。凝集力のある政治集団になるためには一致点の明確化が必要であり、この課題を果たしたのが一九一七年一〇月二五—二六日の党大会であった。採択された新しい綱領には次のようにある。「シン・フェインは、独立の共和国としてのアイルランドの国際的承認を獲得することを目指す。このステータスが達成された後に、アイルランド国民は自分たちの政府の形態を国民投票により自由に選択することとなろう」。最終的な政体選択は先送りにされているものの、「独立の共和国としてのアイルランド」が綱領に書き込まれたことは、「共和国宣言」の精神を引き継ぐ意志を鮮明にしたという意味できわめて重要である。蜂起の継承者との自己規定は、蜂起に参加しなかったグリフィスを副総裁へといわば降格させ、蜂起を指導したデ・ヴァレラを新たに総裁に据えた人事にも表れている。デ・ヴァレラはこう演説した。

これ〔アイルランド共和国〕こそが私が追求するものであり、東クレアの選挙に立候補した時にもこれを掲げました。そして今〔総裁に〕選出されたのも、これを掲げているからです。……私が総裁に選ばれたことは、勇敢な死者のための記念碑だと思います。そして、彼らが正しかったこと、彼らの戦いの目標であった完全かつ絶対的なイングランドからの自由と分離がすべてのアイルランド人の胸中に宿る神聖な願いであることの証明だと確信します。……私たちが自由を獲得できるのは、共和主義の旗印を掲げた時だけです。国際的承認を得られるのは、アイルランド共和国としてだけなのです。この承認を得た後に、私たちのある者は共和制という政体を望むでしょうし、ある者は共和制に欠点を見出して他の政体を求めるでしょう。なにが最善の政体か、今は議論すべき時ではありません。しかし、次のことについては誰もが一致しています。完全かつ絶対的な独立を望む、ということについては。

蜂起の継承者たらんとするシン・フェインが共和主義の綱領を採択したことの意味は重い。

また、シン・フェイン党大会の翌日にはIV大会も開かれた。蜂起後の大量逮捕や戒厳令による制約のため、一九一六年後半にはIVの活動は停滞したが、翌年六月までに獄中にあった蜂起参加者が出獄し、今や称賛を浴びる存在となっていた彼らはIVの再活性化を強力に牽引した。また、シン・フェインが補選を通じて台頭してきたことも〔一九一七—一八年にアイルランドで実施された八つの補選で、シン・フェイン五勝、IPP三勝〕、シン・フェインとの結びつきを強めていたIVの追い風となった。

蜂起指導者の生き残りとして絶大なカリスマ性を誇ったデ・ヴァレラはIV総裁にも選出され、急進派ナショナリズムの政治と軍事の双方を指導する立場を得た。ちなみに、大会で新たにIV執行部に加わった一人がマイケル・コリンズ(7)である。

## 2　アイリッシュ・コンヴェンションとチルダーズ

ＩＰＰ議員の議場退席という事態を招いた「二つのアイルランド」発言(前節4参照)をした一九一七年三月七日、ロイド・ジョージはアイルランドのあらゆる勢力の代表が一堂に会するコンヴェンションを開催し、自治の問題を打開する可能性に言及した。同年七月二五日に始まるアイリッシュ・コンヴェンションの発端はここにある。一九一七年一月にドイツとの国交を断絶したアメリカが連合国側で参戦してくる期待が高まってきた時期であるが、アメリカ大統領ウッドロウ・ウィルソンは再三にわたってアイルランド問題の解決を求めていた。そこで発案されたのが、アイルランド人のみの円卓会議で自治の見通しを開くという手法である。コンヴェンションで「実質ある合意」が形成された場合、その内容を実現させるべく「必要な措置をすべて講ずる」とロイド・ジョージは約束した。

図2-4　アイリッシュ・コンヴェンション

コンヴェンションに召集されたのは政党や教会、地方政府や経済団体、等の代表八五人、議長はホーレス・プランケット(8)が務めた。ＩＰＰの代表にはウィリーも含まれるはずだったが、彼の戦死に伴い、グウィンが代理となった。そして、コンヴェンションにセクレタリとして派遣されたのがチルダーズだった。「危機の最中にある今のアイルランドにとって有用な存在になれるという見通しゆえの希望と歓喜」を胸に勇躍ダブリンに乗り込んだチルダーズは、法制官僚の経験を活かし精力的に業務にあたった。武器密輸の実行者であることが知られている彼が登用されたのは、旧知のプランケットの推薦によるところが大きい。また、「アイルランド人のみ」のコンヴェンションからチルダーズが排除されなかったことも、記憶しておきたい。

おそらく、コンヴェンションはアイルランド問題を非暴力的に解決する可能性を探る事実上最後のチャンスであり、チルダーズの念願もまさに非暴力的解決にあった。ダブリン到着直後に妻モーリへ

---

（7）　一九一五年にＩＲＢに加入、イースター蜂起の際にはジョゼフ・プランケットの副官として中央郵便局で戦い逮捕されるが、一六年一二月に出獄した。蜂起で打撃を受けたＩＶの再建に大きく貢献し、独立戦争では国民議会政府の財務相として優れた手腕を発揮すると同時に武力闘争の先頭に立って、アイルランドにとっては「勝利」にも等しい休戦を獲得する立役者となる。自由国の設立を規定する講和条約に調印、暫定政府の議長となって自由国の礎石を据える作業に尽力する一方で条約反対派との内戦を回避すべく手を尽くすが、結局のところ内戦勃発を阻止できず、自由国軍総司令官の立場で内戦に臨んだ。一九二二年八月二二日、反政府軍によって暗殺される。志半ばで悲劇的な死を遂げた英雄として偶像化され、長く崇敬の対象となっている。

（8）　協同組合運動の先駆者として知られるプロテスタントの地主であり、政治的にはユニオニストから自治主義者に転じた。

宛てた手紙には次のようにある。「仮にアルスターが撤退したとしても、他に撤退する勢力はなく、コンヴェンションはつづけられるでしょう。……コンヴェンションによって提言されたなら、シン・フェインが帝国自治領に準ずる自治を受けいれることはほぼ確実です」。『自治の枠組み』(序章第三節参照)で提唱した通り、帝国自治領に準ずる地位を基本線として合意を形成し、蜂起の再現のような事態を回避したいとチルダーズは考えたのである。

しかし、コンヴェンションは出足から躓いた。急成長中のシン・フェインがボイコットしたのである。ボイコットの理由は、割り当てられた代表枠(五人)が過少なこと、代表が選挙によって選ばれないこと、そして、分離独立=共和国樹立という自治以上に抜本的な措置があらかじめ選択肢から外されていたこと、である。グリフィスは、「イングランド政府によって任命され、構成され、指図されるコンヴェンション」と切り捨てた。シン・フェインの歩み寄りを得られるかどうかがコンヴェンションの成否を左右すると考えたチルダーズは、「シン・フェインの非公式のスポークスマン」として代表に加えられたエドワード・マクライザット[9]と頻繁に意見交換を行い、「帝国自治領に準ずる自治にシン・フェインは納得するだろう」との判断に至った。マクライザットも次のような文章を残している。

この時には、われわれの誰もアイルランド共和国が現実的な目標だとは考えていなかった。結局のところ、イギリス帝国は絶頂期にあった。チルダーズが自分の解決案として明らかに熱を入れていたのは、帝国自治領に準ずる自治である。

「アイルランド共和国が現実的な目標だとは考えていなかった」との一節は注目に値する。一〇月の党大会以前のシン・フェインは共和主義を一致点としていたわけではなく、チルダーズやマクライザットが述べるように、彼らが自治を支持する可能性はあったと考えるべきだろう。既にシン・フェイン党員となっていたロバート・バートンも、同様の認識をチルダーズに伝えている。

しかし、コンヴェンションにおける合意形成は難航した。最大の障害はUUP代表の頑なさであった。「一貫して傲慢かつ冷笑的」「氷のごとき躊躇と沈黙ばかり」等々、合意に背を向けるアルスター・ユニオニストを批判することばがチルダーズの日記には再三登場する。一九一八年四月五日にコンヴェンションは閉幕するが、採択された多数派報告書(「除外」なしの自治を勧告する)への賛否は四四対二九、はっきりとした対立が残った。加えて、二本の少数派報告書と覚書まで提出されたのであるから、自治実施の条件である「実質ある合意」が達成されなかったことは否定すべくもなかった。チルダーズの奔走にもかかわらず、コンヴェンションは失敗したのである。

コンヴェンションの失敗は、話し合いという手法がもはや通用しないところまで政治の「軍事化」が進んでいたことを示す。大戦と蜂起は力ずくでことを決するのをよしとする風潮を強めていたのであって、時間をかけた討論を要し、なんらかの妥協が欠かせないコンヴェンションは、こうした風潮に悲劇的なまでにそぐわなかった。自治主義に沿って非暴力的に事態を決着させる可能性は、実質的にここで潰えた。閉幕を待たず三月六日にレドモンドが心臓機能の障害で急死したのは象徴的である。

---

(9)　農業改良とゲール文化復興の運動に参加し、論壇にも多くの知己をもつ。後半生では系図学者として名を成す。

ＩＰＰの前途が閉ざされつつあることは誰の目にも明らかであり、彼の死はＩＰＰと自治主義の死を予告する出来事だったかに見える。

## 3　第一六師団の解体

レドモンドが期待を託した第一六師団の末路を確認しておこう。メシーヌ・リッジ攻略につづく任務は、一九一七年七月からの第三次イープルの戦いへの参加であったが、降りつづく雨の中、戦闘は惨憺たるものとなった。コナハト連隊第六大隊の士官ジョン・ハミルトン・マクスウェル・スタニフォースは、両親に書き送っている。「要するに、ここにあるのは、これまでで最も激しい寒さ、雨、空腹、危険への直面、そして砲火の連続です」。そして、八月一六日には、疲弊の極にあり、兵力も大幅に不足して、およそ戦闘に耐えうる状態にはなかった第一六師団と第三六師団が、ランゲマルクへの攻撃に再び「サイド・バイ・サイド」で投入されるが、フィリップ・ギブズによれば、「二つのアイルランド系師団は粉々になるまで破壊された」。第三六師団の師団長ヌジェントは妻への手紙でいう。「本当にひどい一日でした……思うに、七月一日〔ソンム初日〕よりもひどい」。成功したメシーヌ・リッジの「サイド・バイ・サイド」を誉めそやすことはたやすかったが、ランゲマルクの場合はそうもゆかず、「七月一日よりもひどい」八月一六日の経験は総じて忘却される。八月一六―一八日だけで第一六師団から出た死傷者は二一五七人、第四八旅団の先陣を切った王立ダブリン・フュジリア連隊第七大隊の死傷率は実に六六％に上った。

一九一八年一月、イギリス陸軍は師団の規模を一二大隊から九大隊へと縮小することを決定し、第一六師団も再編成される。「南部」出身の兵士をこの機会にできるだけ集める措置もとられ、アイルランド色は多少とも強まっただろうが、しかし、寄せ集められた兵士たちの間に改めて仲間意識や忠誠心を醸成するのは、たとえ「同じアイルランド人」であったとしても容易ではなく、士気には悪影響が出た。さらに、師団長がヒッキーからアイルランド人でもアイルランド系連隊出身者でもないエイミアット・ハルに交代したことも（二月一〇日）、混乱に拍車をかけた。

したがって、一九一八年三月二一日に西部戦線でドイツ軍の最後の賭けともいえる渾身の大攻勢が始まった時、第一六師団は万全からは程遠い状態にあった。その戦いぶりには、「第一六（アイルランド）師団は他の師団のように全力で戦闘を遂行しなかった」（総司令官ダグラス・ヘイグ）といった厳しい批判の声が寄せられ、中傷めいた非難まであった。「ドイツ軍が師団への攻撃を開始するとすぐ、士官も兵士も全員武器を捨ててドイツ軍に投降してゆき、とんでもないことにそれ以降はわれわれに対抗してドイツ軍の側で戦った。師団に残ったのは軍曹だけであり、彼らは皆イングランド人であった」。「南部」兵への不信感が噴出してきたわけだが、しかし、第一六師団や第三六師団を含む第五軍全体が敗走を強いられた中、第一六師団が便利なスケイプゴートとされた感もある。戦闘任務を解かれる四月三日までに第一六師団から出た死傷者は七一四九人、これに匹敵するのは第三六師団（死傷者七三一〇人）くらいであり、事実上壊滅したといってよい。兵力補充のうえ七月二七日に西部戦線に再び配置された第一六師団には、もはやアイルランド系の性格はなかった。

グウィンのことばを紹介しよう。

大戦の終結を祝えるようになった時、アイルランドのために歴史上知られる最も強大な軍事力に立ち向かおうと何千何万もの数で戦地に赴いた者たちが置かれた立場くらい、悲劇的なものがあっただろうか？　大戦で戦い勝利した彼らは、今では猜疑心に充ちたまなざしで互いを見合っているのである。

第一六師団の兵士たちには、イギリスの戦争に協力することこそ自治を実現するための道だと信じて、換言すれば、ナショナリズムのために一身を投じた者が少なくなかった。しかし、大戦が終結しても一九一四年自治法は実施されず、ＩＰＰは凋落した。出征時の兵士たちに寄せられた歓声は、復員の際には敵意に変わっており、暴力を加えられることさえあった。雇用の確保も家族や友人との関係の再建も、容易ではなかった。そして、彼らが帰国する頃には、その戦争に協力したイギリスとの間で独立戦争が始まっていた。戦争協力という賭けは完全に裏目に出たのであって、祖国で復員兵たちが

### コラムB　スティーヴン・グウィン

グウィンは一八四八年蜂起の首謀者として知られるウィリアム・スミス・オブライエンの孫、ケイスメントの知己でもあり、ドイツとの連携の企てには批判的だったが、彼への尊敬の念は強く、「ブラック・ダイアリ」の政治利用を「私が知る限り最も卑劣な行為」と批判した。

一九〇六―一八年にはＩＰＰ庶民院議員を務め、党のプロパガンディストとなる。南北和解を促したいとの思いから、大戦の際には募兵活動に尽力、ケトルとともに『アイルランド旅団のための戦争歌

集』(一九一五年)を編纂した。中尉として従軍し、一九一六年九月のギユモンおよびジャンシ、一七年六月のメシーヌ・リッジの戦闘に参加した。ウィリーにとって、心を許して話し合える貴重な戦場の友人であった。同僚だったロウランド・フィールディング大尉の手紙には、こうある。「……私たちと一緒にいるナショナリスト党議員(グウィン)はといえば、……洗練され上品で勇敢なジェントルマンです。この戦争の初期に彼が指揮した中隊の兵士たちは彼を敬愛しています。膝まで泥とぬかるみにまみれながら、二〇歳の少年がするような任務を彼は熱心に遂行しています」。

スティーヴン・グウィン

一八世紀以来の伝統あるナショナリスト紙『フリーマンズ・ジャーナル』(一九一七年六月一九日号)で、グウィンはピアースとウィリーを以下のように比較している。

> ピアースやその支持者たちがアイルランドにもたらしたのは、単なる戦争ではなく内戦と憎悪であった。われわれを分断していた溝が深くされ、その溝には新たな血が流れた。しかし、ウィリー・レドモンドや彼と同様に死んだ人々は、この溝に架橋すべく自らの肉体を提供したのである。……

一九二三年には、ウィリーに捧げた詩「勝利の歌」を発表してもいる。

復員後はIPPから距離をとるようになり、庶民院の議席を失う。独立戦争期にはジャーナリストとして活動し、内戦ではダブリンの住居を爆破された。その後のグウィンの人生は主として執筆に費やされ、著作は六〇点以上に上る。

味わったのは幻滅ばかりだった。グウィンがいう通り、「自分たちが戦った大義へのシンパシーを失った国に勝った戦争から戻る、これがアイルランド兵たちの厳しい運命であった」。

### 4　徴兵制反対運動

戦争協力を通じて自治を獲得するという方針にとどめを刺したのが徴兵制問題である。一九一八年三月二一日からのドイツ軍の大攻勢に反撃するための一手として、三月二五日、イギリス政府はアイルランドに徴兵制を適用する方針を打ち出した。一九一六年一月にイギリス史上初めて導入された徴兵制は、それまでアイルランドには適用されずにいた。一九一四年自治法でアイルランドの自治権が認められている以上、アイルランド人の生死にかかわる問題を頭越しにイギリス議会で決めるのは好ましくない、いつ叛徒に転ずるかわからないアイルランド人に武器を与えるのは危険だ、といった判断からである。従来のやり方を覆すにあたり、ロイド・ジョージが意図したのは徴兵制の適用と自治の施行とをセットにすることだったが、コンヴェンションが「実質ある合意」に至らなかったため、自治の具体化は遅々として進まず、結局、徴兵制だけが先行されることとなった。IPPばかりか、アイルランド担当相デュークやカーソンの反対さえ押し切っての措置である。徴兵制の適用はアイルランドの自立性を否定することに他ならず、ことここに至って戦争協力は完全に瓦解した。また、アイルランドで反発が広がり、駐留イギリス軍の増強が必要になる可能性を考慮に入れるなら、軍事的に有効な措置であるか否かにも議論の余地があった。

コンヴェンションでの業務を終えようとしていたチルダーズは、徴兵制の適用という「常軌を逸した犯罪的方針」を強く批判した。「犯罪的方針」が打ち出された結果、「帝国内にあることに満足する忠誠なアイルランドを実現する希望は消え去りつつある」。自治を棚上げしたまま徴兵制が適用されることになれば、分離独立の要求を抑えることは難しい。「ほとんど他に道はないかのように、若者たちはイギリスに愛想をつかし、フランスの戦場においてではなくアイルランドにおいてアイルランドの自由のために死ぬ意志をもっているばかりでなく、それを切望している」。シン・フェイン的なレトリックである。これまでチルダーズはシン・フェインから慎重に距離をとってきたが、コンヴェンションの失敗と徴兵制問題の浮上を受けて、シン・フェイン流の共和主義に接近していったと思われる。

図 2-5　徴兵制反対集会で演説するデ・ヴァレラ（壇上中央やや左）

　予想された通り、アイルランドではカソリック教会や労働組合も含めた広範な勢力が徴兵制反対運動を展開し、蜂起二周年の四月二三日には「南部」でゼネストも決行された。新党首ジョン・ディロンの下、議会への出席を拒否する方針をとったＩＰＰも反対運動の一翼を担いはしたが、先導したのは疑いもなくシン・フェインであった。四月一八日のダブリン市長公邸での会合で採択された以下の宣言は、デ・ヴァレラの起草による。

イギリス庶民院が徴兵法案を可決したことは、アイルランドという国への宣戦布告と見なさなければならない。……

徴兵の強行を企てることは弁明の余地なき侵略であり、用いうるあらゆる有効な手段によってこの侵略に抵抗することを、われわれはすべてのアイルランド人に訴える。

「宣戦布告」「侵略」「あらゆる有効な手段」等、戦闘的な言辞が盛られたこの宣言にカソリック教会も同意し、「神の法に適うあらゆる手段」で抵抗すべきだと言明した。シン・フェイン的な方針にカソリック教会の後ろ盾が与えられたのである。最も熱心に反対運動に取り組んだのはシン・フェイン活動家と聖職者であって、四月二一日には二〇〇万人近くが各地域の教会に掲げられた反対誓約に署名を寄せた。シン・フェインの影響力がこうして強くなる一方、イギリス政府との関係を大切にしてきたにもかかわらず徴兵制を阻止することさえできなかったＩＰＰは、すっかり影を薄くしていった。

反対運動への対処は強硬であった。五月に総督に就任するジョン・フレンチは最有力の軍首脳の一人であり、ユニオニストとしての自らの信条に忠実に、「ドイツの陰謀」というお馴染みの名目を利用して、デ・ヴァレラやグリフィスを含むシン・フェイン指導者七三人の逮捕、広範な結社、新聞、集会の禁止、といった強圧策を実行し、駐留軍も一〇万人規模にまで増強された。六月二五日には、「ドイツの陰謀」が「南部」で進展していることを理由に、ロイド・ジョージが当面のところ自治を実施するつもりはないと発言した。

強圧策の一方で、五月一六日にはアイルランドにおける徴兵制の施行停止措置もとられ、一〇月までに五万人の志願兵を獲得することを目指す募兵キャンペーンが開始された。キャンペーンにはアーサー・リンチやグウィンも参加し、特にリンチは先頭に立った。瓦解した戦争協力を蘇らせようという試みであったが、成果は乏しく、一〇月一日の時点で獲得されたのは七〇〇〇―八〇〇〇人にすぎない。結局、秋に入って西部戦線での連合国軍の優位が確定したため、あえてアイルランドに徴兵制を適用する必要はなくなった。また、地下に潜ることを強いられたシン・フェインでは、デ・ヴァレラやグリフィスに代わって、逮捕を逃れたマイケル・コリンズ、リチャード・マルカヒ、(10)といったIRBやIVとのつながりが深い者たちが主導権を握り、武力闘争志向が広がってゆく。

### 5　一九一八年総選挙

一九一八年一一月一一日に連合国とドイツの休戦が実現したことを受け、IPPは改めて一九一四年自治法の実施を求めたが、ロイド・ジョージは条件が整っていないとしてこれを拒否した。幾多のアイルランド人を戦地へ送り出したIPPの戦争協力方針は、戦後の自治の確保という狙いを果たせなかったのである。一二月の総選挙でのIPPの敗北は不可避だったが、その惨敗ぶりは予想以上だった。直近の一九一〇年一二月の総選挙で八四議席を得ていたIPPは六議席に転落（ディロンも落選）、泡沫政党と化した。イギリス議会への登院拒否、対抗議会の設立、パリ講和会議でのアイルランド独立のアピール、といった政策を掲げたシン・フェインは七三議席を得た（アイルランドに配分された一〇五議席の七割以上）。「サイド・バイ・サイド」の精神を力説した稀な候補者がIPPを離れて

(10)　IVメンバーとしてイースター蜂起に参加し逮捕され、出獄後にIV参謀長となる。

出馬したグウィンだが、結果は最下位落選であった。自治の見通しが失われた今、戦争協力の実績に集票力などなかった。有権者の支持というお墨つきを得たシン・フェインは一九一九年一月にはダブリンに「真のアイルランド議会」たる国民議会《ドール・エラン》を立ち上げ、「外国の議会がアイルランドを対象に立法を行う権利」を否定する。大戦終結からまもなく、イギリスとアイルランドは新たな戦争へと歩を進め、革命は次の段階に入る。

最晩年の軍法会議において、チルダーズはこう陳述している。「コンヴェンション全体の崩壊と徴兵制を強要しようとする企てが、自治主義の死を私に確信させました。そして、一九一六年の蜂起によって基礎を据えられた革命が不可避にして不可欠であることを」。自治という選択肢が完全に消滅したわけではないにしても、以降のナショナリズムの基軸となるのは共和主義である。大戦終結と同じ頃、開戦時には目標達成の一歩手前まで漕ぎつけていた自治主義のナショナリズムもまた実質的に終焉を迎えた。

# 第3章 独立戦争

国民議会

大抵の場合、大戦終結の日付とされるのはドイツと連合国とが休戦協定を結んだ一九一八年一一月一一日、あるいは、対ドイツ講和条約＝ヴェルサイユ条約が調印された一九一九年六月二八日であるが、いずれの日付をとるにせよ、以降の世界が戦火から解放されたわけではない。一九一九年一一月の時点でイギリス帝国参謀幕僚長ヘンリ・ウィルソンが「二〇から三〇の戦争」が進行中だと述べている通り、大戦の終結は世界各地における戦争や内戦、民族紛争、等を招いた。アイルランドとイギリスの間の独立戦争は、こうした「戦後の戦争」の一つであった。大戦とイースター蜂起によって拍車をかけられた政治の「軍事化」は、独立戦争においていわば全面化する。また、自治主義から共和主義へとナショナリズムの主役が交代した結果、この戦争の争点となったのはもはや自治ではなく、「アイルランド共和国」であった。注目されるべきは、大戦末期に浮上したキーワード＝自決《セルフ・ディタミネイション》が、独立戦争において頻繁に論及されたことである。ひとまず終結したとはいえ、こうした意味で、大戦は依然として革命のコンテクストを成していた。

## 第一節　「アイルランド共和国」と自決権

### 1　国民議会

一九一九年一月二一日、前年の総選挙で当選したシン・フェイン議員がダブリン市長公邸に集まり、第一次国民議会（チルダーズによれば、「民主主義という道徳的認可に裏づけられたアイルランドで唯一の権威」）を発足させた。イギリス議会への登院を拒否し、対抗議会を構成する、というシン・フェインの方針の実践であるが、実際に参集したのは僅か二七人であった。他党の議員は国民議会に加担しようとせず、デ・ヴァレラを含む三四人のシン・フェイン議員は獄中にあった。実態はシン・フェインの会合に近かったわけだが、この日の国民議会では複数の重要な文書が採択された。

まず、最も重要な「独立宣言」から引用しておこう。

一九一六年のイースター・マンデイ、アイルランド国民の代表として行動したアイルランド共和軍により、アイルランド共和国がダブリンにおいて宣言された。

……

歴史の新時代のとば口に立って、一九一八年一二月の総選挙の際、アイルランドの有権者はアイルランド共和国に対する揺るぎない忠誠を圧倒的多数で宣言する最初の機会を捉えた。

それゆえ、今、召集された国民議会の場で、歴史あるアイルランド国民の選ばれし代表であるわれわれは、アイルランド国民の名において、アイルランド共和国の設立を改めて確認し、行使しうるあらゆる手段を用いて、この宣言を実効あるものとすることを、自身と国民に誓約する。

注意すべきは、「アイルランド共和国」は一九一六年に樹立された、と想定されていることである。その意味では、「独立宣言」は「既に存在する共和国」を再確認するものでしかないわけだが、ほんの少数派であった蜂起軍が混乱の中で宣言した「共和国」と、総選挙の洗礼を受けた議員が構成する国民議会が宣言した「共和国」とでは、やはり重みが違った。シン・フェインの立論においては、これ以降「共和国」の存在は「既成事実」とされる。本書が「アイルランド共和国」という括弧付きの表記を用いるのは、現実に存在したとはいえないものの、シン・フェインの言説の中では存在していることとされる、この擬制のニュアンスを伝えるためである。ただし、「共和国」の存在を文字通りの「事実」と捉えるか、政治的な主張のための「ジェスチャー」と捉えるか、この点については当事者たちの間でも明確な合意はなく、合意の不在は後の内戦にまで尾を曳くことになる。間違いないのは、「独立宣言」の採択によって、「共和国」の現存を否定するような妥協が困難になったことである。いうまでもなく、イギリス政府は「共和国」にも国民議会にも正統性を認めていない。

つづいて「民主綱領」。「私有財産に対するあらゆる権利は公共の権利と福祉に従属せねばならない」「労働による生産物の充分な取り分を得ることはすべてのシティズンの権利である」「飢えや食料、衣服、住宅の欠如に起因する病に苦しむ子どもがいないよう計らう」といった文言は社会主義的にさえ響くが、「民主綱領」に見られる改革のヴィジョンは革命の展開の中で実質的に棚上げされる。当面は分離独立という課題を最優先すべきであって、その他の問題は二の次である、といった発想は、政体選択を先送りしたシン・フェイン綱領とも通じる。社会・経済的な改革が等閑にされたことは、アイルランド革命の一大特徴である。

「世界の自由な諸国民へのメッセージ」も見逃せない文書である。「ヨーロッパの平和は帝国の利益のための軍事的支配を残存させていては決して確保されず、すべての国に自由な国民の自由な意志に基づく政府の支配を樹立することによってのみ達成されうる」と主張するこの文書の趣旨は、アイルランドの自決権を認めるよう一九一九年一月一八日に開幕したパリ講和会議に訴えることにある。しかし、自決がキーワードとなる講和会議で「共和国」への「国際的承認」を得る、との目論見が叶えられることはなかった。

「国民議会憲法」も採択された。一九二二年一二月に自由国憲法が施行されるまで、擬制としての「共和国」および成立途上の自由国の法的基礎となるのはこの暫定憲法であり、一院制の国民議会に基礎を置く議院内閣制が規定された。デ・ヴァレラが獄中にあったため、当初はカッハル・ブルーア(1)を大統領とする暫定行政府の設置に留められ、二月三日にリンカン刑務所から脱獄したデ・ヴァレラが大統領に選任されるのは四月一日の国民議会においてである。デ・ヴァレラの下にグリフィス(内相兼大統領代行)、コリンズ(財務相)、ブルーア(防衛相)、プランケット伯爵(外相)、等が置かれる国民議会政府がここに発足した。

## 2　武力闘争と政治闘争

国民議会の発足と同じ一月二一日、ティペラリ州ソロヘドベグで九人のＩＶメンバーがＲＩＣ(王立アイルランド警察)の警官二人を射殺した。しばしば独立戦争の発端とされる事件だが、独立戦争は宣戦布告なき戦争であって、起点の確定は難しい。むしろ重要なのは、あえて国民議会開設の日に実

(1)　ＩＶメンバーとしてイースター蜂起に参加し、身体に障害を負う。独立戦争期を通じて防衛相を務める。条約反対派として臨んだ内戦で戦死する。

行された警官射殺には、IVメンバーが抱く政治的な闘争手法への不信感が表現されていたと考えられる点だろう。不信感とはこういうことである。第2章第四節で見た通り、シン・フェインは寄り合い所帯であり、党内にはIVが体現する武力闘争路線を敬遠する者も少なくなかった。グリフィスはその代表格である。シン・フェインとIVの総裁を兼任したデ・ヴァレラの場合、武力闘争を否定してはいないが、それでも、一九一九年初頭の段階で彼が最も期待をかけたのは、パリ講和会議で「共和国」の「国際的承認」を得るという戦略であった。デ・ヴァレラにとっても、流血なしに「共和国」を実現するのが最善のシナリオであって、国民議会の開設は政治的・非暴力的な手法を優先する勢力が拠点を確立したことを意味した。そして、こうした勢力にとって、IVの暴力的行動は時に困惑的であった。逆に、IVメンバーの間には、自らが周縁化されかねない国民議会主導の闘争手法に違和感を覚える者が多く、政治につきものの妥協(「共和国」からの後退)への警戒感も強かった。このような意味で、ソロヘドベグ事件には、武力闘争路線の健在ぶりを示し国民議会を牽制する狙いが込められていたと解釈できる(本節3参照)。

シン・フェインとIVの間には、明確に規定された関係はなかった。IVはあくまでも自らの執行部＝総司令部の指導下にあり、シン・フェインの指導に服す立場にはない。コーク第二旅団の旅団長として独立戦争を戦うリアム・リンチ(2)の言を借りるなら、むしろ「政治が追随してくる道を拓く」ことが役割だ、というのがIVの自己認識であった。もちろん、二つの組織の構成員の顔ぶれにはかなりの重複があり、分離独立という共通の目標に向け両者は総じて友好的に支えあったが、緊張関係が存在したことも否定できない。ここで重要なのが、IVで隠然たる影響力をもつIRBの存在である。

ＩＲＢは国民議会を承認し、国民議会政府大統領を「共和国大統領」と見なす姿勢をとったが、それはあくまでも国民議会(政府)が共和主義の原則に沿って活動する限りのことで、原則からの逸脱を容認するつもりはなかった。ＩＶとＩＲＢの双方に加わっていたアーニー・オマリは、ＩＶメンバーに求められた国民議会への忠誠宣誓に躊躇するシェイマス・ロビンソンの発言を記録している。「国民議会は道を誤るかもしれない。共和国に達しない結果を受けいれてしまうかもしれない」。

国民議会とＩＶの関係も整理しておこう。ＩＶ総司令部の公式見解では、ＩＶは「ちょうど国軍が侵略軍に対処するように」「敵の軍事力」に対処する存在だった。しかし、「共和国」の存在を想定するとしても、ＩＶを国軍＝正規軍に相当する軍事組織とは見なしがたい。ＩＶが「共和国」の正規軍であるなら、その行動の責任は「共和国」の政府が負うことが原則だが、こうした関係は独立戦争末期まで存在しなかった。一九一九年八月に国民議会政府の防衛相ブルーアがＩＶメンバーに対し、「国内外の敵に抗して、アイルランド共和国政府、すなわち国民議会を支持し防衛する」という忠誠宣誓への署名を求めたのは、ＩＶを国民議会の統率の下に置き、正規軍的な性格を強める狙いからであった。若干の反発はあったものの、ほとんどのＩＶメンバーは署名を寄せたが、しかし、この措置によってＩＶの国民議会(政府)への服従が達成されたわけではなく、忠誠宣誓以降もＩＶは自らの判断に従って活動した。国民議会が計上した予算から支払われる給与はダブリンのＩＶメンバー以外には届かず、そもそも、国民議会がＩＶの活動方針を議論すること自体がほとんどなかった。国民議会

---

(2)　ＩＲＢ最高評議会のメンバーでもあり、反政府軍参謀長として内戦を戦う。

では、ＩＶの暴力的行動の責任を負うべきでない、との意見も強かった。ＩＶと国民議会（政府）の関係がようやく明確化されるのは一九二一年三月、デ・ヴァレラが、前者は後者に属す機関であり、前者の活動の責任は後者にある、と公式に明言した時であった。つまり、休戦に至る四カ月ほどの時期を除けば、ＩＶはパラミリタリとして独立戦争を戦ったのである。

また、国民議会の発足と「独立宣言」を受けて、ＩＶは新たにＩＲＡ（アイルランド共和軍）と称するようになる（特に忠誠宣誓以降）。「共和国」の正規軍だ、と主張する意図からであろう。ＩＶ（ＩＲＡ）の実態は通常の意味での正規軍からは程遠かったのだが、ジャーナリズムでもＩＲＡと名指すケースが増えてゆくので、以下ではＩＲＡの呼称を用いることを原則とする。

## 3　ＩＲＡ

以上を踏まえて、ソロヘドベグ事件の実行犯の一人ダン・ブリーンの述懐を読んでみよう。

われわれの方針はもともと「非公式」なものだった。国民議会もＩＲＡ総司令部もそれを承認していなかったし、その責任を負うつもりもなかった。……

われわれの闘争方針には人気がなかった。総司令部は気乗りがしない様子だった。政治派〔デ・ヴァレラ、グリフィス、等〕は間違いなく反対していた……

一般の公衆は最初のうちは戦争など望まない。……多くの人々は、われわれの活動などなくても自由を獲得できると考えていたのだ。

確認できるのは、ソロヘドベグの警官殺害が国民議会の指導とは無関係に為されたこと、そして、そこには国民議会の「政治派」への懐疑が介在していたことである。ＩＲＡが「シン・フェインの単なる政治的付属品」になってしまうことへの懸念があったことを、ブリーンは明言している。ＩＲＡ総司令部の承認さえなく警官殺害が実行されたとある通り、総司令部の指揮は末端の部隊までは徹底されず、独立戦争においてもＩＲＡの軍事行動の多くは末端の独自判断によって遂行された。軍事的側面に関する限り、独立戦争とは、国民議会やＩＲＡ総司令部の指示とは概して無関係に、ローカルな文脈の中で生起した相対的に小規模な暴力の集積に他ならなかったのである。

ソロヘドベグ事件は、以下の点でＩＲＡの行動の特徴をよく示している。①国民議会や総司令部からの命令によってではなく、ローカルな自発性に依拠して実行されたこと。②警官がターゲットとされたこと。地域社会の警察権力の無効化を通じて総督府の統治全体を機能不全に陥らせることこそ、ＩＲＡの目指すところであった。③僅かな武器しかもたない少数の者たちによるゲリラ的な行動だったこと。正面からの軍事力の衝突では勝ち目のないＩＲＡは、ゲリラ戦に活路を見出そうとしたのである。突発的な暴力の応酬という泥沼に治安勢力を引きずり込むのが、ＩＲＡの戦略であった。

それでは、ＩＲＡを構成したのはどのような人々だったのか？　名目的な勢力は独立戦争の休戦の時点で一一万人を超えたものの、実際に戦闘の中核を担ったのは数千人程度の活動家であり、ごく大雑把にイメージするなら、彼らの多くは、共和主義運動に知人をもち、雇用を得るのに苦労していた、敬虔なカソリックの若い未婚男性であった。国民議会政府が海外移民を禁止したためもあって、アイルランドにはこうした活動家予備軍が滞留していたのである。

また、ＩＶの女性補助組織として一九一四年四月に設立されたクマン・ナ・マン（アイルランド語で

図3-1　クマン・ナ・マンのメンバーたち

「女性の結社」）のメンバーをはじめ、IRAのゲリラ戦には女性の関与が見られたが、彼女たちが果たした役割は、救急・看護、文書や武器の運搬・管理、偵察、等、総じて補助的なものであって、女性が男性と肩を並べて戦闘に従事することはほとんどなかった。それでも、女性の支援ネットワークはゲリラ戦の遂行にとって不可欠だったし、男性活動家が逃亡や逮捕で姿を消す中、独立戦争の終盤にはクマン・ナ・マンの支部がIRAの部隊と結びつき、「女性軍」として活動することもあった。IRA自体は男性だけの組織だったが、ゲリラ戦全体を見るならば、女性の貢献は過小評価できない。

もう一つ指摘しておきたいのは、大戦から戻った復員兵がIRAの敵意の対象となり、少なくとも八二人が殺害された一方で、数百の規模でIRAに加入してもいることである。エメット・ドルトン（コラムF参照）やトム・バリ[3]が例となるように、独立戦争で目覚しく活躍したIRA活動家には、正規の軍事教練と実戦を通じて豊かな知識を得た復員兵が多かった。イギリス軍の一員として積んだ経験がイギリスとの独立戦争で役立ったのであるが、忠誠の対象を切り替えることに、彼らは概して困難を覚えなかった。

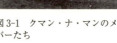

暴力行使の正当性を主張するにあたり、ＩＲＡが一番の根拠として持ち出したのは、一九一八年総選挙でシン・フェインが受けた圧倒的な支持であった。しかし、この総選挙結果がイギリスからの分離独立のために暴力を用いることを是認する意味をもつとの強弁には、やはり無理がある。後に根拠に加えられる一九二一年国民議会選挙（本章第五節2参照）にしても、共和主義と暴力行使への有権者の支持が示されたと単純に見なすことはできない。ＩＲＡがどれほど正当性を力説したにせよ、独立戦争における暴力行使は民主的付託に基づいていたとはいいがたい。

## 4　シン・フェインとチルダーズ

ソロヘドベグ事件がきっかけとなって一気にＩＲＡのゲリラ活動が活発化したわけではなく、一九一九年前半に関する限り、焦点はパリ講和会議にあった。パリに赴いて「共和国」の「国際的承認」を得るべく努めた一人がチルダーズであったが、まず、アイリッシュ・コンヴェンション終了後の彼の動きを追っておこう。一九一八年四月二四日以降、彼は新たに設立されたイギリス空軍の諜報士官として軍務にあたった。妻モーリは以下のように書いている。

開戦以来イギリス政府がアイルランドに対してやってきたことの非道と、戦争の中で自分が味わ

---

（3）　イギリス陸軍の兵士としてメソポタミア戦線で従軍した際にナショナリズムに目覚め、大戦後にはＩＲＡに身を投じて独立戦争で最も有名なゲリラ戦指揮官となる。一九四九年刊の回顧録は今でも読まれるベストセラーである。

っている忌まわしさについて、夫はよく口にした。……軍から離れることを再三語ったが、そのたびに、自分がそうすることをいかに嫌忌しているかを述べた。……個人的な理想のために、そして、戦いの途中で戦争の悲劇的な現実を完全に理解したために、危険から身を退き、同じ危険の中で戦闘に従事する人々を見捨てるのだから。なによりも夫の従軍継続を耐えがたくしたのは、アイルランドの苦難であった。……彼は休戦まで誠実に軍務を遂行し、動員解除後はイギリス軍とのあらゆる関係を絶った。

従軍は耐えがたいと感じつつも、同僚を思う気持ちからそれを続行したチルダーズもまた、「兵士の論理」を内面化していたのである。

加えて、かねてから窺われた通り、チルダーズは軍務にやりがいを見出してもいて、自らが立案にかかわったベルリン爆撃のプランを実行するために飛行機に乗り込むことを何度も要請した。この希望は叶えられず、せめて爆撃の実行を目撃したいという願いもまた、休戦によって阻まれた。休戦当日には、モーリに向けてこう書いている。

今月の初め、戦争が終結に近づいていることが明らかになると、爆撃を早く実施するため、なお一層の努力が払われました。〔一一月〕七日には、私は……一〇日の爆撃実施に向けてすべての準備を整えるよう明確な指令を受けました。

……

……〔一〇日の〕昼に私は機上偵察員およびパイロットと最後の打ち合わせをしましたが、昼食後、フライトは取り消され、翌日に延期されました。休戦交渉に配慮してのことで、私たちは皆、最終的な〔ベルリン爆撃の〕断念を意味するのだろうと思いました。

……

公共的な視点から見て、私は爆撃が行われなかったのはよいことだったと考えます。こんな時に実施されても……示威行動にしかならなかったでしょうから。

「公共的な視点から見て」という言い方には、個人的には爆撃を実施したかったとの気持ちが滲んでいる。チルダーズとは、休戦を喜ぶよりも爆撃のとりやめを残念に思ってしまう人物だったのである。最後の軍務はベルギーの戦災被害の調査であったが、調査中にインフルエンザに罹患し、一二月二一日にぼろぼろの状態でロンドンに戻った。以降、彼には体調不安がつきまとう。除隊は一九一九年三月一〇日、四年半に及ぶ従軍が自治の実現を促すことはなく、小国のための戦争だったはずの大戦への幻滅は深いものとなった。

除隊後直ちに、チルダーズはアイルランドへ向かった。「アイルランドで働くべきだ、という考えが私の中で強くなりつつあります。あらゆる意味ではるかに困難な道です。そして、だからこそ私はこの道を選ぶよう求められていると感じます」。モーリは否定的だった。「アイルランドよりもイギリスにおいての方が貴方ははるかに多くの善きことをできる」との判断からである。イギリスでよく知られた著述家だったことを考えれば、彼女の判断はたしかに理に適っていたが、一九一九年四月、ついにチルダーズはシン・フェインに入党を申し出る。ただし、コリンズやデ・ヴァレラは彼の申し出を必ずしも歓迎しなかった。武器密輸の実績があるとはいえ、つい最近までイギリス海軍・空軍の諜報士官だったイギリス人が唐突に入党を求めてきたのだから、警戒されても無理はなかった。それでも五月末には、パリ講和会議に出向き、「共和国」の大義を訴える任務が与えられる。チルダーズの知名度や人脈に期待がかけられたためである。「イングランド国民の多くが彼には耳を傾ける」とはグリフィスの言である。こうして、チルダーズのシン・フェイン時代が始まる。

## 5　パリ講和会議

パリでチルダーズが行動をともにしたのは、国民議会からの二人の使節、国民議会議長ショーン・T・オケリ(4)と弁護士としてケイスメントの裁判にも携わった国民議会議員ジョージ・ギャヴァン・ダッフィ(5)である。自決の主唱者であったウッドロウ・ウィルソンがアイルランドの自決権を承認することをシン・フェインは期待したのだが、講和会議の紛糾を抑え、国際連盟の設立に漕ぎつけることを目指すウィルソンにとって、優先されるべきはロイド・ジョージとの協調であった。アイルランドの自決権の擁護はとりがたい選択肢であり、一九一九年六月一一日、ウィルソンは、非公式にアイルランドを支援はしたいが、講和会議で国民議会の代表に発言の機会を与えるよう取り計らうことはできないと通告した。公式の代表派遣が許されたオーストラリアや南アフリカのようなイギリス帝国自治領と違って、そもそも非公式のステータスしかもたない擬制の「共和国」からの使節に耳を傾けるつもりなど、講和会議の戦勝国首脳にはなかったのである。講和会議では、ポーランド、チェコスロヴァキア、フィンランドといった新たな独立国が承認されるが、これらの新興国を支配してきたのはいずれも大戦で崩壊した帝国であった。

「ここアイルランドで、われわれは自分なりのやり方、唯一の可能なやり方で、自決原則に向けて戦っている」というデ・ヴァレラのことばが示すように、シン・フェインは自決権を求める世界的な流れの中に自らを位置づけていた。しかし、小国の権利の擁護を謳った連合国が勝利し、自決が国際秩序の規範の地位を得たかに見える中、自分たちにも自決権が認められるはずだというシン・フェインの楽観論は、敗戦とともに解体した旧帝国の所領に手をつける一方、戦勝国イギリスが支配するアイルランドに自決権を認めることには及び腰な講和会議によって、あっさりと裏切られた。シン・フェインの「国際的承認」路線はパリでの手痛い挫折で行き詰まり、講和会議への失望と憤りが広がるとともに、イギリスとの武力闘争を通じた「共和国」の実現という路線が前景化してくる。

チルダーズは一九一九年八月四日にパリから戻り、モーリが折れたため、同年一二月には家族全員がダブリンに転居した。おそらくこの頃には、チルダーズは「共和国」を賭けてイギリスと暴力的に対決することは不可避との認識に達していた。実は、パリ滞在中には、「国際的承認」が「共和国」に与えられないのであれば、国際連盟のメンバー資格を足がかりとして自治領としての地位を既成事実化する選択肢もありうるとの趣旨の手紙をグリフィスに送っており、自治領ステータスという選択肢も留保されていたのだが、しかし、講和会議では自治領としてさえも認知は得られず、チルダーズ

---

（４）創設時からシン・フェインとＩＶに加わり、イースター蜂起にも参加、内戦では条約反対派の立場をとった。一九四五―五九年に第二代アイルランド共和国大統領を務める。

（５）青年アイルランド派の指導者チャールズ・ギャヴァン・ダッフィの息子であり、法律家として「独立宣言」の起草に関与した。独立戦争の講和条約交渉のための代表団に加わる。

には「共和国」のための武力闘争以外の方針が見出しがたくなっていった。一九二〇年二月に書かれた手紙にはこうある。「私が個人的に誤ったとすれば、それは共和主義的見解を迅速に受けいれず、それへの移行をあまりにも緩慢なものとしてしまったことです」。武力闘争をも辞さない共和主義者として生きる覚悟がパリでの失望を通じて固まったのである。

## 第二節　対抗国家構築とゲリラ戦

### 1　対抗国家

独立戦争には二つの側面があった。一つは国民議会が一方的に独立を宣言した「共和国」に国家の体裁を与えること、すなわち、対抗的な国家機構を整備して総督府による統治を骨抜きにすることであり、もう一つはより直接的な武力闘争＝ゲリラ戦を展開することである。独立戦争とは、イギリスの支配を覆そうとするこれら二つの動きが、相互の協調が決して万全ではないまま、同時並行的に進んだプロセスであった。第一の側面から見てゆこう。

「国際的承認」の見通しが潰えてゆく中、国民議会は擬制の「共和国」に内実を充填する取り組みに着手する。前述のように、一九一九年四月には大統領デ・ヴァレラが率いる国民議会政府が発足し、大臣や局長の下に各々が管轄する省庁にあたる組織が編成された。六月一七日に国民議会政府が発表した「建設綱領」には、在外領事館の設置、仲裁裁判所の設立、等、対抗国家構築の課題が列挙されている。もちろん、こうした課題が順調に達成されたわけではない。大臣や局長に任ぜられた者の多くは行政の素人であったし、財政的な裏づけも弱かった。さらに、一九一九年九月には国民議会が、一一月にはシン・フェインやＩＲＡが非合法宣告を受け、翌年三月の時点で収監されていない国民議会議員は九人だけとなった。構築途上の対抗国家は地下に潜ることを余儀なくされるのである（国民議会が開催されたのは一九一九年に六回、二〇年に三回、二一年に四回）。

また、一九一九年六月から翌年一二月にかけて、アメリカ政府からアイルランドの自決権への支持を引き出し、同時に闘争資金を調達するために、デ・ヴァレラはアメリカに滞在する。「共和国」の元首が独立戦争の大半の時期に不在だったわけであるが、この間に存在感を増したのがＩＲＡの武力闘争に深くコミットしていたコリンズ（ＩＲＢ最高評議会議長）であった。彼は財務相の職責を精力的に果たすと同時に、ＩＲＡの指揮においても実質的に総司令官の位置を占めた。前者にかかわる重要な成果に、一九一九年四月にスタートしたローン計画がある。独立国として認知された将来のアイルランド国家によって償還される（それまでは償還されない）この「国債」の発行は、資金調達を「共和国政府」としての国民議会政府の正統性に結びつけるものであった。当初目標は二五万ポンドだったが、ＩＲＡによる購入の強制も無視できないとはいえ、一九二〇年七月までに三七万ポンド以上が集まり、財政難に苦しむ国民議会政府を支えることになる。財政と軍事を掌握したコリンズは、「共和国」の最重要指導者へとのし上がってゆく。

対抗国家構築に最大の成果があがったのは司法の分野である。一九二〇年一月と六月の地方選挙で地方議会の大多数がシン・フェインの支配下に入り、これらの地方議会は国民議会に忠誠を誓って総督府との関係を断った。そして、こうした地域には「建設綱領」が提起した仲裁裁判所が設立されて

図 3-2　国民議会裁判所

ゆく。さらに、一九二〇年六月二九日の国民議会で独自の司法制度の確立が決議されたことを受けて、同年末までに、土地にかかわる係争を仲裁するだけでなく、あらゆる訴訟を審理し、強制力を伴う判決をくだす権限をもった国民議会(共和国)裁判所がすべての国民議会選挙区に存在する状況が生まれた。ダブリンには最高裁判所が置かれた。国民議会裁判所は概して住民に信頼され、それに伴って、総督府の司法制度は着々と有名無実化してゆく。自決が文字通り実践されたのである。国民議会裁判所の裁定を執行するうえで不可欠の役割を果たしたのは、「共和国警官」として活動するようになったIRA活動家であった。また、一九二〇年四月三―四日にIRAが全国の税務署を襲撃した結果、徴税が不可能となり、総督府は財政基盤を喪失する。もちろん、対抗国家構築というまさに革命的な難事業が順風満帆で進んだはずもないが、少なくとも部分的には成果を収め、多少とも「共和国」に実体を与えて、総督府の統治を機能不全に追い込んでいった。ただし、これはあくまでも「南部」のみの現象である(本章第五節1参照)。

## 2　ゲリラ戦

対抗国家構築以上に耳目を集めたのは独立戦争のもう一つの側面、ＩＲＡの武力闘争であった。一九一九年一一月頃までは戦争状態と呼びうるほどの暴力の応酬はなく、ＩＲＡはむしろ前述したローンの集金のような活動に力を注いでいたが、それでも、駐在所の襲撃、武器の強奪、脅迫状の送付、といった活動が段々と増えていったことは間違いない。「国際的承認」路線の行き詰まり、国民議会やシン・フェイン、ＩＲＡの非合法化も、暴力行使を促す要因であり、一二月一九日には総督フレンチの暗殺も企てられた(失敗)。一九一九年全体で殺害された治安勢力関係者は一六人、この数値が二〇年前半には四四人、後半には一七一人、二一年(七月の休戦まで)には三二四人に跳ね上がる。ＩＲＡ側の犠牲者は、一九二〇年前半に三二人、後半に二二六人、その後休戦までに一八二人である。治安勢力によって殺害された文民に関する公式の数値は約二〇〇人だが、そのうち四分の三は休戦前の六カ月間に犠牲になっている。

ＩＲＡによる襲撃の一番の標的となったのは、全国各地のＲＩＣの駐在所だった。警官はアイルランド人だったが、彼らこそイギリスによる支配を末端で体現する存在に他ならなかった。一九一九年四月一〇日に国民議会が「イングランドの忠実な番兵」たる警官とその家族に対するボイコットを布告し、警官に商品を売った商店をＩＲＡが襲撃するなどした結果、特に南西部では警官は孤立を余儀なくされて、離職者が急増してゆく。一九一九年秋頃より、ＲＩＣは約五〇〇の駐在所を閉鎖し、警官を規模の大きいバラックに集める措置をとるが、駐在所からバラックにターゲットを移して襲撃は継続され、駐在所が放棄された地域ではＩＲＡ活動家が「共和国警官」として治安を司るようになる。

ローカルな場での自決の実践である。また、ダブリンではコリンズが直属の「特別部隊」を組織し、一九一九年七月以降、RICおよびダブリン首都警察の諜報担当警官を暗殺していった。総督府の諜報機能をマヒさせ、同時に、総督府の機密情報にアクセスすることにコリンズは大きな成果を収める。なお、駐留軍兵士がIRAによって襲撃されなかったわけではないが、事例は警官ほど多くない。

ゲリラ戦が新段階に入り、独立戦争が凄惨さを増すのは、一九二〇年秋以降である。最大のきっかけは治安勢力が報復行動をとるようになったことにあったが(本章第四節参照)、一九二〇年八月に軍法会議(死刑判決の権限をもつ)による犯罪への対処を許可するアイルランド秩序回復法が施行されたことも軽視できない。これに伴って、従来はいわばパート・タイマー(昼間は仕事をし、夜間にゲリラ活動を行う)だったIRA活動家の多くが、仕事を放棄して地下に潜った。彼らが常設の遊撃隊(二〇―一〇〇人規模)に組織されたことで、IRAの軍事的力量はアップし、駐在所やバラックの襲撃に代わって、パトロール中や自由時間中の警官や兵士への奇襲に力が注がれてゆく。奇襲という手法は、少人数だが意欲に充ちたIRA活動家が数や装備のうえでの劣勢を解消することを可能とした。当該地域の地形や住民に関する知識を活かして、奇襲に好適な時間と場所を選び、最善の経路で逃走し、あらかじめ把握していたIRAに友好的な家に匿われることができるからである。不承不承そうする向きもあっただろうが、特に南西部で地域住民からある程度以上のサポートを得られたことは、IRAが治安勢力と効果的に戦ううえで決定的に重要であった。独立戦争期には、活動家ではない一般の文民の間にも、もちろん程度の差はあるにせよ、「軍事化」された心性が広がり、ゲリラ戦を支えたと考えられる。そして、遊撃隊の跳梁跋扈は治安勢力にとって重大な脅威となり、犠牲者数も急増した。とり

図 3-3　IRA 西コネマラ旅団の遊撃隊

わけ有名なのがいわゆる「血の日曜日」(一九二〇年一一月二一日)の奇襲である。この日、コリンズの「特別部隊」とダブリン旅団の遊撃隊は駐留軍の特別課報士官およびその関係者と思われる一二人(実際に諜報に従事していたのはおそらく九人)を一挙に殺害した。さらに、一一月二八日には、トム・バリの率いる遊撃隊の奇襲が「オーグジリアリズ」(本章第四節2参照)のパトロール隊をコーク州キルマイケルで全滅に追い込んだ(投降してきた者も含め、一六人全員を殺害)。

また、一九二〇年秋の一つの出来事がIRA支持へと世論を導くうえで大きな力を発揮した。コーク市長(同時にIRAの大隊長、国民議会議員)テレンス・マクスウィニのハンストである。発端は、前任のコーク市長であり、IRAの旅団長でもあったトマス・マッカーテンが、一九二〇年三月二〇日深夜、顔を黒く塗った警官の集団に殺害されたことだった。前日にコークで警官が射殺されたことへの報復と思われる。同年八月一二日に逮捕されたマクスウィニは、マッカーテン殺害への抗議の意を込めて、獄中で七三日間にわたるハンストを決行する。一〇月二五日にマクスウィニは死亡するが、ハンストがきっかけとなって、自決を目指す自己犠牲的ナショナリズムへの共感の声がヨーロッパ諸国やアメリカで広がった。ただし、マクスウィニの「殉教」によって、ＩＲＡに同調しない者は殺してもかまわない、といった雰囲気が強まったことも事実であり、服喪のために休業にせよとの呼びかけに応じなかった薬屋の経営者とその友人が射殺されもした。一九二一年には、ＩＲＡがスパイの疑いのある文民を処刑することも常套化する。独立戦争の進展とともに、「軍事化」がさらに高い段階に達したのである。

独立戦争の渦中では、文民も単純に中立の立場をとることはできず、「共和国」に献身しＩＲＡに協力するのか、総督府の側に立ちＩＲＡに敵対するのか、厳しい選択を迫られた。総督府に通じているとの嫌疑(しばしば根拠薄弱な)をかけられた文民はむしろ警官や兵士以上にＩＲＡの標的にされやすく、その多くは濡れ衣を着せられたプロテスタントであった。ＩＲＡの暴力に宗派主義が介在していたことは明らか、独立戦争には宗派対立に基づくアイルランド人同士の内戦の性格が刻印されていたといえる。独立戦争の後半にはソフト・ターゲットが狙われる傾向がいよいよ強まり、文民の犠牲者が全体の過半を占めるようになる。

## 第三節　プロパガンダ戦

### 1　自決のプロパガンダ

動員可能な軍事力において、アイルランドとイギリスの間には圧倒的な格差があった。ゲリラ戦術はまさにこうした格差を克服するために採用されたのだが、それに加えて、重要な武器として活用されたのがプロパガンダであり、その代表的な論客となったのがチルダーズであった。さきに触れた通り、シン・フェインの同僚から警戒の目を向けられがちで、パリに赴く以外にはさしたる任務も与えられずにいたチルダーズは、まずは自分の得意分野で役立とうと、一九一九年のうちから旺盛な執筆活動を行った。彼の念頭にあったのは、イギリス国民へのアピールこそ自分ができる一番の貢献だとの思いである。

イギリスの急進主義・社会主義新聞『デイリ・ヘラルド』(一九一九年五月二六日号)に寄せた文章(後にパンフレット『スト破りの軍隊、活動中』として刊行)でチルダーズが力説するのは、イギリスの労働者とアイルランド国民の利害の一致である。労働条件の改善を目指す運動も国民的自立を目指す運動も、軍事的な暴力による弾圧の脅威にさらされている点では同じであり、イギリスの労働者はアイルランドのナショナリズムを支持すべき立場にある。

私が訴えたいのは、イギリスの民主主義、なによりも労働は、見て見ぬふりをしていたら、いずれ高価な代償を払わねばならない、ということである。……アイルランドを抑えつけている軍事力の背後を見てみよ。諸君はそこに資本主義的帝国主義の醜悪な顔を……見出すだろう。

アイルランド支配を終わらせるべくイギリスの労働者も努めねばならない、という国際主義的な立論である。

文芸誌『イングリッシュ・レヴュー』(一九一九年六月号)に掲載された「アイルランドの力と正義」は、連合国の戦争目的だった小国の権利ないし自決とイギリスのアイルランド支配の間の矛盾を指摘し、自決原則に沿ったアイルランド問題の解決を主張する。アイルランドは、「プロイセンからベルギーを解放するために参戦した国によって」、プロイセンのベルギー支配と同じように支配されている。「小国の自由の堅持」こそ大戦の目的であり、「イギリスほど厳粛にこの目的を世界に向けて宣言した国はなかった」。イギリスがアイルランドに参戦を求めた時にもこの目的が持ち出され、アメリカが戦後秩序のために打ち出した民主主義と自決も、この「元々の目的」から発している。ところが、今もアイルランドは「同意による自治」が確立されていない地球上で唯一の白人社会」のままである。

アイルランドのケースは、ヨーロッパで新たに誕生した多くの国のいずれよりもわかりやすい。アイルランドは海という最善にして最も変動しえない境界をもつ島であり、異論の余地なき歴史的アイデンティティと単一性を有する。……アイルランド人の間には、アルスター人も含めて、ヨーロッパの新興国のどこよりも高い水準で単一の自治を求める意見の一致があり、マイノリティの問題も相対的に軽微で難しくない。

大戦の戦争目的への論及はチルダーズの常套的な論法であり、独立戦争は、イギリスが喧伝しながら実際には投げ捨てた戦争目的を達成するための戦争、いわば大戦のやり直しと性格づけられた。

## 2 『アイリッシュ・ブルティン』

精力的な執筆活動が評価されたのか、チルダーズは国民議会政府公報局が発行する公式機関紙『アイリッシュ・ブルティン』のスタッフに加えられる。このガリ版刷りの非合法紙は、一九一九年一一月から二一年一二月まで週五回発行された。一九二一年夏の時点で発行部数は約二〇〇〇、想定読者は国内のアイルランド人よりもむしろ海外のジャーナリストであって、ヨーロッパの主要都市だけでなくアメリカやイギリス帝国自治領、さらには中国や日本でも流通し、フランス語版、ドイツ語版、スペイン語版も登場した。

当初はデズモンド・フィッツジェラルド、[6]彼の逮捕後はチルダーズが編集にあたった『ブルティン』が意図したのは、独立戦争に関するアイルランド側の見方を示すとともに、詳細な戦況情報を提供することである。一九二〇年初頭から『ブルティン』の記事が多くの新聞で引用されるようになったことで、イギリス政府が発信する情報ばかりが流布していた状況は覆され、イギリスに批判的な世論が醸成されてゆく。独立戦争において『ブルティン』のプロパガンダが重大な意味をもったことを、IRA活動家であり、有能なジャーナリストでもあったフランク・ギャラハー[7]は以下のように述べる。

アイルランドで起こっていることについて、世界がきちんと知るための手段がまったく存在しなかった。イギリスは自分たちの主張だけが聞かれるように計らっていた。……恐怖の支配に関する詳細な報道をあえて掲載しようという一般の新聞はなかった。

このことが『アイリッシュ・ブルティン』の役割となったのである。

(6)　イースター蜂起に参加して逮捕され、一九一九年から国民議会議員。クマン・ナ・ゲール政権期には外相と防衛相を歴任する。

(7)　広報局におけるチルダーズの同僚であり、独立戦争期に投獄された際には複数回にわたってハンストを敢行した。デイヴィッド・ホーガンという筆名も使う。

……『ブルティン』はイギリスに対抗するためのあらゆる武器のうちでも最も効果的なものとなった。

『ブルティン』は弾圧をかいくぐって地下出版される新聞であり、オフィスの襲撃、文書や印刷機器の押収、スタッフの逮捕、といった事態が複数回に及んだだけでなく、総督府が偽造『ブルティン』を流通させることまであったが、週五回の刊行は滞らなかった。第2章第四節で登場したマクライザットは、『ブルティン』についてこう書いている。

アイルランド側は実は二つの武器を使って戦争を戦った。……銃弾は『ブルティン』によって補完されたのである。……われわれがシンパシーを期待できたアメリカにおいてのみならず、イングランドにおいてさえ、リベラルな考えの人々は、うわべでは小国の自由と自決のために戦われた戦争から一―二年しか経っていないのに、アイルランド国民の完璧に正当な望みに他ならぬものが露骨に野蛮な力によって無慈悲に抑圧されていることを、徐々に理解するようになった。実際、アースキン・チルダーズが運営したプロパガンダ局はアイルランド側できわめて決定的な役割を担ったのである。

情報戦の最前線で持ち前の筆力を発揮したチルダーズは、プロパガンディストとして独立戦争を戦った勇士であった。

『ブルティン』に掲載されたチルダーズの記事から、ロイド・ジョージの発言（「〔連合王国からの〕離脱を目指すあらゆる企てには……アメリカの北部諸州が南部諸州との戦いに投入したのと……同じだけの固い決意……リソース……そして覚悟をもって反撃することとなろう」）に激しく反駁したそれを紹介しよう。

この強者による弱者への勇ましい挑戦に対する……アイルランドの回答はこうである。われわれは離脱など試みない。受けいれた覚えのない支配から離脱することなどできないからである。われわれは貴方らの支配を受けいれたことはないし、今後も受けいれない。……彼〔リンカン〕は奴隷制を廃止するために戦ったのであり、貴方らは奴隷制を維持するために戦う……貴方らの掌中にある物理的力の集積はこれまで一国が手に入れたうちで最大であり、上っ面で小国の守護者だなどといいながら……われわれがもつ自由を粉砕すべくその力が行使されている。われわれは小さな国民であり、貴方らの支配の下で人口は止むことなく減少している……それでもなお、われわれは貴方らの挑戦を受けとめ、北と南のアメリカ諸州が……貴方らの帝国に抗する自由のための戦いに投入したのと……「同じだけの固い決意……そして覚悟をもって」、貴方らと戦うだろう。〔傍線部は原文イタリック〕

ここでもまた大戦の大義が言及される。チルダーズによれば、暴力的にアイルランドを抑え込もうとするやり方は、イギリスが実際には小国の権利なり自決なりのために大戦を戦ったわけではないことを如実に示していた。注目されるのは、チルダーズがアイルランドに同一化して「われわれ」を連発していることだろう。今や彼はイギリスの支配に武力をもって対抗しようとする「アイルランド人」だと自覚するに至っていたのである。

プロパガンダ活動の場は、もちろん、『ブルティン』だけではなかった。独立戦争期のチルダーズが世に送り出した最大の成功作が、数万部の規模で流通したパンフレット『アイルランドの軍事的支配』である（もともとはイギリスのリベラル系日刊紙『デイリ・ニューズ』に掲載）。冒頭で、チルダーズはイギリスによる「軍事的支配」は、「組織化された軍」と「物理的にはほとんど無力だが精神的には不屈の非軍事的住民」との間の「戦争」に他ならない、との情勢認識を掲げ、「共和国」に交戦当事者＝「一人前の国家」のステータスを認めることを避けるため、「戦争状態」の存在を否定していたイギリス政府に真っ向から反駁する。そして、「軍事的支配」の不当性が大戦への論及を通じて指弾される。「アイルランドを苛み堕落させるどんな権利をイングランドはもっているというのか？　これは恥ずべき行動である。抑圧された諸国の自由のために五年にわたって戦争をしたのだ、と公言しているのだから、なおさら恥ずべきである」。アイルランドにおいて戦争目的を実践的に裏切ることで、「イングランドは自身の民主主義の墓を掘りつつある」。

こうした悲惨と荒廃のすべてが……イングランド人自身の身勝手な戦略的目的のためだけにつづけられているという考えは、イングランド人にとって苦いに違いない。いつになったら彼らの良心は揺さぶられ、彼らの目は開くのか？　いつになったら彼らは自分たちが不可能なことを試み、自身を堕落させていることを理解し、この国が今は戦争の中で甚大な困難と制約を伴いながら追求しているもの、すなわち自立的な自己発展を、平和裏に追求することを許すのか？

アイルランドには、「偉大な民主主義の道徳的支持」に依拠し、「剣による前進」を達成している政府と、「野蛮な力のみ」に頼る政府とが並存している、という対抗国家の存在を前提とする認識に立って、チルダーズは後者の敗北は不可避だと結論する。「イングランドの政府」は、「自らが非合法の存在とした政治的理想を抱く者たちにとって代わられるしかない」。

## 3　プロパガンダの成果

改めて整理するなら、暴力的にアイルランドを抑え込もうとするやり方は、大戦の戦争目的（小国の権利ないし自決権）がイギリスにとってうわべの美辞麗句にすぎなかったことを証明している、これがチルダーズの把握であり、戦後の秩序構築の規範となった自決原則を実現するための戦争として、独立戦争は正当性を付与された。独立戦争が大戦の余燼《よじん》の中で戦われた「戦後の戦争」だったことは、大戦を参照項としてアイルランドを論ずる者が他にも少なくなかったことからもわかる。第2章第三節に登場したフィリップ・ギブズもその一人である。「小国のチャンピオン、自由の友を自称し、諸国民の自決に誓いを立てたイングランドは、数十万のアイルランド人が帝国のために戦った戦争の後に、アイルランドでプロイセン的な政策を採用した」。独立戦争へのイギリス政府の対応は「国際連盟の根本的な約束であった「諸国民の自決」の蹂躙」に他ならない。自決がキーワードとなっていた時代において、こうした立論はイギリス政府を包囲する国際的な世論の醸成を促した。

一九二一年二月、国民議会政府の広報局長だったフィッツジェラルドの逮捕・投獄を受けて、チルダーズが局長代行の任を担うこととなる。同年五月に国民議会議員となった後には、正式に閣僚としての広報相に就任した。まさにシン・フェインの中枢に位置を占めたわけであるが、彼の登用に違和感を抱く者は少なくなかった。その代表格であったグリフィスの見方では、チルダーズはあくまでも「不機嫌なイングランド人」であって、「共和国」の公的地位には相応しくない。どれほどチルダーズがプロパガンダ戦に成果をあげようとも、アウトサイダーに対する不信感が払拭されることはなかったのである。とはいえ、さきに見た「われわれ」の連発にも示される通り、チルダーズ自身は「アイルランド人」の自覚をすっかり強めており、国民議会議員に求められる「共和国」への忠誠宣誓を行ってもいた。「共和国」に忠誠を尽くす自分は「アイルランド人」に他ならない、との思いが彼の胸に根づいていたであろうことは想像に難くない。

一九二一年八月一七日の国民議会で、プロパガンダの成果に関しチルダーズは強気な認識を示した。「[ヨーロッパ諸国の一一七の新聞のうち]アイルランドに敵対的と明確に特徴づけうるものは八つのみです。四八の新聞ははっきりとアイルランドを支持していると見てよいでしょう。残る約六〇の新聞は中立ながら、アイルランドのニュースを大きくとりあげ、総じて公平に論じています」。数値の当否については議論の余地があるだろうが、自決のプロパガンダが軍事的劣位を補ううえで大きな役割を果たしたことは間違いない。

ただし、プロパガンダが描く独立戦争の「実態」に強くバイアスがかかっていたことも見逃されるべきではない。繰り返し力説されたＩＲＡへの「国民的支持」は、プロパガンダがいうほど強固でも広範でもなかった。もちろん、それなりの数のシンパがいたからこそ、ＩＲＡはゲリラ戦を展開できたのだが、無関心や嫌悪感、恐怖感をもってＩＲＡに臨む者たちは決して少なくなく、地域差も大きかった。ＩＲＡがある程度以上の支持を期待できる地域は、ダブリンを別にすれば、マンスターとコナハトの一部に限定されており、戒厳令が八つの州(コーク、ケリ、リムリック、ティペラリ、クレア、キルケニ、ウェクスフォード、ウォーターフォード)だけに敷かれたのは、こうした事情を反映している。さらに、人口の二割以上を占めるプロテスタントはＩＲＡへの「国民的支持」とは縁遠かった。圧倒的多数の国民が結束してゲリラ戦を支えた、といった語りはフィクションでしかない。また、プロパガンダは専ら治安勢力の暴力をとりあげたが、暴力の凄惨さという点では、ＩＲＡも遜色はなかった。ＩＲＡが治安勢力のみならず文民に対しても容赦なく暴力を行使したことを、改めて想起しておきたい。

## 第四節　ダーティ・ウォー

### 1　アイルランド統治法

一九一九年一一月四日、イギリス政府は新たな自治法案＝アイルランド統治法案の骨子を決定した。アルスター九州と「南部」の各々に自治権を与えること、具体的には、ベルファストとダブリンに議会と行政府を設立すると同時に、両者の連携のために全アイルランド評議会を置くことが眼目である。ヴェルサイユ条約が締結され、まだ大戦は終わっていないと主張することが難しくなる中、戦時を理由に棚上げされていた一九一四年自治法の執行を強いられる事態を回避するために用意された法案であった。

議会への法案提出の直前には、ＵＰ指導者ジェイムズ・クレイグ(8)の要求に沿って、アルスターの九州すべてではなく、六州（カソリックが多数派を占める三州を排除、六州全体ではプロテスタントが六六％）

（8）　大戦では第三六師団の士官として従軍、カーソンの後任のＵＰ党首となり、北アイルランドの初代首相に就任する。

だけが自治の単位＝「北アイルランド」を構成することに変更された。カソリックをはっきりと少数派にしておく狙いからである。南北分割に強く反対してきたＩＰＰが泡沫政党と化し、シン・フェインが登院しないイギリス議会に反対勢力はなきに等しく、統治法は一九二〇年一二月に成立、アイルランドは北アイルランド六州と「南部」二六州に分割され、「二つのアイルランド」という今日までつづく構造がここにできあがった。ただし、ダブリンの南アイルランド議会を開設できる見込みはなかった。

## 2 「ブラック・アンド・タンズ」と「オーグジリアリズ」

「ガンマン」「テロリスト」等と呼ばれたＩＲＡ活動家を抑え込むための強圧策も、同時進行的に考案されていった。イアン・マクファーソンに代わり、ハマー・グリーンウッドが新しいアイルランド担当相に就任する（一九二〇年四月）のに合わせて、総督府の中核メンバーは一新されるが、治安の再構築に向けて陣頭指揮をとることになるのが、駐留軍総司令官ネヴィル・マクレディとＲＩＣ顧問（二〇年一一月からＲＩＣ長官）ヘンリ・テューダーである。後者を推薦したのはチャーチルであった。

焦点はＲＩＣのテコ入れである。離職者と死傷者が続出してＲＩＣは規程通りの勢力を維持できなくなり、残った警官たちの間でも士気の阻喪と規律の乱れが顕在化していた。ＲＩＣの弱体は明らかだったが、しかし、ＩＲＡに対処するのはあくまでも警察の任務であり、駐留軍の役割は補助的なものにすぎない、というスタンスをイギリス政府は改めようとしなかった。軍が前面に出ると、アイルランドに「戦争状態」が存在することを認め（イギリス政府はあくまでも「反乱」だと主張した）、結果的に国民議会に交戦当事者のステータスを与えることになると懸念されたためである。同時に、大戦終結から間もないタイミングで軍の負担を増やしにくく、しかも、ロシアの内戦やイラクの騒乱、国内の労働争議への対応が優先されていた、という事情もあった。グローバルに広がる「戦後の戦争」によって、独立戦争への対処が制約されていたわけである。

こうした条件の下、決定的な一歩となったのが一九二〇年一月にRICへのアイルランド人以外のリクルート(臨時雇用)を開始したことであり、テューダーもこの方針を継承した。直前の時点のRICの勢力が約九三〇〇人(全員がアイルランド人、大半がカソリック)だったのに対し、新たにリクルートされた非アイルランド人(大半はイギリス人、カソリックは八%)は一九二一年半ばまでにほぼ九〇〇〇人に達した。つまり、RICはもはや「アイルランド人がアイルランド人を取り締まる」組織ではなくなったのである。そして、新規参入者の九割程度は、大戦から戻ったものの雇用が得られずにいた労働者階級出身の復員兵であった。相対的に給与が高く(週給三ポンド一〇シリングに加えて各種手当)、昇進の可能性があり、年金も得られる警官の職は魅力的であり、臨時雇用だったため、適性のチェックは杜撰で、教練も数週間で済ませられた(通常は六カ月間)。彼らが「ブラック・アンド・タンズ」(以下、タンズ)と呼ばれるようになったのは、制服の供給が間に合わず、RICの制服と陸軍の制服が混じっていたことに由来する。

タンズに加えて、一九二〇年七月にはこれまたほとんどがイギリス人の復員士官から成る二二〇〇人規模の「補助隊《オーグジリアリ・ディヴィジョン》」(以下、オーグジズ)がRICに設置される。大戦中に戦功顕彰を受けた者が二八一人も含まれ、週給七ポンドという破格の高給を与えられるオーグジズは、文字通りのエリー

図3-4　探索活動中のタンズとオーグジズ

ト部隊であった。オーグジズとタンズはしばしば一括して名指されるが、タンズがあくまでも通常の警官と行動をともにすることを原則としたのに対し、重装備を施されたオーグジズは、機構上はＲＩＣの一部だったものの、ＩＲＡ鎮圧のための独自行動を許され、組織編成も陸軍に準じていた。教練期間はタンズよりは長いとはいえ、それでも六週間程度だった。銃による武装を常とした点で、ＲＩＣはもともと軍隊的性格が強かったのだが、復員兵・士官が大半を占めるタンズとオーグジズのメンバーは、形式的には警官でありながら、実態のうえでは限りなく兵士に近く（しばしば駐留軍と共同行動をとった）、しかも兵士に適用される規則の対象外であるから、恣意的に暴力を行使できた。ＲＩＣ指導部による統制も行き届かなかったこれらの臨時特別部隊は、ＩＲＡと同様、パラミリタリに類する存在だったといってよい。イギリス政府はパラミリタリを活用して独立戦争に対処しようとしたのであり、「警官を装う兵士」が発動する惨烈な暴力は独立戦争後期の一大特徴となる。政治の「軍事化」が行き着いた先であった。

ＩＲＡと直接的に対峙する勢力の中心がアイルランド人警官から主としてイギリス人から成るタンズとオーグジズに移行した事実は、アイルランド人同士の抗争の段階からアイルランド人対イギリス人の構図が前面に出る段階へと独立戦争の性格が変化したことを意味する。ただし、タンズやオーグジズに加わったアイルランド人復員兵もいたこと、タンズやオーグジズと一緒になって暴力行為に及んだアイルランド人警官も少なくなかったことには注意が必要である。独立戦争から内戦的な性格が失われることはなかった。

## 3　報復

一九二〇年夏頃から、タンズとオーグジズを中心とする治安勢力は、殺害、暴行、略奪、焼き討ち、等、IRAも顔色なしの激しさでゲリラ戦への報復を開始する。周囲の全員が「敵」に見える環境に置かれた武装集団にとって、警官の規律コードなどないも同然であり、IRAの同調者と目された文民はもちろん、IRAと無関係な文民さえ報復の対象とされた。カソリックは誰でも潜在的な叛徒だ、といった粗雑な認識がまかり通ったのである。たとえば一九二〇年一一月二一日の「血の日曜日」、IRAによる一二人の殺害を受けて、容疑者の探索に乗り出したオーグジズは、ゲーリック・フットボールの試合が行われていたダブリンのクロウク・パークで無差別に発砲し、IRAとのつながりなど確認できるはずもない選手や観客十数名を虐殺した（負傷者も多数）。反イギリスの国際世論に火を点け、結果的にIRAへの支持が広まったという意味で、治安勢力がIRAの設定した土俵に乗ってしまったことを示すエピソードであった。事件の余波で、グリフィスやマクニールが逮捕されるが、直後の二八日には今度はIRAがキルマイケルでオーグジズのパトロール隊全員を殺害した。治安勢力による報復はその後もつづき、特に悪名高いのが一九二〇年一二月一一日のコーク市中心部の焼き

図 3-5　焼き討ちされたコーク市中心部

討ちである。

もちろん、タンズやオーグジズの誰もが嬉々として報復に励んだわけではない。とあるオーグジズのメンバーは、辟易とした思いを母親に伝えている。

> コークの焼き討ちと略奪に、嫌々ながら参加しました。……このところの一六日間にＲＩＣ「オーグジリアリズ」が実行したほど凄まじい殺害、放火、略奪を目撃したのは、人生で初めてです。……フランスやフランダースで同じような場面を見たことがある多くの者たちがこういいます。コークに対して行われた懲罰行動とは比べものにならない、と……報復は必要です……しかし、すべきでないことがたくさん行われています。

西部戦線さえ比較にならぬほどの凄惨さだというのである。嫌悪感を表明する者はいたが、しかし、当事者の間では、報復はＩＲＡの「卑怯」なゲリラ戦へのやむをえぬ対応策として、あるいは殺害された同僚のための復讐として、総じて正当化された。アイルランド担当相オフィスが警官に配布していた『ウィークリ・サマリ』（一九二〇年一〇月八日号）には、典型的な正当化の議論が見られる。「報復は間違っているが、まったく偶発的に生ずるのではない。報復は、自らがつくりだしたテロリズムと脅迫というスクリーンの背後に隠れる暗殺者たちが、野蛮で臆病なやり方で警官を殺害したことの帰結である。警官の殺害が報復を生むのである」。

「蛮行」とも呼ばれたタンズやオーグジズの凄まじい報復は、なぜ起こったのだろうか？　大戦経験によって病的な暴力志向をもつに至った者たちがタンズやオーグジズを構成したからだ、といった説明は同時代から広く語られたが、原因はもっと複合的である。考慮すべき点を列挙するなら、ＲＩＣ指導部による統率の弱さ、大戦経験も即成の教練もゲリラ戦への対抗にはほとんど役に立たないことへの苛立ち、周囲の地域住民に敵視・蔑視されることから生まれる疎外感、同定しがたい「敵」に取り囲まれる緊張感、奇襲を警戒して休暇中さえバラックに籠らざるをえないことに起因する不満の鬱積、等、がある。また、タンズとオーグジズの導入以前からＲＩＣの規律が崩れており、従軍経験者をほとんど含まないアイルランド人警官が、マッカーテン殺害のような報復を実行していたことも重要だろう。タンズやオーグジズはむしろこうした前例に倣ったのである。報復は幾多の条件が重なったからこそ行われたのであって、大戦で精神のバランスを失い、平時に適応できなかった犯罪者や前科者がアイルランドで暴力衝動を爆発させた、といった解釈は単純にすぎる。

当初のうちこそ報復は当事者たちの自発的な行動だったが、間もなくＲＩＣ指導部はそれを促すようになる。テューダーが作成した覚書にはこうある。「ＩＲＡと称する殺人者集団に抗する最高度に思いきった行動をとるにあたり、ＲＩＣは全面的なサポートを受けるであろう。これらの殺人者は容赦なく追及され、彼らの組織は躊躇なく抑圧されねばならない」。さらに、イギリス政府も報復を実質的に是認していた。帝国参謀幕僚長ヘンリ・ウィルソンは日記にこう記す。「マクレディがいうには、テューダーの下のブラック・アンド・タンズの士官たち〔ママ〕は皆殺し屋である……彼らが引き起こす恐怖は……シン・フェインにもひけをとらない。これらの殺し屋はウィンストン〔・チャーチル〕とテューダーの発明品だが、対抗テロリズムによってアイルランド問題を解決できると信じているお偉方がいるとは、想像を絶することだ」。ここで名指された陸・空相チャーチルは、閣議で「報復行動を非難すべき理由はありません」と明言し、ロイド・ジョージも次のように語っていた。「アイルランドのような騒乱状態において、警官の殺害に加担したと疑うべき充分な理由のある人間を警官が撃ったからといって、彼を罰することはできません。この種のことには、報復によって対応するしかないのです」。もちろん、政府は公式には報復を否定したが、実際はそれを容認し擁護さえしていたのであり、パラミリタリの恐怖と暴力がアイルランド統治の要となっていたことは否定できない。政府もまた「軍事化」に一役買っていたのである。

報復を正当化する理屈として常套的だったのは、シン・フェインとボリシェヴィズムを結びつける議論である。たとえば、一九二一年二月二一日の庶民院でアイルランド担当相グリーンウッドは以下のように発言した。

これまで何年にもわたって、そして今でも、シン・フェインの過激派とアイルランドにおけるソヴィエトの仲間たちは、われらが帝国に打撃を与えることを企んできました。アイルランドでは特筆すべき水準までソヴィエト主義が高まっています。凄まじい結果を伴う計算ずくの野蛮な放火と殺人の方針を、デ・ヴァレラ氏も他のシン・フェイン指導者も非難しないままです。この方針を案出した者たちが望んでいるのは、恐怖によってイギリスの国民と政府を屈服させることです。私たちは今、この暗殺者の方針と戦っているのです。そして、世界中に、イギリスにもエジプトにもインドにも、邪悪な思いとともにこの戦いを注視している者たちがいます。

ゲリラ戦を国際的な革命運動の一環と位置づけ、革命的陰謀への反撃の必要性を訴えるわけである。「大逆」の徒であるケイスメントを引き合いに出して、ドイツとの連携を追求したナショナリストの「前科」を指摘することもあった。『ウィークリ・サマリ』は、IRAは「アイルランドと帝国の敵」、「文明と社会生活におけるあらゆる良識の敵」であるから、「どのような犠牲を払ってでも粉砕しなければならない」と断定している。また、「戦争状態」を否定するイギリス政府の立場からすれば、IRA活動家は「敵国の兵士」ではなく、あくまでも「犯罪者」であった。IRAが「非正規」の暴力集団であることを強調し、報復を正当化せんとするのである。

総督府の司法制度が機能不全に陥り、司法手続きでIRA活動家を処罰しにくいことも、報復を正当化する理由に持ち出された。マクレディの言い分はこうである。「司法の機構が崩壊させられてしまった今、RIC警官は矯正と処罰のためのたしかな手段が失われたと考えている。彼らが自身の決断によって行動したとしても、それは人間としてごく当然のことだ」。独立戦争の一方の側面＝対抗国家構築が他方の側面＝ゲリラ戦への対応のあり方を左右する要因になっていたのである。さらに、大戦の記憶も報復を是認する根拠として言及された。グリーンウッドには次のような発言がある。「大戦の時期の苦々しい思い出を忘れることはできません。アイルランドの反乱ゆえ、わが国の兵士一〇万人をアイルランドに駐留させることが必要となり、こうしたシン・フェインの敵対の結果、勇敢な若者たちの生命が犠牲を強いられたのです」。

## コラムC　フランク・パーシ・クロツィエ

クロツィエの前半生は、戦闘から戦闘へと渡り歩くものであった。一九〇〇年から南アフリカ戦争に従軍、つづいて、西アフリカ・フロンティア軍の士官としてナイジェリアで軍務にあたり(〇五年まで)、さらにイギリスでも軍事教練を担当した。カナダでの農業経営に挫折した後、創設直後のUVFに加入し、西ベルファスト連隊の特務セクションの指揮をとった。西ベルファスト連隊は第三六師団の王立アイルランド・ライフル連隊第九大隊の中核を構成することとなり、クロツィエはソンム初日(一九一六年七月一日)に大隊長代行として突撃を命じる役割を演じた。一九一六年一一月からは第四〇師団第一一九旅団の指揮をとり、「フランスの戦場で最悪」と評された旅団を立て直す。受けた戦功顕彰は数多い。一九一九年一〇月からはリトアニア陸軍の再編と教練に従事するが、二〇年三月に中途辞職した。

独立戦争が激化すると、クロツィエはオーグジズの首席指揮官に就任する。一九二〇年一一月頃からオーグジズの「蛮行」を察知し、調査を開始したが、交通事故で療養を余儀なくされている間に、オーグジズによるコーク焼き討ちが発生した。その後も「蛮行」は後を絶たず、しかも、テューダーがそれを擁護したため、一九二一年二月一九日にクロツィエはポストを辞し、「衝撃的スキャンダル」としてジャーナリズムを賑わした。「良質で強力な軍政統治」こそ必要だと主張する強硬派だったクロツィエから見ても、報復には目に余るものがあった。辞任を申し出るテューダーへの手紙には以下のようにある。「私は今でも、職務を遂行する際に警官が窃盗に及ぶなどということはあってはならないと考えています。正直なところ、そのような行為が大目に見られる集団とかかわりをもつのは不可能です」。

イギリス政府に軍政統治を敷く覚悟はないと判断した彼は、ならばアイルランドを自立させるしかないと考え、ホーレス・プランケットのアイルランド自治領同盟に加わる。また、独立戦争の休戦協定が結ばれる前日にデ・ヴァレラおよびチルダーズと会談した際には、地理的にイギリスと近接するアイルランドの完全独立は不可能であると強調するとともに、「完璧に誠実」なチルダーズがおよそ妥協のできない人物であることを見てとった。その後もクロツィエはチルダーズに著書の出版に関する助言を求めているが、条約交渉の渦中にあったチルダーズには対応する余裕はなかった。

オーグジズへの入隊者とことばを交わすクロツィエ(右)

一九二三年総選挙に労働党の支援を受けて立候補するも落選、その後はガンジーを信奉する平和主義者として活動する。一九三一年刊の『ガンジーへのことば――アイルランドの教訓』では、インドの現状とアイルランドの独立戦争とをパラレルに置き、「人類の幸福」を達成するうえでの暴力の無効性と「愛、寛容、信仰、真理」の必要性を説いた。一九三六年以降は絶対平和主義を掲げる平和誓約同盟の中心メンバーとなった。しかし、一九三〇年刊の回顧録では、「わが国なりの条件や気質に適応したムッソリーニ的ななにかが不可欠」との見解を述べており、コワモテの軍人から平和主義者へと変貌した、といった単純な図式には収まらない。大戦や独立戦争を経て平和主義に至った人物が、「ムッソリーニ的ななにか」に期待をかけざるをえない同時代の錯綜した現実が読みとられるべきだろう。

とはいえ、報復は「やりすぎ」だとの声も総督府首脳の間にはあった。RIC指導部にしても、報復を野放しにしたわけではなく、七六六人を規律違反で解雇、二人を殺人の罪で処刑している。オーグジズの首席指揮官フランク・パーシ・クロツィエ（コラムC参照）が、目に余る「蛮行」とそれを擁護するテューダーに抗議して辞職する事態も生じた。「警官を装う兵士」の無軌道ぶりを批判的に見ていたマクレディは、ヘンリ・ウィルソンにこう書いている。「今行われている丸ごとの焼き討ちはまったく、少なくともほとんど、役に立たないだけでなく、彼らがあまりにも統制から逸脱しているため、イギリス軍の半分を出動させて彼らを駆逐することが必要になる日が来るのではないかと懸念しています」。実際、続発する暴力的な報復は、IRAの活動にも劣らず、治安維持の重大な障害となっていった。一九二一年二月二五日のロイド・ジョージからグリーンウッドへの手紙は苦渋に充ちている。

王立アイルランド警察（RIC）およびその補助部隊の規律の現状は、私を満足させるものではまったくありません……住民を守ることが任務であるにもかかわらず、アイルランドの警察の一部には、もはや法を守護するのではなく、住民に対して自ら非合法行為の罪を犯している者たちがいます……貴方および貴方の配下を私は全面的に、変わることなくサポートしてきました。しかし、RICの特定の部隊を疑いもなく特徴づけている暴力と規律の乱れにできる限り迅速かつ徹底的なやり方で終止符を打つことは、決定的に重要です。

独立戦争の泥沼化はパラミリタリの投入という政府の方針の帰結に他ならず、表面化してきたのは自分で自分の首を絞める事態であった。

## 4　報復批判

イギリスのジャーナリズムが報復を批判的に報じるようになるのは、一九二〇年九月以降である。いったん知られるようになれば、報復にはイギリス世論にショックを与えるに充分なインパクトがあった。暴力的な報復によって自決の要求を抑え込もうとするやり方を容認することは難しく、たとえば一九二〇年九月一二日の有力日曜紙『オブザーヴァー』は、「世界におけるイギリスの道徳的地位の著しい低下」を指摘した。

暴力を専らＩＲＡに帰してきた論調を一九二〇年九月に大きく転換させ、それ以降はイギリスにおける報復批判の先頭に立った『タイムズ』は、同年九月二七日にミーズ州トリムで行われた報復を次のように伝えた。

今朝早く、小さな町トリムに二〇〇人規模の「ブラック・アンド・タンズ」が投入され、……シン・フェインに共感を抱いていると言い立てられる者たちの店舗や会社の建物を特定したうえ、それらすべてで略奪や強奪を行い、火を放った。今日の正午に私が町に到着した時には、フランスの戦闘区域の爆撃を受けた町にそっくりであった。家財道具は町のメイン・ストリートに積み上げられ、家屋ではまだ火がくすぶっていて、人々は衝撃でパニック状態にあった。……仕立屋が通りに引きずり出され、彼の息子のシン・フェインの居場所を問われた。知らないと答えると、銃剣を胸に当てられたという。一人の「ブラック・アンド・タン」が、「この乞食を突き刺せ」といったとのことである。郵便屋が、この老人を助けてやってくれと訴えると、彼らは彼の家のドアを壊し、すべての部屋に入ってあらゆるものを破壊した。
この引用でも西部戦線が言及されているが、報復批判にあたっても、大戦の時にはベルギーでのドイツの所業を非難していたはずのイギリスが今ではアイルランドで同じことをしている、といった指摘が頻繁に為された。チルダーズと同様の論法である。たとえば、自由党のジョゼフ・ケンウォーシは一九二一年二月一五日の庶民院でこう発言した。「大戦に勝利したのはドイツです。なぜなら、残虐とプロイセン主義の精神がアイルランドに移植されてしまったのですから」。一九二一年三月二六日

## コラムD　フィリップ・ギブズ

ギブズがジャーナリストとして名を成したのは、大戦報道を通じてであった。陸軍省の公認を得て西部戦線での従軍取材の機会を得た彼は、一九一五年五月から休戦まで、臨場感に溢れた戦場からのニュースを発信した。それまでジャーナリストの戦場への立ち入りは原則として禁止されていたため、従軍報道は銃後の人々にとってきわめて新鮮であった。彼は終戦の段階で最も広く読まれるジャーナリストの一人であって、帝国二等勲位を授けられ、一九一九年末には教皇ベネディクト一五世をインタヴューした最初のジャーナリストとなった。死亡記事にはこうある。「一九一四―八年の戦争の公認特派員として、彼の存在は文民公衆の心や想像力に深く刻み込まれた」。

大戦後にギブズが関心を寄せたのが独立戦争である。宗教的にはカソリック、政治的にはリベラルのイギリス人であった彼のシンパシーは自決を求めるアイルランドの側にあり、独立戦争の実態を広く知

らしめ、イギリス政府の対アイルランド政策を転換させるべく、精力的に論陣を張った。その際に彼が最も頻繁に指摘したのが、「プロイセン的手法」によるアイルランド支配が大戦の大義と矛盾を来していることであった。IRAの暴力も「正当な戦闘の枠を外れて」いるが、しかし、最大の責任を負うべきは、「アイルランド国民の正当な願望」を裏切り、独立戦争という「最も卑劣な種類の戦争」を招いてしまった政府なのである。イギリス国民が総じてアイルランドに無関心だったことも、ギブズの慨嘆を誘った。彼の解釈では、常軌を逸した暴力の応酬も、

フィリップ・ギブズ

政府の恥ずべき姿勢も、国民の無関心も、すべて大戦経験に由来していた。いわば「野蛮化」の集約的な顕在化として独立戦争を捉えたのである。

一九三〇年代には、ギブズは宥和政策の提唱者となった。国際連盟が充分な制裁を科す力を有さない現状では宥和以外の選択肢はないとの判断から、彼はドイツとオーストリアの合邦を容認し、ズデーテンのドイツへの割譲にも支持を与えた。こうした姿勢は大戦への痛切な悔恨から導かれていた。「私は、そして、さきの戦争を生き延びた私のすべての同時代人は、ほとんどどんな犠牲を払ってでも、若者たちが再び大虐殺されるような事態を阻止すると魂と名誉にかけて約束しなかっただろうか？」宥和の姿勢はドイツのチェコスロヴァキア解体によって覆される。

第二次世界大戦後にはジャーナリズムから退く。五〇編近くの小説を発表するが、さしたる評価は得られなかった。彼はあくまでも「世代で最も傑出したジャーナリスト」であった。

のリベラル系雑誌『ネイション』は絶望的な診断をくだす。「イングランド史を通じて暴力への抑止力として機能してきたすべての伝統が壊れてしまった」。

報復を批判した知識人としては、J・L・ハモンド、エドワード・カーペンター、ロウズ・ディキンソン、E・M・フォースター、ジョン・メイナード・ケインズ、シーグフリード・サスーン、A・J・トインビー、ヴァージニア・ウルフ、等があげられる。フィリップ・ギブズも独立戦争を熱心に論じ、『戦争の現実』(一九二〇年)や『ヨーロッパの希望』(一九二一年)をはじめ、独立戦争を扱った著書が複数ある。また、イングランド国教会は和平交渉を呼びかけ、フランス政府やアメリカ政府、さらには国王ジョージ五世もアイルランド情勢への懸念を表明した。こうした著名人の動向を世論と同一視することはできないが、それでも、イギリスの世論もまた総じて報復を嫌忌し、政府の対アイルランド政策を批判する方向で、そして休戦を待望する方向で推移していったと考えることは許されよう。

## 5　エスカレイトする暴力

批判の高まりにもかかわらず、報復はエスカレイトをつづけ、段々と駐留軍も投入されるようになってゆく。一九二〇年一二月一〇日には、「戦争状態」を否定する趣旨で回避されてきた戒厳令が南西部の四つの州に施行され、翌年一月四日に対象は八州に拡大される。文字通りの「戦争状態」であり、「警察を軍が補助する」といったフィクションで対処しえないことは明らかであった。

IRAの行動に国民議会が責任をもつ関係が明確化されるのが一九二一年三月であることは既に述

べたが、そこにはチルダーズがかかわっていた。前年一二月にアメリカから戻ったデ・ヴァレラは報道や政治家がIRAを「殺人者集団」と名指す事態を憂慮し、チルダーズに対応策を諮問したのである。チルダーズが用意した提言の趣旨は国民議会のIRAに対する権限と責任をはっきりさせることにあり、提言に沿って、「共和国」の国軍たるIRAは国民議会の指揮下にあることが公式に宣言された。デ・ヴァレラはこう明言している。「この軍隊は選挙で選ばれた代表による文民統制の下にある国家の正規軍……防衛のための国軍なのです」。この件について、チルダーズは以下のように述べる。

広報局の活動を初めて目にするようになった時、私にとってなによりも衝撃的だったのは、政治の側が軍とその活動に責任を負っていないことでした。これは致命的な過ちでした。なぜなら、軍を「殺人者集団」として描くのが敵のプロパガンダであり、私たちがこの厄介な誹謗中傷に対処しうる唯一の方法は、軍が敢行しているのは正当な戦争であると主張して、この原則をプロパガンダの裏づけにすることだからです。

とはいえ、IRAがこれで正規軍の内実を備えるようになったわけではなく、相変わらず独立戦争の実態はパラミリタリ暴力の応酬であった。多くの「戦後の戦争」も同様であるが、パラミリタリが前面に出る戦争はダーティ・ウォーになりやすい。正規軍の場合、逸脱はあるにせよ、法的・慣習的な戦闘行為のルールに従うのが基本であり、暴力もある限界の中で行使されると想定できたが、パラミリタリはこうしたルールや限界を軽々と踏み越えた。指揮系統が不明確であることが多く、規律も徹底されていなかったし、アイルランドの宗派主義が典型となるように、「敵」や「他者」への憎悪を煽るイデオロギーとしばしば結びついたためもあって、パラミリタリの戦闘では暴力が惨烈かつ無分別に発動されやすい。また、「戦後の戦争」では昨日の味方が今日には敵となることも珍しくなく、味方と敵の区別が不明瞭だったし、暴力は至るところで前触れもなく噴出したから、いつ気を緩められるか、どこが戦場であるかもわからなかった。混沌とした状況の中で唐突に暴力が発動される、こうした「戦後の戦争」の特徴を独立戦争も共有していた。

ＩＲＡの暴力が文民にも向けられたこと、独立戦争の後半には文民の犠牲者が全体の過半を占めたことは本章第二節で指摘したが、文民を巻き込むことを躊躇しなかった点では治安勢力も同様である。タンズやオーグジズの暴力は、ＩＲＡのシンパと疑われた者たちだけでなく、潜在的な「敵」と目されたカソリック住民にも容赦なく行使された。武器をもたない文民へのこうした暴力も、「戦後の戦争」に共通して見られる特徴である。制服を着用せず、正規軍的な集団行動もとらないパラミリタリの戦闘員を非戦闘員と区別することは難しいため、非戦闘員は簡単に戦闘員と認定されてしまい、場合によっては殺害される。独立戦争の場合でいえば、ゲリラ戦と報復の応酬がエスカレイトするほどに文民の犠牲者が増加した。特にその後半、独立戦争は正真正銘のダーティ・ウォーとなっていった。

こうした戦況を、デ・ヴァレラはネガティヴに評価した。ゲリラ戦に散発的な成果があったとはいえ、活動家やシンパと見なされた者たちの逮捕（一九二一年春の時点で五五〇〇人が収監中）や武器の押収の結果、ＩＲＡが戦闘を拡大することは難しくなっていたし、対抗国家構築の最大の達成であったはずの国民議会裁判所にしても、二一年春にはほぼ壊滅状態に追い込まれた。状況を打開するためにはＩＲＡが正規軍に相応しい正面からの戦闘を行うことが必要だ、というのがデ・ヴァレラの判断であった。こうして一九二一年五月二五日に実行されたのが、独立戦争で最大の軍事行動、イギリスによる支配を象徴するダブリンの税関（重要な公文書を収蔵）の襲撃である。公文書を焼き払い、リフィ河畔で威容を誇る支配の牙城に大きな損害を与えた点で、戦果がなかったとはいえないが、兵力が枯渇気味のIRAにとって一〇〇人以上の逮捕者を出したダメージは甚大であった。世論へのインパクトは絶大だったとはいえ、戦況の行き詰まりが打開されたわけでもなかった。

税関襲撃を「限度というものを知らない乱暴な武力行使」であると非難したチャーチルに対し、五月二七日の『ブルティン』でチルダーズは雄弁に反論した。

われわれも国民も、歴史的な建物の破壊には悔恨の念を覚えている。しかし、四〇〇万人もの人々の生命はいかなる建築上の傑作よりも神聖な受託物である。税関とは外国人による専制の拠点なのだ……国そのものが破壊から守られるようになるまでは、あれこれの建物を保全するなどということは問題たりえない。自由は犠牲によってもたらされる。そして、アイルランドは財産においても人命においてもこうした犠牲を払うことを決意している。〔傍線部は原文イタリック〕

今やチルダーズは、建築物であろうが人命であろうが、彼のいう「自由」のためだったら、多大の「犠牲」を厭わない立場にあったのである。

プロパガンダ戦の要であったチルダーズは、当然ながら弾圧の対象になった。一九二一年五月九日には、自宅でフランク・ギャラハーと仕事をしていた時に家宅捜索を受け、総督府に連行された。数時間にわたる収監の後、アイルランド担当次官補アルフレッド・コウプからアイルランド問題の解決法について問われたチルダーズは、そうした問いに応えられるのは「共和国」政府のみであるとだけ返答し、代わってギャラハーの釈放を要求した。コウプはこれに同意し、チルダーズ自身もまもなく釈放される。その後しばらく彼は身を隠すが、『ブルティン』の発行そのものに支障はなかった。ただし、あまりにもすんなりと釈放されたこのエピソードは、かねてからチルダーズに不信感を抱いてきた者たちの「チルダーズ＝スパイ」説に裏づけを与える意味をももった。

純然と軍事的に考えれば、ＩＲＡが治安勢力を打倒する見込みはほとんどなく、それどころか、コリンズの判断では一九二一年夏にも壊滅しかねなかった。とはいえ、「蛮行」への批判が国際的に高まってきている中、イギリス政府としても、暴力的弾圧をさらに継続するのは難しかった。民主主義国家を自負し、自決原則にも支持を表明していた一方で、連合王国の構成部分を軍事占領するなどという方針をとることは、政治的に賢明ではなかった。そもそも、ＩＲＡを軍事的にどこまで追い込もうが、それがアイルランド統治の安定に結びつくとは考えにくかった。となれば、交渉を通じた休戦という方針が浮上してくるはずだが、シン・フェインがいわば勝手に設立した国民議会政府には交渉相手としての正統性がないと断じてきた経緯からすれば、交渉は屈服に他ならず、おいそれととれる選択肢ではなかった。事態を大きく動かしたのが、一九二一年五月五日にデ・ヴァレラと北アイルランドの初代首相になるジェイムズ・クレイグの間で行われた会談であった。会談そのものは成果を生まなかったものの、シン・フェインが強硬なユニオニズムの象徴のような存在であったクレイグとの対話に応じた事実には重みがあった。クレイグと会談した以上、イギリス政府との会談を拒否する理由はデ・ヴァレラにはないはずだ、との想定が成立したことで、真剣に交渉の可能性を模索すべきという判断にロイド・ジョージはようやく達するのである。

# 第五節　休戦と講和条約

## 1　アルスターの「ポグロム」

ここで独立戦争期のアルスターについて見ておきたい。独立戦争とは異なる文脈においてではあるが、アルスターもまた激しい暴力的抗争の舞台であり、一九二〇年七月からの二年間で五五七人（カソリックが三〇三人）が殺害された。犠牲者はベルファストに集中する（四五二人、カソリックが二六七人）。ベルファストの抗争が最も激化したのは独立戦争の講和条約の調印から内戦の勃発にかけての頃であって、犠牲者の過半は一九二二年一―六月に出ている。単一の都市における数値としては驚くべき水準であり、市の人口の四分の一に充たないカソリックに著しく傾いている。

一九二〇―二二年のアルスターは二二―二三年の「南部」に先行して内戦を経験したともいえるが、その暴力的抗争を特徴づけたのは宗派対立であった。顕在化するのは一九二〇年夏、とりわけ重大な事態を引き起こしたのが、本章第二節で触れたマッカーテンの射殺にかかわっていたＲＩＣの警部オズウォルド・スウォンジが一九二〇年八月二二日に「南部」から送り込まれたＩＲＡ活動家によって殺害されたアントリム州リズバーンの事件であり、報復として町のカソリック住民のほとんど全員が家屋や財産を略奪・破壊されたうえで追放された。この例のように、ＩＲＡによる治安勢力への暴力がカソリック住民に対する報復を招く、というのがアルスターの抗争のパターンであった。アルスターへのＩＲＡの浸透は弱く、カソリック住民の支持は依然としてＩＰＰに集まっていたという意味で、彼らをIRAのシンパと見なすのは不正確だったが、報復を企てるプロテスタントはIRA活動家よりもむしろカソリックの文民に対して暴力を発動した。こうした宗派暴力が特に大規模に実践されたのがベルファストの労働現場であり、一九二〇年七月二一日にカソリックの労働者が造船所から暴力的に追放されて以降、こうした事態が恒常化した（トータルで八〇〇〇人以上）。IPPはIRAにアルスターにおける活動の停止を要請したが、IRAは応じようとしなかった。

「ポグロム」とも呼ばれたアルスターのカソリック住民への暴力に抗議する意味で、ダブリンの国民議会政府がとった措置がいわゆる「ベルファスト・ボイコット」、すなわち、アルスターとの交易の禁止である。しかし、こうした経済戦争的な政策は長期にわたって維持しがたかったし、「ポグロム」の防止にとって有効でもなく、むしろ宗派暴力を激化させただけだった。「ボイコット」を受けて、アルスター経済は「南部」よりもイギリスや帝国の市場をターゲットとする性格を従来以上に強めてゆく。国民議会政府は南北分割を拒否していたにもかかわらず、「ボイコット」政策は実質的にアイルランド経済の南北分割を促してしまったのである。

IRAの暴力も「ボイコット」も、自分たちは敵対的な多数派＝カソリックに包囲され脅かされているというアルスターのプロテスタント住民のパラノイアを裏書きする意味をもった。アルスターが自己防衛のスタンスを強化したことは、IRAの脅威を理由に再建されたUVFが南北境界地域のパトロールを一九二〇年夏から開始したことにも示されるが、さらに重要なのは、同年一〇月、IRAに十全な対処ができないRICを補うため、アルスター独自の補助警察としてUSC（アルスター特別警察）が設立されたことである。一九二二年六月には三万五〇〇〇人に達する入隊者は、当初方針では三分の一をカソリックとするはずだったにもかかわらず、実際にはほとんどがプロテスタントであり、UVFメンバーが多かった。USCは、制服を着用するフル・タイムの武装警官（彼らが一九二二年六月設立の王立アルスター警察の中核になる）から成るA、自宅での武器保有を許されたパート・タイムの武装警官から成るB、緊急事態の際にのみ動員される予備警官から成るC、という三つの部門に区分され、カソリックを対象とする多くの暴力沙汰を引き起こしてとりわけ悪名高かったBは一九七〇年三月まで維持される。実質的にプロテスタントの治安警察であったUSCの設立は、IRAへの過剰なまでの警戒感をわかりやすく伝えるが、結局のところ、宗派間の暴力的抗争を鎮静化させるよりは激化させた。こうしたアルスターの事情は、「イギリス対アイルランド」の構図だけでは独立戦争期の情勢を充分に把握できないことを端的に示すだろう。独立戦争の最中にあっても、ナショナリズムとユニオニズムの対立に連動する宗派対立は深刻化しつづけ、南北分割の不可避性を強く印象づけたのである。

## 2　北アイルランドの既成事実化

独立戦争の休戦への追い風は、宗派暴力に揺れるアルスターから吹いてきた。アルスターと「南部」に自治権を与える一九二〇年アイルランド統治法に基づき、二一年五月には南北二つの自治議会の選挙が行われるが、統治法を否定していた国民議会政府はこの選挙を国民議会選挙として利用し、一二八議席中一二四議席をシン・フェインが占める第二次国民議会が成立した。同年六月二八日に開会した南アイルランド議会は、シン・フェイン議員が登院しなかったため、無期限休会となる。ちなみに、チルダーズはこの選挙に出馬して当選した。「アイルランド人」の自覚を強めていた彼にとって、国民議会議員の地位と議員に求められる「共和国」への忠誠宣誓は重要な意味をもったはずである。

北アイルランド議会の方は、UUP四〇議席、IPP系六議席、シン・フェイン六議席という結果となり、ユニオニズムの強さが再確認された。そして、有名無実化した南アイルランド議会とは対照的に、北アイルランド議会は誕生まもない自治国家を支える立法府として機能する。シン・フェインがどんなに頑強に南北分割に反対しても、選挙の洗礼を受けた議員の多数派に支持された首相クレイグを戴く北アイルランドの既成事実化を阻むことはできなかった。そして、休戦交渉の可能性を模索していたイギリス政府にとって、こうした既成事実化は懸案が一つ除去されたことを意味した。国民議会政府と交渉し、仮になんらかの譲歩が必要になるとしても、それは「南部」にかかわるだけであって、北アイルランドは安泰だ、という見通しが得られたことで、交渉へのハードルはたしかに低くなったといえる。

国民議会政府とコンタクトをもち、休戦交渉の仲介役となることを期待されていた南アフリカ首相ヤン・スマッツと事前に打ち合わせをしたうえで、国王ジョージ五世は六月二二日の北アイルランド議会開設に臨席して次のようなスピーチを行った。

私は心の底から祈りたいと思います。今日、私がアイルランドを訪問したことが、人種や信条にかかわらず、アイルランド国民の間の争いに終止符を打つための第一歩となることを。こうした希望をもって、すべてのアイルランドの人々に対し、立ち止まって寛容と和解の手を差し伸べることを、許し忘れることを、そして、愛するこの国のために、平和と充足、善意の新たな時代をつくる作業に加わることを、訴えます。

明瞭な和平のアピールは好評を博し、その二日後にイギリス政府は休戦交渉を提案する。

## 3　休戦

一九二一年七月五日にはダブリンでスマッツとシン・フェイン指導者の会談が実現し（チルダーズも参加）、九日に調印された休戦協定は一一日に発効する。休戦協定を結ぶこと自体に国民議会政府を実質的な政府と、「共和国」を実質的な国家と認める含意があったのだから、これはイギリス政府の側の大きな譲歩だった。譲歩をしてでも早く決着をつけたかったのである。シン・フェインの側でも現実主義的な交渉志向が広がっており、イギリス政府の申し出は渡りに船であった。ただし、休戦協定が発効してもなお、「南部」では警官による暴力沙汰が再三発生した。一九二一年九月二九日の『ブルティン』によれば、休戦協定違反にあたるケースは三桁に達する。

ＩＲＡの執拗な戦闘と並んで、イギリス政府に休戦を促した重大な要因はイギリス国内外の世論の圧力であった。その意味で、アイルランドの自決要求を暴力的に押し潰そうとするイギリスのやり方を大戦の戦争目的に照らして問題化し、反イギリスの世論を国際的に醸成することに貢献したチルダーズは、軍事的には圧倒的弱者であったアイルランドにとっては「勝利」にも等しい休戦を獲得するうえでの立役者だったといってよい。南アフリカ戦争と大戦につづく生涯三度目の戦争こそ、彼が最も力を発揮できた戦争であった。

ただし、独立戦争が「勝利」と呼びうる結果に至ったことは事実であるにせよ、その「勝利」は限定付きだった。休戦によって「共和国」が承認されたわけでも、南北分割を覆す見通しが開けたわけでもなかったし、休戦の段階でIRAは壊滅寸前の状態にあり、対抗国家構築の行き詰まりも明らかだった。そもそも、IRAの活動は地理的にはほぼダブリンと南西部に限られ、「軍事化」の洗礼を受けてシンパとなる者もいたとはいえ、文民の多くがIRAを積極的に支持したとも考えにくい。多数派は、ナショナリズムを漠然と支持し、必要に迫られればIRAを支援しつつも、内心では暴力の頻発に怯え、うんざりしながら、嵐が過ぎ去るのを待っていたのだと思われる。そして、「勝利」の次には仲間同士の血なまぐさい内戦が到来する。

また、休戦はアルスターの宗派抗争をエスカレイトさせもした。国民議会が発行する『ブルティン週刊版』(一九二二年六月一二日号)によれば、一九二〇年以来、ベルファストでは職場を追われたカソリックが八五八六人、住居を追われたカソリックが二万二六五〇人に達するが、前述のように、アルスターの暴力的抗争の頂点は一九二二年前半に訪れた。つまり、独立戦争の鎮静化は、余力の出たIRAがアルスターにおける活動を活発化させ、大規模な報復を誘発したという意味で、アルスターにはネガティヴな影響しか及ぼさなかったのである。統治能力に重大な疑義を突きつけられた北アイルランド政府は、一九二二年五月にUUP議員が射殺された事件を受けて、IRA活動家をはじめとして七〇〇人以上を一斉に逮捕・投獄した。アルスターは実質的に内戦状態にあり、一九二二年六月に「南部」の内戦が始まって、IRAがアルスターに力を割けなくなることで、ようやく緊張が弛む。

休戦の次の課題は講和である。スマッツの進言に沿って、イギリス政府はアイルランドに帝国自治領のステータスを与えて講和に持ち込むことを基本姿勢とするのだが、シン・フェインでも強硬派の立場をとるに至っていたチルダーズには、もはやこの提案は受けいれ可能ではなかった。彼が頑迷なほどの共和主義者へと変貌した背景にはもちろん独立戦争の経験があったが、おそらくそれ以上に重要だったのが、自身への不信感がくすぶるシン・フェイン内で信頼を獲得するため、あえて教条的な姿勢をとった、という事情だろう。アイルランド全島の分離独立を認めるのでない限り、イギリスとの講和はありえない、これがチルダーズの原則論であった。七月五日のスマッツとの会談は、こう回想される。

彼〔スマッツ〕は立ち上がり、強いオランダ訛りの英語で奇妙に唐突に自治領という条件による和平について私の意見を求めました。私は簡潔にはっきりと反対の意を表明し、それだったら国民全員が戦争の方を選ぶと思うと伝えました。

自治領ステータスで妥協するくらいなら戦争をつづける方がよいと「国民全員」が思っている、とはいかにもチルダーズらしい言い分であるが、後にはこの点について自己批判めいたことばも口にしている。「周囲の意見の一致がそれほど完全なものではないこと、国民が外から見える以上に戦争に疲弊していること、指導者の何人かまで……動揺し妥協を受けいれうること、私の洞察力ではこれらを察知できませんでした」。「長い休戦が軍の一部や厭戦的になった国民の士気を失わせる効果を理解していた者は、おそらく私たちの中にはほとんどいませんでした」。休戦とともに、戦闘はもうごめんだという気分が急速に広がっていたのであり、だからこそ、シン・フェイン指導者の間でも、戦闘の再開などありえない、講和条約交渉をなんとしても妥結させねばならない、といった判断が浸透してゆく。自治領では国民は納得しないというチルダーズの判断は、後の展開を考えると、まさに致命的な誤りであった。明らかに彼は自らの原則主義を他者にまで期待しすぎていた。

意見対立は早々に表面化した。七月八日の国民議会政府の会合で、チルダーズは衝撃を受ける。

共和主義の問題に関して要求を弱めることもありうるとの含意を帯びたことばが語られるのを、私は初めて聞きました。特に衝撃的だったのは、そうした趣旨のコリンズの発言でした。自治領の段階を通過することも必要なのかもしれない、というのです。……共和国の放棄がありうるという考えを私はまじめに受けとめられずにおりました……〔傍線は原文通り〕

独立戦争がひとまず終結した直後から、内紛の火種が露呈しはじめていたのである。

## 4 講和条約交渉

一九二一年七月二〇日、ロイド・ジョージは講和条約案の概要を公式に提示した。アイルランドにイギリス海軍・空軍の基地を保有し（アイルランド沿岸の防衛はイギリス海軍が管轄する）、アイルランド人をリクルートし、アイルランドとの間に自由貿易圏を維持し、イギリスの国債にかかわる分担分をアイルランドから徴収する権利をイギリスが保持したうえで、アイルランド（「南部」）に帝国自治領の地位を与える、というものである。加えて、自治領となったアイルランドは、北アイルランドを承認しなければならない。グリフィスを例外に、シン・フェイン指導者の間ではこの提案は拒絶すべきとの意見が圧倒的だった。チルダーズは次のように回想する。

二〇日夜の大半を費やしてこの文書についての討論が行われました……バートンは、大統領がこの原案をダブリンに持って帰り、国民議会に提出することなどできない、なぜなら、提案されているのは共和国の破壊であり、大統領が大逆罪に問われるかもしれないからだ……との率直な立場をとりました。……グリフィスはイギリス側提案に深く心を揺さぶられており、これは大変に重要なオファーであるといった趣旨のことを述べました。しかし、彼はこの提案はきっぱりと拒否されるべきだという全体の合意に疑問を呈しませんでした。単純に拒否して済ませてよい問題ではない、対案を提示すべきだ、と大統領が言い添え、このことも合意されました……

外的連携と呼ばれる対案を中心になって起草したのはチルダーズであった。①いったんイギリスから完全に分離し、独立国となったアイルランドが、自らの意志でイギリスとの関係についての交渉に臨む、②交渉を経てイギリス帝国と関係をもつことはありうるが、その場合でも、アイルランドは帝国自治領ではなく、イギリス国王に忠誠を誓うこともない、という内容である。要するに、仮に一時的にであってもアイルランドが独立国の立場を獲得することが、イギリスとの間で条約を締結するための前提なのである。共和主義の原則は譲らぬまま講和条約交渉の決裂をなんとか回避しようという趣旨の外的連携の提案が、交渉に向けたアイルランド側の基本線となる。

ロイド・ジョージの提案を、これもまた大戦末期から広く用いられていたキーワード＝「被治者の同意による統治」に反するとして、八月二三日の国民議会は全会一致で拒否した。九月二九日には、正式の講和条約交渉を一〇月一一日に開始することが合意されるが、条約の落としどころに関するはっきりとした見通しは共有されておらず、その意味ではいささか見切り発車的な決定であった。

ロンドンの首相官邸での条約交渉に臨んだアイルランド側の代表団は、形式的には全権使節ながら、

図 3-6　条約交渉でロンドンに滞在中の代表団，左端がグリフィス，前列中央がコリンズ，コリンズの背後に立つのがチルダーズ

現実には調印する前に条約草案全文をダブリンの内閣に照会し、その判断を仰ぐようデ・ヴァレラから命じられていた。顔ぶれは、グリフィスを団長に、コリンズと経済担当相バートン、パリ講和会議にも出向いた法律家ダッフィ、コリンズ側近の法律家エーモン・ダガン[9]であり、チルダーズは首席セクレタリとして随行した。バートン、ダッフィ、ダガンは、シン・フェインの最有力者とはおよそいえず、イギリス側はまもなくグリフィスとコリンズだけが実質的な交渉相手であることを見てとる。「共和国大統領」はイギリス国王に相当する地位であるとして、デ・ヴァレラはダブリンに留まったが(この決断の理由については諸説ある)、海千山千のロイド・ジョージやチャーチルを相手にするにしては、代表団の五人が経験不足気味だったことは否めない。

グリフィスをはじめ、イギリス人であるチルダーズの随行に反対する者は少なくなかった。チルダーズ自身も不可避的に妥協が求められる交渉への関与に乗り気ではなかったのだが、セクレタリ業務の知識や経験において彼以上の人材はいないと主張するデ・ヴァレラが反対意見を押し切った。それゆえ、デ・ヴァレラの密偵と見なされ、代表団の中で冷遇される場面もあったものの、文書作成その他に精通したセクレタリはやはり重宝であり、ロンドンのチルダーズは昼夜を問わず精励した。イギリス代表団の相談役だった旧知のエディ・マーシュは、久しぶりの再会についてこう書いている。「協議のテーブルに着いているアースキン・チルダーズを最初に見た時には、心が痛んだ。トリニティにおいて、そしてその後も、私たちはよい友人であり、私は彼がこの世で最も優しい性格の人間の一人であることをわかっていた。しかし今や、目と目が合っても、彼はまったく私を認識しなかったのだ」。チルダーズはすっかり別人に変貌していたのである。

交渉開始に先立って、国民議会政府では受けいれ可能な最低限ラインが合意されていた。その内容を具体化したものが条約草案Aであり、基本は外的連携、イギリスが「共和国」を承認することを前提に、アイルランドは自発的にイギリス帝国と連携関係を結ぶ、ということである。しかし、現実の交渉では条約草案Aからの譲歩を考慮する場面が避けられなかった。譲歩を頑なに拒んだのがチルダーズであり、かねてより不信感を隠さなかったグリフィスにとってはもちろん、交渉を決裂させないことに心を砕いていたコリンズにとっても、彼の影響力を排除することが喫緊の課題となった。グリフィスの態度について、チルダーズの日記にはこうある。

AG〔アーサー・グリフィス〕が草案を変更せよと傲慢に要求する。『砂洲の謎』に関して私を攻撃

(9)　IVメンバーとしてイースター蜂起に参加して逮捕され、釈放後にはIVの課報局長となる。独立戦争の休戦協定の作成にもかかわった。

する。ヨーロッパ戦争を引き起こしたのは私であり、今や私はもう一つ戦争を引き起こすことを望んでいる、という。……私は抗議し、実質的に退任を仄めかした。彼は引き下がった。退任は避けられたものの、同席することも、チルダーズが書いた文書を読むことも拒否するくらいにまで、グリフィスは態度を硬化させていった。

イギリス側は条約草案Aを受けいれず、帝国自治領としての「アイルランド自由国」の設立という提案を堅持した。この提案に関して一大論点となったのが、自由国議会の議員にはイギリス国王への忠誠宣誓が求められるとの規定である。単なる形式とも見える論点だが、シン・フェインの共和主義原則に抵触する意味では重大であった。代表団では、多少の妥協はするが(イギリス国王を連携の長として承認する、といった程度の宣誓は受けいれる、等)、条約草案Aの原則は維持しようとするバートンとダッフィ、忠誠宣誓を伴う自治領ステータスで交渉を妥結させたいと考えるグリフィスとダガンへの分極化が進んだ。前者にとって、自治領ステータスに同意することは「共和国への大逆」に他ならなかった。コリンズは中間派であったが、IRAには戦争の再開に対応する力はもはやないとの認識から、段々とグリフィスに接近するようになる。代表団内に亀裂が走っていること、交渉妥結の一番の障害がチルダーズの原則論であることを看取したイギリス側は、二名(ロイド・ジョージと閣僚もう一人)対二名(グリフィスとコリンズ)の「私的」で「非公式」なセッションという回路を開いた。実質的には、バートンとダッフィ、そしてチルダーズの排除である。代表団メンバーおよびセクレタリの全員が交渉のテーブルに着くのは一〇月二四日が最後となる。

## 5　調印

自治領ステータスという原則は変えぬまま、忠誠宣誓の文言を変更した最終的な条約草案を一二月一日に提示されたアイルランド代表団は、ダブリンに戻って三日の閣議に諮った。バートンとダッフィは、この草案が最終案であるとは限らず、粘り強く交渉をつづければ多少とも好ましい内容で合意できるとの見通しを示し、逆にグリフィスは草案こそ現時点で獲得可能な最善の内容のものであると主張した（ダガンも同調）。コリンズは草案への不満を述べると同時に、交渉決裂は戦闘再開を意味すると告げた。休戦によって駐留イギリス軍が撤退したわけではなく、いつでも戦闘を再開できたこと、そして、時間の経過とともにアイルランドでは戦争忌避のムードが広がっていたことに、改めて注意しておきたい。チルダーズはといえば、草案は「共和国」を放棄させ、アイルランドを将来のイギリスの戦争に巻き込むという意味で屈辱的な内容である、と強硬派に相応しい原則論を述べている。最も重要なデ・ヴァレラの意見は以下のようであった。

大統領は自らの意見として、現在のかたちでは条約を承認できないと述べた。……しかし、修正が施されるなら、名誉を保ったまま条約を承認することも可能かもしれない。彼としては、全権使節がロンドンに戻り、可能であれば講和を獲得することを希望する。……代表団が今為すべきは、それが戦争であるにせよないにせよ、条約の修正が不可能なのであれば、その結果を正面から受けとめる用意があると示すことである。彼としては、七月二〇日の提案の場合と同じように現在の文書にも対応したい。すなわち、受諾できないことを伝え、対案を提示するのである。

デ・ヴァレラの意向に沿って、代表団が現行の草案には調印しない方針でロンドンに帰ったことは間違いない。閣議の趣旨を踏まえれば、代表団が外的連携からかけ離れた内容の条約を結ぶことはありえない、というのがデ・ヴァレラの想定であった。ところが、グリフィスの言い分は違う。閣議では草案に代わるべき合意案についてはなんの提案もなかった。合意されたのは、現行の草案には調印できないことだけであって、草案が修正された場合に調印の是非を判断するのは代表団である。つまり、デ・ヴァレラが外的連携に足りない条約は締結できないと理解していた一方、グリフィスは現行の草案が修正されさえすれば、それが外的連携に達していなくても、調印の可能性を検討すべきと考えていたわけである。ことの重大性に鑑みれば、いかにも詰めが甘いといわざるをえない。明らかなのは、グリフィスにはなんとか条約締結に持ち込みたいとの強い意欲があったことで、この点では、程度の差こそあれ、コリンズも同様であった。

最終段階でバートンとダッフィに強く圧力をかけてきたのはコリンズであった。「条約への調印を拒否した結果、新たな戦争がアイルランドで始まったら、貴方たちはダブリンの街灯柱から吊るされることになる」。ロイド・ジョージが交渉決裂の場合は戦争を再開するしかないと脅しをかけていた中、ＩＲＡの現状を熟知するコリンズの言い分には説得力があった。条約によって将来の共和国樹立に向けた「踏み石」、「自由を獲得するための自由」を獲得するのだ、というコリンズの熱弁によってバートンとダッフィが翻意したため、原則的な主張にこだわるのはチルダーズだけとなった。また、イギリス側が最終草案に若干の修正(忠誠宣誓の対象としてイギリス国王の前に自由国憲法を併記する、等)を施したことで、グリフィスの解釈からすれば、調印の条件は整った。一二月六日、「南部」にアイルランド自由国(「カナダ自治領、オーストラリア連邦、ニュージーランド自治領、南アフリカ連邦と同等の国制的ステータスをもつ」）を設立する旨を規定した講和条約＝イギリス・アイルランド条約が、ついに調印される。

形式上はイギリス国王の統治権に服すものの、この条約によってアイルランドが一九一四年自治法の規定よりもはるかに大きな自立性を得たことは間違いない。革命と呼ぶに値するだけの大きな政治的変化が生じたのである。自由国となって主権＝自決権を得た「南部」は連合王国を離脱し、一八〇一年以来の「グレイト・ブリテンおよびアイルランド連合王国」は「グレイト・ブリテンおよび北アイルランド連合王国」へと再編されることとなる。自由国は独立国に準ずる政治体として国際連盟にも席を占めるのだが、しかし「共和国」が独立戦争に「勝利」した末に得た果実が自由国であった、という展開を、「後退」「理想の放棄」と解釈する者は少なくなかった。また、北アイルランド国家が既成事実化していたためか、条約交渉では南北分割は激しい係争点とはならず、南北の境界について検討する委員会を設置することで落着した。条約は南北分割という現実を実質的に裏書きしたのである。これもまた革命の帰結であった。

条約調印式の際のチルダーズについて、ロイド・ジョージは以下のように回想している。

ロビーの外に一人の男が座っていた。頑強な意志に支えられ、策に富んでよく訓練された精神のありったけの力を使って、合意を目指すあらゆる努力を頓挫させようとしてきたアースキン・チルダーズ氏である。痩せ細った体軀にも、優しそうで洗練された知的な表情にも、穏やかで礼儀正しい物腰にも、この男の中で荒れ狂っている獰猛な熱情を伝える手がかりはなかった。

交渉が重大な局面になると、彼は必ず陰険な役回りを演じた。間違いなくデ・ヴァレラの密使であり、かの空想家からの頼まれごとを誠実に実践した。彼が起草した草稿はいずれも——あらゆる第一草稿は彼によって書かれた——イギリス代表団がコミットする決して譲れない基本的立場のすべてに異議を申し立てた。気質的に妥協ができない種類の人物だったのである。疑いもなく勇敢で確固たる意志の持ち主だが、彼にとって不幸なことに、硬直的で偏執的でもあった。

激務と気遣いを伴う仕事に疲れ果てて、しかし和解という大変な課題が達成されたのだとの幸福な心持ちで、われわれが彼も一緒に長時間座った部屋から出てゆくと、外には失望で陰鬱な表情になり、自分が戦ってきた原則の放棄だと考える事態への怒りを抑えつけているアースキン・チルダーズ氏がいた。

チルダーズを厄介者と見なす立場からの文章だが、「妥協ができない」「硬直的」「偏執的」といった論評は的外れではない。『砂洲の謎』の愛読者だったチャーチルも、「舞台裏では、代表ではないにもかかわらず、アースキン・チルダーズが過激な方針を押しつけようとした」と書いている。彼らの敵意は、チルダーズの母国がイギリスである事実によって増幅されてもいただろう。ケイスメントと同じく、彼もまたイギリスへの背信者と目されたのである。

# 第4章　内戦

自由国軍の砲撃を受けるフォー・コーツ

いわゆる戦間期の両端には、二〇世紀の世界を強く方向づけた内戦が位置している。一方にロシアの内戦、他方にスペインの内戦である。そして、大戦の終結と相前後して世界各地で生じた内戦の一つはアイルランドを舞台とした。独立戦争とその講和条約によって、革命がひとまず成果を収めたことは間違いないが、その直後に、革命をともに戦ったナショナリスト同士が独立戦争にも劣らぬ凄惨な抗争を一年近くも繰り広げたのである。内戦の勃発は決して不可避だったわけではない。帝国自治領という自由国のステータスをめぐる対立をシン・フェイン内で暴力を伴わずに処理することは、充分に可能だった。政治の「軍事化」が独立戦争で頂点に達し、暴力の激しい応酬がつづいた経緯によって、大義のためであれば武力行使もやむなしとする心性が浸透していたことが、内戦の前提条件であった。アイルランドの内戦は大戦の余波であると同時に、革命が亢進させてきた「軍事化」の帰結でもあった。

## 第一節　条約賛成派と条約反対派

### 1　条約論争

条約批准の是非をめぐる国民議会の討論が始まるのは一九二一年一二月一四日だが(翌年一月七日ま

で）、それに先立つ一二月八日に開催された閣議で早くも対立が露呈した。票決で条約批准が閣議決定されたものの、票数は賛成四（グリフィス、コリンズ、バートンに加え、地方行政相ウィリアム・コスグレイヴ(1)）、反対三（デ・ヴァレラ、ブルーア、内相オースティン・スタック(2)）と拮抗していた。

対立はそのまま国民議会に持ち込まれた。一二月一九日の討論で、チルダーズは以下のように発言した。この条約は、国民議会が独立を宣言した「共和国」の放棄を意味する。自由国のステータスは「カナダ並み」と表現されるが、実際に「カナダ並み」に処遇されるわけではない。遠く離れたカナダにイギリスが介入することが実質的に不可能であるのに対し、アイルランドはイギリスに近接しているからであり、アイルランドはイギリスに隷属しつづけるしかない。自分は、「後ろ向きの行進に歯止めをかける」役割を果たしたい。

条約賛成派の急先鋒となったのが、後にチルダーズの運命を決する役割を演じる地方行政副大臣ケヴィン・オヒギンズ（コラムE参照）であった。「共和国」は現状では獲得不可能であり、不満が残るにしても条約を受けいれるべきだ、これが彼の見解であるが、条約賛成派にしても、「共和国」を当面断念する決断を容易にくだしたわけではなかった。オヒギンズは一九二二年九月一八日にこう発言し

(1)　IVメンバーとしてイースター蜂起に参加して死刑判決を受けるが、減刑のうえ釈放され、独立戦争期には地方行政相を務めた。自由国の初代首相となる。

(2)　イースター蜂起のためにドイツから運搬された武器・弾薬の陸揚げを指揮する任務に失敗、独立戦争期には内相代行を務めた。条約反対派に与し、内戦末期に逮捕される。

ている。

私たちはこの国からイギリス人を追い出しませんでした。できなかったのです。……だからこそ、私たちがそれを賭けて戦争を戦った綱領の一〇〇％を獲得できなかったのです。戦いで掲げた旗に書き込まれていたものの一部を、私たちは断念しました。現在の、そして未来のアイルランド国民のためにです。軽々しく、痛みを覚えずに断念した者など、一人もおりません。

苦渋をもって条約を受けいれるプラグマティストであったオヒギンズにとって重要だったのは、自由

### コラムE　ケヴィン・オヒギンズ

第一次国民議会政府の地方行政副大臣を務めたオヒギンズは、条約論争で雄弁に条約批准を訴えた。自由国暫定政府の経済相に就任し、グリフィスとコリンズの死後には、内相としてコスグレイヴに次ぐナンバー2の地位を得る。自由国憲法が批准されると、副首相にも選ばれる。条約反対派への厳しい対処で知られ、公安法の成立を主導、チルダーズの処刑に対する批判への彼の反論（「民主主義を守るためであれば、人命をいくつか犠牲にするのはやむをえません」）は、頑ななまでの強硬姿勢を伝える。一九二一年一〇月の自身の結婚式で付添人を務めたローリ・オコナーを含め、反政府軍兵士を次々に処刑してまでオヒギンズがなにを守ろうとしたのかは、第三次国民議会開会の際の演説から窺うことができる。

私たちは、ここ一世紀半で初めての自前の政権として機能したいと望んでいます。国民に対して責任を負う政府として機能したいのです。この議会には真の議会であってほしいと思います。

暫定政府の経済相として総督府を訪れるオヒギンズ

実行すべきことがこの場で議論され、決定されることを望みます。民主主義に反して物事が決定されることは望みません。……アイルランドを安定させ、アイルランド国民の手中に行政と立法を置くために、〔政府と国民の間に〕どのような関係が存在すべきか、私たちは皆理解していると考えます。

内戦終結後もオヒギンズは内政に辣腕を振るった。「これまで革命を成功させることができた革命家の中で、われわれはおそらく最も保守的な性向の革命家である」という有名なことばの通り、女性の権利についても、検閲についても、酒類消費についても、自由国がはっきりと保守的な国家になってゆく過程で、彼の影響力は大きかった。一九二七年総選挙後には法相と外相を兼務することになるが、直後の七月一〇日、自宅近くの路上でIRA活動家によって射殺された。事件に対応して、八月には当選した議員の登院拒否が非合法化され、この措置はデ・ヴァレラの議会出席を間違いなく促した。オヒギンズの死は、議会制民主主義を自由国に根づかせるうえで重要な意味をもったといえる。

一九七三年五月の大統領選において、フィーナ・フォイルの候補であったチルダーズの息子アースキン・ハミルトンと戦ったフィネ・ゲールの候補はトム・オヒギンズ、ケヴィンの甥であった。アースキン・ハミルトンの勝利は父の無念を晴らした美談としても語られうるが、同時に、このエピソードは、内戦終結から半世紀を経てなお、内戦の当事者ないしその親族が大きなプレゼンスをもつ共和国の政治風土を伝える。

国が共和政体をとるかどうかよりも、自由国に自決の内実が充塡できるかどうかの方であった。彼の見方では、教条的に「共和国」にこだわる条約反対派が脅かしているのは、アイルランド国民の自決権に他ならなかった。

条約論争は容易に決着しなかったが、かつてチルダーズが語った見通し（「共和国」を断念するくらいなら国民は戦争再開を選ぶはずだ）に反して、世論は着々と条約賛成に傾きつつあった。『タイムズ』はこう断ずる。「真実はこうである。誰もが皆、両派の対立に辟易とし、ただ決着だけを考えているのだ」。結局、一九二二年一月七日に国民議会は条約批准を議決する。六四対五七の僅差だったが、これは国民議会の構成が世論を反映していなかったことを意味するだけであって、平和と静穏を求め、条約を支持する世論の強さは、六月の国民議会選挙で明示されることになる。

## 2 自由国暫定政府

条約批准の翌日に書かれたチルダーズの手紙には、次のような一節がある。「共和主義はたわごとではなく現実に存在するものであって、それが破壊されるのを目撃することは私たちにとって悲劇です」。ここには、条約論争の根本が「共和国」をめぐる解釈にあったことが示されている。「共和国」はイースター蜂起によって樹立された、一九一九年一月の「独立宣言」は総選挙結果の重みとともにそれを再確認し、独立戦争中には「共和国」に内実を与える努力が積み重ねられた、したがって「共和国」は実在する、これがシン・フェインの原則的な立場である。この原則に忠実であろうとするチルダーズからすれば、「共和国」に達しない自由国の設立を規定する条約は現状からの後退であって、受けいれられない、という結論に至るのは当然である。さらに、彼の場合、シン・フェインで認知されようとして教条的立場に向かう動機がたしかにあった。しかし、いかに対抗国家を構築したとはいえ、「共和国」は「現実」というよりは「擬制」、いわば「共和国」を要求する意志を顕示するための政治的な「ジェスチャー」である、といった現実主義的な把握を封じ込めることはできず、条約交渉で自治領ステータスが提示されると、現実主義の勢いが増すことは避けがたかった。そこに用意されたのが、自由国は最終的な目標である「共和国」に向けた第一歩だ、として共和主義との折り合いをつける議論であった。シン・フェインの原則的な立場と「共和国」が擬制でしかない実状との間の矛盾が、覆い隠しようもなくなったのが条約論争であったといえる。そして、多数派の支持を受けたのは現実主義の方であった。

僅差とはいえ、条約が批准されたという厳然たる事実を受けて、一九二二年一月一〇日、グリフィスがデ・ヴァレラに代わって国民議会政府大統領に就任した。ただし、国民議会政府は擬制の「共和国」の政府であるから、イギリス政府の立場からすると、たとえ大統領が代わってもこの政府を認めることはできなかった。それゆえ、一月一四日には前年五月以来まったく機能していなかった南アイルランド議会が召集され、統治権を総督府から引き継ぐ受け皿として、コリンズを議長とする自由国暫定政府を選出した。二つの政府が並立する二重権力状態が生まれたわけだが、閣議が合同で行われたため、軋轢が生じることはなかった。自由国発足への道を主導したのは暫定政府の方である（国民議会政府単独の会合は四月二八日が最後）。一月一六日、総督府の置かれてきたダブリン城に暫定政府が入り、アイルランドの統治権はここで公式に移行した。なお、二重権力状態は八月にコスグレイヴがグリフィスとコリンズの地位をともに引き継ぐことによって解消する。

### 3　シン・フェインとＩＲＡの分裂

一月一〇日にグリフィスを大統領とする動議が国民議会に提出されると、条約反対派議員は議場を退出し、これをもってシン・フェインは事実上の分裂状態に入った。一月一二日のシン・フェイン常任委員会選挙では、条約賛成派が一一人を当選させ、三人の当選に留まった反対派を圧倒した。自身も落選したチルダーズは、当日の日記で「手ひどい敗北を喫した」ことを認めている。ただし、二月二一―二三日のシン・フェイン党大会では条約への賛否を争点とする国民議会選挙の実施を三カ月先送りすることが両派の間で合意され、分裂克服のための時間が確保された。暫定政府の成立にもかかわらず、国民議会政府が存続させられたのも、分裂の固定化を避けるための措置であった。暫定政府への一本化は、国民議会政府のみに権威を認める条約反対派を切り捨てることを意味するからである。

統治権を引き継いだ暫定政府の緊急課題は、撤退する駐留イギリス軍に代わる自前の軍事力＝自由国軍の編成であった。ＩＲＡ活動家には条約反対派が多かったため、自由国軍に参加しようとする者は限られ、条約に賛成し自由国軍に加わった者たちにしても、地域に根差し、ゲリラ戦に親しんできた彼らを暫定政府の統制下に置かれる正規軍兵士に移行させるのは容易ではなかった。イギリス軍から武器や装備の提供を受けたものの、当初の自由国軍は数的に小規模であり、教練も行き届かず、軍事力として磐石というには程遠かった。また、駐留軍の撤退は三月末までにほぼ完了したが、条約への賛否にかかわらず、地元のＩＲＡ部隊にバラックを引き渡したため、特に南西部では多くのバラックが条約反対派IRAの管理下に入った。ただし、五〇〇〇人規模のダブリンの駐留軍部隊は、一九二二年一二月まで自由国軍参謀長リチャード・マルカヒの指揮下に残された。

IRAの分裂は不可避だった。条約批准の時点における総司令部の構成を見るなら、条約賛成派がコリンズ、マルカヒ、等の九人、条約反対派はローリ・オコナー(3)、リアム・メロウズ(4)、等の四人であった。経験豊富な幹部は条約賛成に回る傾向があったわけだが、前述の通り、活動家のレヴェルでは条約反対派が強かった。一月一一日、総司令部の四人を含む条約反対派の有力者一二人が、独立戦争のため開かれていなかったIRA大会の開催を要求する。IRAが国民議会への忠誠を誓ったのはあくまでも「共和国」の保持を前提としてのことであり、国民議会の多数派が「共和国」を放棄した以上、IRAは国民議会への忠誠から解放されたのであるから、IRAが今後とも「共和国」の国軍であることを大会で確認し、新たな執行部を選出すべきだ、という趣旨である。前年一二月一七日のオコナーの発言は、条約反対派IRAの立場を端的に伝える。「これまでずっとそうだったように、私はアイルランド共和国の側に立つ。……条約は共和国の否定に他ならない。……われわれは共和国を守っているのだ」。この時点では依然としてIRAの参謀長でもあったマルカヒはいったん大会の開

(3)　イースター蜂起に参加して逮捕された後にIRBと訣別し、独立戦争期にはIRAの工作局長を務めた。分裂後は条約反対派IRAの軍事評議会議長となる。

(4)　イースター蜂起後に逃亡先のニューヨークで逮捕されるが、一九二一年に帰国し、IRAの調達局長を務めた。条約反対派IRAの中心人物となる。

催を許可したが、大会で選出される新執行部が自由国支持派となる可能性は小さいとの判断から、許可を撤回した。

参謀長の許可なしで強行開催された三月二六—二七日のＩＲＡ大会はさながら条約反対派ＩＲＡの旗揚げの場となり、リアム・リンチを参謀長とする新執行部が選出された。暫定政府が条約賛成派ＩＲＡに依拠して編成せんとしていた自由国軍と禁止された大会に結集した条約反対派ＩＲＡ（暫定政府に服従するつもりのない反政府軍）へと、ナショナリストの軍事力が分裂したことが、白日の下にさらされたのである。忠誠の対象は、前者の場合は暫定政府、後者の場合は「共和国」である。ＩＲＢにもこの分裂を押し留める力はなかった。

反政府軍の成立に関連して重要なのは、第一に、かねてからＩＲＡを政治的統制の下に置くべきと力説してきたデ・ヴァレラをはじめとして、政治指導者の影響力が減退してゆくことである。条約反対派の主導権は政治指導者から軍事指導者に移り、デ・ヴァレラが指導力を発揮する余地はごく限られたものとなる。第二に、財政基盤の弱い反政府軍による銀行や郵便局、店舗の襲撃が多発することである。金銭ばかりでなく、不足する武器や食料を奪うための窃盗が、一九二二年春だけで六五〇件以上発生した。こうした事態は、自由国軍が「法と秩序」を錦の御旗とすることを可能にした。

一九二二年四月一四日、ローリ・オコナー指揮下の反政府軍兵士約一八〇人が、複数の司法機関の置かれたダブリン中心部のフォー・コーツを占拠し籠城する。他にも市内のいくつかの建物が反政府軍によって奪われた。条約反対派の頭領たるデ・ヴァレラがまったく関知しない行動であった。この行動は示威を意図したものであって、フォー・コーツを拠点とする軍事作戦が企てられ内戦になだれ込む、といった展開にはならなかったが、それでも、司法の権威を象徴する歴史的建造物の占拠によって暫定政府の面目が丸つぶれになったのは間違いない。イギリス政府も苛立ちを募らせ、イギリス軍を投入せよと求める声も聞かれたが、ＩＲＡの再統一を促しかねないとの判断から、当面は静観することとされた。

また、クマン・ナ・マンも分裂した。一九二二年二月五日の特別大会で条約反対派が圧倒的多数（票決の八六％）を占めたことを受け、条約を支持するメンバーは三月にクマン・ナ・ソールシャ（アイルランド語で「自由の結社」）を設立する。

## 4　「忌まわしいイングランド人」

条約反対派の貴重な論客だったチルダーズに対しては、条約賛成派から以前にも増して厳しい敵意が向けられ、グリフィスが使った「忌まわしいイングランド人」というレッテルが常套句となる。最も効果的な攻撃材料だったのが、イギリス海軍と空軍で諜報士官を務めた経歴である。一九二二年四月二七日の国民議会では、グリフィスがチルダーズを「イングランドの軍事秘密諜報機関で生涯を費やしてきた」と評し、こう付け加えた。「私たちは暗殺されるのかもしれません。しかし、それに怯んだりはしません」。相当に悪質な発言というべきだろう。グリフィスが当初からチルダーズに抱いていた不信感は、条約交渉と批准論争を経て、憎悪へと変わっていた。そして、同様の思いをもつ者は決して少なくなく、こうしたレッテル貼りはチルダーズの運命を左右することになる。

チルダーズの反論を紹介しよう。

私はことばのいかなる意味においてもイングランド人ではありません。まず第一に、私はアイルランド国家への忠誠を宣誓しています。私はアイリッシュ・シティズンであり、アイリッシュ・シティズンであるイングランド人などおりません。そして第二に、私は血統が混じった多くの人々の一人であります。母はアイルランド人であり、両親が死んだため、大変に幼い頃から、ウィックロウで暮らしました。

「共和国」への忠誠宣誓とアイルランド人の母をもちアイルランドで育った来歴とを根拠に自分は「アイリッシュ・シティズン」であると主張した彼は、つづいて生涯を振り返り、一度は「イギリス人化」されたが、ユニオニストから自治主義者に転じ、今では共和主義者になっている、という道徳的・知的な覚醒のストーリーを描いた。

私はイングランドで教育を受け、……その後、庶民院でイギリスの公務員となりました。そこで、人生の初期段階にあった私は完全にイギリス人化されました。……道徳的・知的な確信が得られるにつれて、私はユニオニズムを離れてナショナリズムへ向かい、最終的に共和主義に達しました。

諜報士官であったことは、こう語られる。「大戦期のほとんどを通じて、私が行った仕事は……飛行機に乗り、カメラをもって偵察員の役割を果たす、写真を撮り地図を作製する、偵察報告書を書く、等々です」。趣旨はスパイ疑惑への反駁にある。シン・フェイン加入以降の経歴を語る際には、自分がシン・フェイン幹部から受けた信任が強調された。グリフィスも信頼したからこそ自分をパリに派遣したのではなかったのか、という反論である。

私は運動に深く関与することとなり、デズモンド・フィッツジェラルドが逮捕された後には、広報相の地位に就き、以降六カ月にわたって『ブルティン』を発行しました……一九二一年五月には、故郷が属するウィックロウ&キルデア選挙区からしかるべく国民議会議員に選出されました。そして、休戦後には、私はまた別の責任の重い任務を託されました。すなわち、代表団セクレタリの任務であります。

チルダーズがなによりも訴えたかったのは、諜報士官だった過去を隠したわけでもない自分が広報や条約交渉のような重責をいくつも任されたのは、信頼を得ていたからこそだ、という点だろう。しかし、彼に向けられる敵意や疑念は払拭されず、「イギリスのスパイ」とのレッテルは彼の死までつきまとう。

## 5　再統一の挫折

一九二二年五月二〇日、翌月に予定された国民議会選挙に向けて、コリンズとデ・ヴァレラの間で選挙協定が結ばれたことが発表された。現有議席の比率に即して条約賛成派シン・フェインと条約反対派シン・フェインの統一候補者名簿を用意し、総選挙後には連立政権を樹立する（大臣ポストの五つを条約賛成派、四つを反対派に配分する）との内容であり、込められた狙いは、自由国軍と反政府軍との間で内戦が勃発するような事態を回避して、シン・フェインとIRAの再統一の条件を整えることだった。条約反対派への支持が先細っていたことを考えれば、現有議席を基準とする方針はコリンズの側の大幅な譲歩といえるが、そうしてでも彼は再統一の糸口をつかみたかったのである。コリンズからはこんな大胆な発言まで飛び出した。「国内の結束は外国との条約よりも重要です。もしも結束が条約を犠牲にしてのみ獲得できるのなら、条約は破棄されるしかないでしょう」。イギリス政府の神経が逆撫でされたことは確実である。統一候補者名簿によってシン・フェインの分裂が隠蔽されれば、条約への賛否は重要な争点とはなりえない。国民議会選挙を条約批准の是非を問う事実上の国民投票とし、自由国の正統性を裏づけたいと考えていたイギリス政府にとって、選挙協定が許容できるはずはなかった。国民議会選挙で条約賛成派の優位という現実を条約反対派に突きつけるべきと考えていたグリフィスも、協定への不満を口にした。イギリス政府が駐留軍の撤退停止を示唆するなど、強い圧力にさらされたコリンズは、結局、投票日の二日前、六月一四日に協定を実質的に破棄した。そもそも、根底にあった条約をめぐる対立を打開する見通しがなかった以上、協定が意味したのは問題の先送りでしかなく、仮に協定が保持されたとしても、それがシン・フェインやＩＲＡの再統一を促したかどうかは疑わしい。

投票日（六月一六日）の朝に暫定政府は自由国憲法の草案を発表するが、実は選挙協定以上にイギリス政府を苛立たせたのが、憲法草案をめぐるコリンズの動きであった。条約第一七条には、一年以内の憲法制定を前提として自由国を正式に発足させることが規定され、暫定政府の憲法起草委員会は一月末から憲法草案の検討を進めていた。起草委員長となったコリンズが意図したのは、一口にいえば、憲法によって「共和国」の実質を獲得することであった。自治領ステータスを容認したとはいえ、コリンズは共和主義の理想を捨てたわけではなく、憲法を「共和国」樹立への足がかりとすることを考えたのである。

コリンズの原案には、イギリス国王への忠誠宣誓はおろか、国王の行政権限さえ書き込まれなかった。共和主義憲法以外のなにものでもない、とロイド・ジョージが言い当てたように、条約反対派でも支持できそうな内容であり、イギリス政府からすれば論外であった。ロンドンに呼びつけられたコリンズとグリフィスは、五月二七日、忠誠宣誓を規定しない憲法は条約違反であり、コリンズ＝デ・ヴァレラ協定が想定する連立政権も許容できない、との通告を受ける。五月三一日の庶民院では、二人の面前でチャーチルが恫喝するかのごとく演説した。「このような共和国が生まれる場合には、軍事行動に向けた必須の予備的措置としてダブリンを掌握する、これが政府の決意するところです」。条約の遵守と原案の修正を約束する以外の対応は不可能であって、結局、最終的に仕上げられた憲法草案は他の自治領のそれに準ずる内容となった。イギリス政府の圧力で修正された憲法草案を条約反対派が支持するはずはなく、コリンズ＝デ・ヴァレラ協定も無効化して、その先に展望された連立政権や再統一の可能性も断たれた。内戦回避のための企てが次々と頓挫したのである。

## 6　国民議会選挙

国民議会選挙に向けてチルダーズが発した声明は、条約反対派の立場から選挙を以下のように意味づけた。

……戦争を再開するぞというイギリスの脅しの下でこの選挙は戦われるだろう。グリフィス氏は、争点は「条約の尊重か、戦争への逆戻りか」であろうと宣言している。条約の尊重とは、現存するアイルランド共和国とアイルランドの独立を放棄し、被征服民としてアイルランドがイギリス帝国に組み込まれることへの同意を意味する。
……今の共和国派は、投票では敗れるかもしれないものの、いずれにせよ規模の大きな少数派であって、独立の放棄を無理やり押しつけられることに激しく反対し、独立を奪還するために最大限の努力を行うことを決意している。

選挙結果はチルダーズの敗北予想を上回って一方的なものとなった。条約賛成派シン・フェインの五八議席に対し、条約反対派シン・フェインは三六議席に留まり、一七議席を得た労働党をはじめ、シン・フェイン以外の当選者も概して条約には賛成であったから、条約に賛成する議員が全一二八人の七割以上を占めたことになる。得票数は、条約賛成派シン・フェインが約二四万、条約反対派シン・フェインが約一三万、その他が約二五万である。有権者の多数派は、条約に基づいて成立する自由国が平和と安定をもたらすことを期待したのである。注目されるのは、シン・フェイン以外の得票が多いことだろう。有権者の関心は条約の是非や「共和国」の解釈をめぐる神学論争的な角逐よりも具体的な政策に寄せられ、結果的に労働党が躍進したと考えられる。

以降、条約賛成派はこの選挙結果で暫定政府が信任されたと主張するが、これに対する反論は、イギリスの威嚇ゆえに国民は自由な意志表明ができなかった、国民の意志はイースター蜂起から独立戦争にかけての経緯に示されており、それは一九一八年一二月と二一年五月の選挙で確認されている、といったものであった。とはいえ、いかに反論しようとも、条約反対派が一敗地にまみれた事実は動かない。チルダーズ自身もウィックロウ&キルデア選挙区で最下位に沈んでアイルランドにおける公的な立場を失い、ますます反政府運動に首を突っ込む外国人呼ばわりされやすくなる。原点に立ち返ったかのように、条約反対派は登院を拒否するが、結果的に、民意を受けいれようとしない議会制民主主義の敵というイメージを背負わされた。国民議会を見限った条約反対派がとりうる抵抗の手段は、いよいよ限られてゆく。

## 7　内戦の勃発

内戦の直接のきっかけとなる事件は、選挙直後の六月二二日に起こった。北アイルランド政府の軍事顧問を務めていたヘンリ・ウィルソンが、ロンドンで二人のＩＲＡ活動家に暗殺されたのである。真相は詳らかではなく、ユニオニストの大物軍人を殺害することで、条約への賛否にかかわらず是正の必要性では一致しうる南北分割の問題に注目を集め、シン・フェインとＩＲＡの再統一につなげたいと望むコリンズが個人の責任で暗殺を命令した、との解釈もある。少なくとも条約反対派の仕業と断定できる証拠はなかったのだが、しかし、イギリス政府はあえて責任を反政府軍にかぶせ、六月二三日、フォー・コーツに籠城する者たちへの攻撃を速やかに開始するよう暫定政府に要求した。ロイド・ジョージはいう。「貴方たちは政府を自称しています。……アースキン・チルダーズという一人のイングランド人にアイルランドの統治を手渡したのでしょうか？」ウィルソン暗殺の黒幕はチルダーズだといわんがばかりの、明らかに「忌まわしいイングランド人」のレッテルを意識したことばである。翌二四日のコリンズの回答は即座に行動を起こすことを約束しなかったが、イギリス軍の投入さえ取り沙汰されるに及び、結局、二六日になって暫定政府は自由国軍によるフォー・コーツ攻撃は避けられないとの結論に達する。イギリス政府は自由国軍に大砲その他を援助する意向を表明した。

こうして、危惧されてきた内戦がついに勃発する。

着々と亢進した政治の「軍事化」は自らの信念のために死ぬばかりでなく殺すことも厭わぬ心性を浸透させ、ほんの一年前までともに独立戦争を戦った同志が相争う戦争まで惹起することとなった。総督府の統治機構が崩壊し、代わるべき暫定政府の統治機構が確立途上であったため、暴力を封じ込む力は弱く、平和的な決着を図ることは難しかった。自由国憲法に基礎づけられた立憲政治を速やかに実現することを課題としたはずの第三次国民議会も、内戦の開始に伴い、召集が先送りにされた。ようやく九月に開会する国民議会に条約反対派議員の姿はなく、条約賛成派による事実上の専決が可能となった。翼賛機関と化した国民議会は反政府軍の強権的な抑え込みを図る暫定政府をチェックする役割を果たせず、内戦が陰惨なダーティ・ウォーとなることを許した。内戦という条件の下、真っ当な立憲政治を確立するプロセスが滞るのは不可避だった。

# 第二節　ダブリンの戦い

## 1　内戦の性格

内戦は、条約賛成派にとっては自由国発足途上の混乱期における法・秩序維持のための行動であり、条約反対派にとっては目的を完遂できなかった独立戦争の継続であった。一九一四年に危惧されたような、自治をめぐって正反対の主張がぶつかりあい、宗派対立にも根差す南北間の内戦ではなく、それはかつての同志が路線をめぐって争う内輪揉めに近かった。アイルランド全体を巻き込む戦闘というよりも、ローカルな衝突の連鎖が内戦の内実であった。また、自由国軍にせよ反政府軍にせよ、統率が行き届かず(特に後者にはパラミリタリの性格が色濃い)、士気も決して高くなかった。昨日の同志を攻撃することへの抵抗感は、双方の側に見てとることができる。

戦間期の世界各地で勃発した多くの内戦に比べて、アイルランドの内戦は相対的に小規模であり、終結までの時間も長くなかったが、それでも、独立戦争を凌ぐほどの暴力が行使されたことは否定できず、国民の心理に容易に癒えない傷を刻み込むとともに、アイルランド政治に長い影を落とすこととなる。リアム・リンチの後任として反政府軍の参謀長となるフランク・エイケン(5)は以下のようにいう。「外敵との戦争は国民が有する最も良質で高貴なものをすべて顕在化させる。内戦の場合、顕現するのは卑劣さであり下品さである」。内戦は後味の悪い負の経験であった。

人的犠牲に関する充分に信頼できるデータは存在せず、修正が繰り返されているが、内戦の死者数はほぼ間違いなく一九一六―二一年の対イギリス闘争のそれを上回る。自由国軍によって処刑された反政府軍兵士は七七人に上り、イースター蜂起から独立戦争にかけての時期に処刑された叛徒(イースター蜂起後に一六人、独立戦争中に二四人)よりもはるかに多い。有力な推定では、自由国軍から出た死者は約八〇〇人、反政府軍側の死者は数千人に達し、文民の犠牲者数も独立戦争期を凌駕する。

内戦は三つの段階に分けられる。すなわち、フォー・コーツ攻防戦を焦点としてダブリンの戦いが

(5)　IRA北部第四師団の師団長として独立戦争を戦い、内戦では反政府軍参謀長となって休戦を実現させた。一九三二年以降、自由国および共和国の重要閣僚を歴任する。

展開された一九二二年六月二八日から七月五日まで(第一段階)、南西部の反政府軍拠点へと自由国軍が進撃した七月五日から八月半ばまで(第二段階)、反政府軍の散発的なゲリラ戦を自由国軍が強硬に抑え込み、最終的に休戦(反政府軍の降伏)に至る八月半ばから一九二三年五月二四日まで(第三段階)、である。特に第三段階は、双方が残忍な手法を厭わないダーティ・ウォーの様相を呈する。

## 2 フォー・コーツ砲撃

一九二二年六月二八日午前三時三〇分、フォー・コーツに籠城する反政府軍に投降を求める最後通牒が届いた。反政府軍はこれに応じず、午前四時一五分に自由国軍による砲撃が始まる。砲撃開始の時点で、反政府軍の最高幹部一六人のうち一二人がフォー・コーツに立て籠もっていたが、いったん砲撃が始まれば、彼らがフォー・コーツの外の反政府軍に指示を出すことは実質的に不可能であり、その結果、フォー・コーツ攻防戦と連携する反政府軍の軍事行動はほとんど展開されなかった。ただし、この段階で自由国軍は兵力において反政府軍に劣っており(自由国軍八〇〇〇人、反政府軍一万三〇〇〇人)、イギリス軍から追加的な武器支援を受けつつ昼夜にわたる砲撃をつづけた末、自由国軍がフォー・コーツ内に侵入できたのは六月三〇日になってからであった。

六月二八日には見逃せない出来事がもう一つある。逮捕された反政府軍参謀長リンチの釈放を自由国軍参謀長マルカヒが命令したことである。おそらく、マルカヒはリンチが戦闘を停止させる方向で影響力を行使することを期待したのだが、ダブリンから逃れたリンチは翌日にはリムリックに反政府軍総司令部を設置する。ＩＲＡの再統一に積極的だったため、それに反発するローリ・オコナー等との関係が悪かったリンチは、ダブリンよりも南西部に重点を置く方針を採用したのである。

六月二九日に反政府軍はグレシャム、クラウン、グランヴィル、といったホテルをはじめ、ダブリン市内のいくつかの建物を占拠したが、フォー・コーツとの間でも、これらの拠点相互の間でも、連携は行き届かなかった。また、この日になって、デ・ヴァレラ、ブルーア、スタック、オケリ、といった条約反対派の政治指導者たちが反政府軍に合流した。内戦開始に至る過程で蚊帳の外に置かれたデ・ヴァレラは、イースター蜂起で自らが率いたダブリン第三大隊の志願兵になるとともに、以下の声明を発表した。

現在の状況を招いた責任はイングランドにある。ただそこにだけある。イングランドによる戦争の脅し、わが国民のある者たちは屈服してしまった。現在、暫定政府の軍隊によって攻撃されているのは、屈服せよとの命令を拒み、それよりは死を選んだ人々である。彼らこそわが国で最も良質かつ勇敢な、自由に表明されたアイルランド国民の意志にきわめて忠実に従おうとする人々である。外国の政府の脅迫の下でアイルランドの独立は放棄されねばならない、などと彼らは考えないのだ。

「イングランドによる脅し」と「アイルランド国民の意志」「アイルランドの独立」とを対置する立論は、内戦は独立戦争の継続だとするデ・ヴァレラの認識を伝える。ただし、内戦において条約反対派の政治指導者の影響力はごく限定的であった。

六月三〇日に自由国軍がフォー・コーツ内に侵入し、籠城は解かれた。その際に逮捕されたローリ・オコナー、リアム・メロウズ、リチャード・バレット、ジョゼフ・マケルヴィ、といった反政府軍指導者は、以降の内戦には直接的に関与できなくなる。つづいて、自由国軍は他の拠点への攻撃に移り、大砲や機関銃を活用して立て籠もる反政府軍を圧倒した。ダブリン市内の制圧が果たされた七月五日にはブルーアが銃撃され（翌朝に死亡）、デ・ヴァレラを含め、南西部へと逃れる反政府軍兵士が続出した。リムリックの反政府軍総司令部がダブリンの支援に赴いていた兵力を撤退させたことをもって、ダブリンが舞台となる内戦の第一段階は終結した。

内戦勃発直後にダブリンを離れたチルダーズは反政府軍南部旅団のスタッフ・キャプテンの地位にあったが、事実上唯一の任務は週刊紙『ウォー・ニューズ』の編集・刊行であった。生涯で四度目の、そして最後の戦争の構図を、六月三〇日の『ウォー・ニューズ』で、彼は以下のように描いた。

この戦争を始めたのは誰か？
国王陛下の自由国政府（イギリス政府に従属する自由国政府）である。
攻撃されているのは誰か？
ＩＲＡのアイルランド人同胞である。
彼らはなぜ攻撃を始めたのか？
ロイド・ジョージとチャーチルがそうせよと命じたからである。
この戦争における彼らの盟友は誰か？
イングランド人である。
この戦争における彼らの武器はなにか？
イングランド人から提供された大砲、機関銃、ライフル、等である。

彼らが戦争する目的はなにか？

アイルランド共和国を破壊し、アイルランド王たるイングランド王への忠誠を諸君に誓わせることである。

アイルランド国民よ……この戦争で諸君はどちらの側に与するのか？　たった一つの回答しかありえない。諸君はアイルランドの側に与するのだ。

デ・ヴァレラの場合と同じく、チルダーズも暫定政府を裏で操るイギリス政府との対決を強調した。未完のままだった独立戦争が再開された、これが条約反対派の解釈であった。


反政府軍が内戦で勝利できたとしたら、当初の兵力における優位を活かし、迅速に戦果を積み重ねた場合であったが、それは果たされなかった。自由国軍は七月三日に二万人の臨時兵士の募集を開始し、七月一七日の時点で反政府軍を凌ぐ一万五〇〇〇人規模の兵力に達する（内戦終結までに五万人を超える）。ただし、緊急に増強された兵士は概して経験不足で、曲がりなりにも「共和国」という理想のために戦う反政府軍兵士に比べて戦意も劣っていた。暫定政府議長のポストを辞して（代行はコスグレイヴ）自由国軍総司令官の任務に専念するコリンズと防衛相兼参謀長であるマルカヒとが率いる軍事評議会が七月一三日に統括機関として設置されるが、自由国軍が規律の貫かれる軍事力に変貌したわけではなく、大戦を経験した元イギリス軍兵士に依存しなければならないところは大きかった。内戦の舞台が反政府軍の勢力が強い南西部に移ることを考えても、まだまだ自由国軍が磐石の優位をもつとはいえなかった。それでも、イギリス軍から提供される大砲や装甲車を使うことができた点は、反政府軍にはない自由国軍の大きな強みであった。

## 第三節　「マンスター共和国」の瓦解

### 1　リムリックからコークへ

反政府軍総司令部が置かれたリムリックとウォーターフォードとを結ぶ「リムリック＝ウォーターフォード線」から南にあたる地域こそ、反政府軍の勢力が最も強い、いわゆる「マンスター共和国」であった。戦略的に特に重要な位置にあったのが反政府軍総司令部が置かれたリムリックだが、実は自由国軍はリムリックから駆逐されていなかった。七月七日にはリンチと地元の自由国軍を率いるマイケル・ブレナンの間で休戦が合意されたものの、増援部隊が到着して自由国軍の劣勢が解消された七月一一日に休戦は破られ、自由国軍の攻勢を前に総司令部はほぼ無抵抗のままにクロンメルに逃亡する。反政府軍は迫り来る自由国軍に反撃するよりも、バラックに火を放ち放棄することを選んだの

**コラムF　エメット・ドルトン**

ドルトンはアイルランド人移民の三代目としてアメリカで生まれたが、幼少の頃にアイルランドに移り、一九一三年の創設段階からＩＶに加入した。一九一五年にはイギリス陸軍に入隊、一六年九月九日

のジャンシにおける戦闘では、父の旧知であったケトルの戦死を目撃する一方、勇敢な戦いぶりに対して戦功十字勲章を与えられた。

一九一八年総選挙の結果から国民の支持はシン・フェインにあると判断し、IRAに参加する。ドルトンの戦闘経験は貴重であり、コリンズの側近に加えられる。IRAの教練局長として独立戦争の休戦を迎えた後、条約交渉に同行し、コリンズに同調する立場をとった。

コリンズと同乗するドルトン(左)

一九二二年一月、編成途上の自由国軍の准将となる。フォー・コーツに籠城する反政府軍に砲撃を加えるよう暫定政府を説得し、自由国軍の東部総司令官として内戦に臨んだ。ドルトンの名を轟かせたのは、海上・陸上双方からの鮮やかなコーク攻略であった。反政府軍の虚を衝く攻略作戦は僅かな犠牲で成功した。しかし、それから間もない八月二二日にはコリンズ暗殺の現場に居合わせることになる。コリンズは反政府軍との和平を模索しており、ドルトンもその動きに関与していたと思われる。暗殺の衝撃に加え、ドルトンの責任を追及する声もあがったため、戦意を著しく喪失した。

追い討ちをかけたのが、暫定政府と自由国軍が軍法会議によって反政府軍兵士を次々と処刑する方針をとったことであった。強い違和感を覚えたドルトンは一二月九日に自由国軍を辞し、以降は内戦とかかわりをもたなかった。後半生では映画プロデューサーとして名を成した。

である。リムリックの陥落によって、反政府軍の士気は目に見えて衰えてゆく。まともな抵抗もせずに重要な拠点を奪われる、という同様の展開は、スライゴー、カースルバー、クロンメル、等でも繰り返され、七月二一日にはウォーターフォードが陥落する。

反政府軍の最強の拠点はコークであった。独立戦争の際にもゲリラ戦が活発だったコークでは、かつての同志との戦争に複雑な思いを抱く者は多かったものの、条約に反対すべきことについてはIRA活動家の間で広く一致が見られた。コークを失うようなことになれば、反政府軍の敗北が事実上確定するわけだが、「リムリック＝ウォーターフォード線」が突破されたため、コークにも遠からず自由国軍の攻勢が加えられることが必至となった。内戦の帰趨を決する戦いが迫ったのである。

コーク攻略作戦を指揮した自由国軍の東部総司令官エメット・ドルトン（コラムF参照）は、陸戦に不可避の流血を最小限に留めようと、ケリ州およびコーク州の沿岸からの上陸作戦を陸上の進撃と組み合わせることを発案した。内陸向きの防衛ばかりに力を入れていた反政府軍は意表を衝かれ、八月九日、コーク攻略は僅かな犠牲で達せられた。反政府軍の手中にあった唯一の主要都市の陥落とともに、「マンスター共和国」は瓦解した。八月一一日にはコーク州内で最後の反政府軍の拠点であったファーモイが放棄され、内戦の第二段階が終わる。条約反対派へのシンパシーが相対的に強かったとはいえ、自由国軍による「マンスター共和国」攻略を地元住民は総じて歓迎した。従軍を強制し物資を徴発する反政府軍への反発は強く、なによりも、戦乱を忌避し平和と安寧を望む思いには切なるものがあった。「マンスター共和国」においてさえ、反政府軍は嫌忌される存在だったのである。

「マンスター共和国」の瓦解後に予想されたのは、反政府軍がゲリラ戦を仕掛けてくることだった。

八月二二日の自由国軍の情勢報告にはこうある。「わが軍は町を押さえたが、反政府軍の兵士と武器をある程度以上の規模で捕らえたわけではない。このことが果たされない限り、反政府軍はゲリラ戦を展開できるだろう……ゲリラ戦がきわめて発生しやすい情勢である」。ゲリラ戦は自由国軍に新たな困難を突きつけるものだった。九月二〇日の『アイリッシュ・タイムズ』（「南部」のユニオニスト系日刊紙）に掲載された特派員報告は、次のように述べる。「八月に反政府軍の戦略が根本的に転換されて以降、国軍が即効性のある打撃を加えることは日に日に難しくなっている」。

「マンスター共和国」の瓦解は内戦を終結させる好機でもあった。実は、早くも七月前半の段階でデ・ヴァレラは和平提案の考えをチルダーズに伝えていた。「デヴ（デ・ヴァレラ）がいいたいのは、われわれに力があるうちに降伏すべきだ、ということだと思います。以来、彼には会っていません」。デ・ヴァレラの提案といえども、早々の和平提案（降伏）を受けいれるつもりなどチルダーズにあろうはずもなく、反政府軍幹部もほぼ完全に提案を無視した。また、「マンスター共和国」の瓦解後には、デ・ヴァレラを支持するカソリック聖職者ジョン・ハガンをはじめ、労働党党首トム・ジョンソンや労働組合指導者ウィリアム・オブライエンが和平工作を試みたが、結実しなかった。九月五日に実現されたマルカヒとデ・ヴァレラの秘密会談は両派の間に妥協の可能性がないことを確認する機会となり、それまで強硬措置に慎重だったマルカヒは公安法（次節参照）の制定を支持する姿勢に転じた。この会談について、デ・ヴァレラはこう記す。「（和平の）基礎が見つからない。マルカヒが条約の承認を基礎にすることを目指している一方、われわれは条約の改訂が基礎だと考えている」。和平の模索に失敗したデ・ヴァレラの影響力は、いよいよ減退するしかなかった。

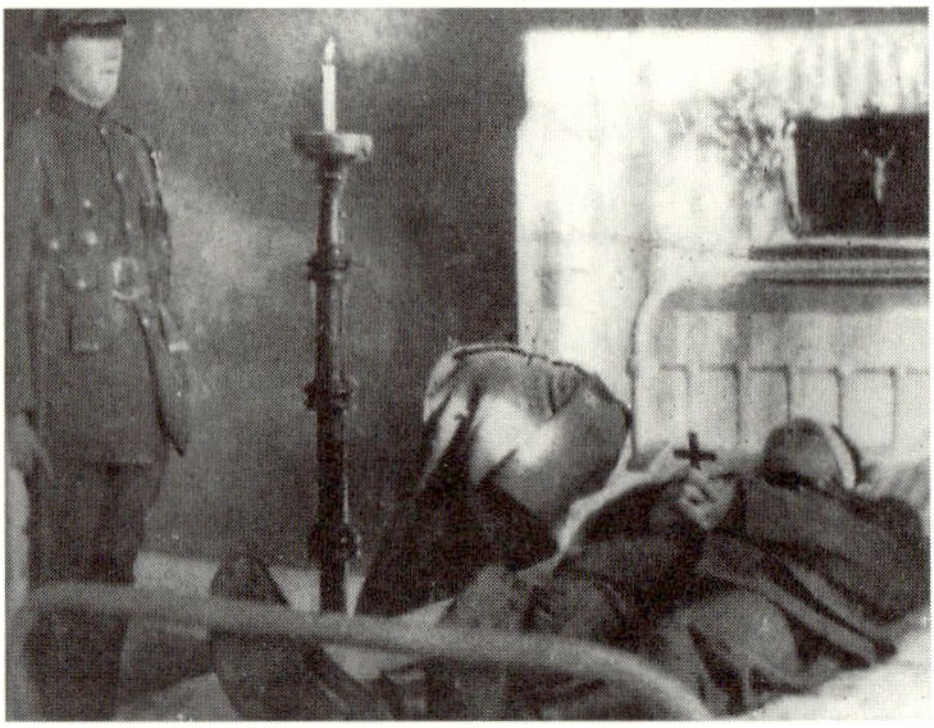

図 4-1　病院に安置されたコリンズの遺体

## 2　グリフィスとコリンズの死

内戦の第三段階への移行は、ちょうど条約賛成派が二人の最高指導者を失ったタイミングと重なる。八月一二日にグリフィスが病死し、二二日にはコリンズがコーク州ベール・ナ・ブラーで反政府軍によって暗殺されるのである。かねてより病に苦しみ、指導力にも陰りが見えていたグリフィスの死は、おそらく内戦の行方を大きく左右しはしなかった。逆に、コリンズの死はまず間違いなく内戦がより凄惨なものとなることを促した。彼がなぜ危険が予想される南西部に赴いたのか、誰によって殺されたのか、については諸説ある。おそらく第二段階の決着を受けてなんとか内戦を終息させようと意図していたと思われるが、カリスマ性と和解に向けた強い意志をあわせもつ唯一の人物が突如として失われたことの意味は重い。後継の自由国軍総司令官となるマルカヒにも、暫定政府議長代行から議長に横滑りするコスグレイヴにも、独立戦争を先頭で戦い抜いたコリンズほど強く人を惹きつける力、シン・フェインとIRAの再統一を切望する思いは備わっていなかった。反政府軍を容赦なく強引に制圧しようとする動きに歯止めをかけることができる存在であったコリンズが死んだため、内戦の第三段階はきわめて苛烈な様相を呈すことになる。新たに暫定政権を率いたコスグレイヴらに顕著だったのは、条約を「踏み石」として多少とも「共和国」の内実を得ようというコリンズ的な志向性ではなく、条約を額面通りに受けとめる態度であり、こうした態度は条約反対派への従来以上に強硬な対処に結びついた。

チルダーズの弔辞を紹介しよう。グリフィスについて、彼は『ウォー・ニューズ』にこう記した。

ここ数カ月にわたってわれわれとアーサー・グリフィスとを隔ててきた溝は深く克服しがたいが、われわれもまた偉大なアイルランド人の死を悼む列に連なる。……グリフィスが考えたように、共和国が現実とは違うシンボルであり、共和国への忠誠を放棄することが正当でありうるとしても、あるいは、われわれが主張するように、共和国は生きた現実であり、共和国に対してわれわれが誓った献身を投げ捨てることなど決してできないとしても、われわれの時代においてグリフィスが力強い国の復活を促した最も強い知的動力であったことについては、いずれにせよ誰もが一致するに違いない……

……審判をくだすことは避けるべき場であり時である。われわれはむしろ、彼が過去においてアイルランドのために行った創造的な業績について、愛情を込めてじっくりと考えたい。この業績によってのみ、彼は歴史の中で記憶されるであろう。

きわめて不快なことばを幾度も投げつけてきた人物に対し、節度のある追悼のことばを贈っていると見るべきだろう。

コリンズへの弔辞も冷静なトーンに貫かれている。

勇敢な兵士のように、彼は敵対的な地方を通過する危険を冒し、勇敢な兵士のように、彼は戦場で死んだ。

……

……彼がブリリアントな能力をもつことに異を唱える者はいないだろう。活力に充ちたエネルギー、組織力、大変な勤勉さ、正確かつ緻密な情報収集力、人間としての魅力、雄弁の才、自分に仕える者たちへの堂々たる絶対的献身……五年の間、彼は惜しみなく全力を共和国の大義に注ぎ込んだ。そしてその後は、まったく同じだけの火山のごときエネルギー、手腕、臨機応変の才をもって、共和国を無効化する条約の大義に献身した。

……彼の墓前に立って、彼を導いた動機、心からの信念が、条約は共和国が承認を得るまでの道程で必ず通らねばならぬ中間点である、現状ではアイルランドが強力な敵から奪取できない自由を獲得するための自由を条約は与えてくれる、というものであったことを疑うほど公正を欠く者はまずいないだろう。……彼には、山を動かすほどの確信も、わが国の力や抵抗がイギリス帝国に対してもつ破壊的な効果を理解できるほどの国際情勢の知識もなかった。彼は敵であるイングランドの狡猾で先を読んだ政略的術策を過小評価した。なにより、エーモン・デ・ヴァレラの誠意やカッハル・ブルーアや彼が代表するすべての男女、どんな代償や約束があっても共和国への宣誓をこの先決して一瞬たりとも破りはしない人々のきわめて強固な実直さを評価しなかった。

弔辞だからでもあるだろうが、苛烈な内戦の最中にあっても、チルダーズの文章にはある種のバランス感覚が保持されている。英雄コリンズを悼む声は反政府軍からも聞かれ、たとえばコーク第三旅団の旅団長だったリアム・ディーシの回顧録には次のようにある。「マイケル・コリンズを個人的に知るわれわれの多くにとって、彼の死は悲劇であった……私は彼を自分の世代の最も偉大な指導者と考えており、今もこの見解は変わっていない。……彼の死がもたらしたのは最大級の深い悲しみと悔恨だけであった。そして、われわれの多くはこの戦争を終わらせたいという心からの願いを抱くようになった」。

## 第四節　ダーティ・ウォー再び

### 1　公安法

ディーシの「心からの願い」にもかかわらず、内戦は終結せず、第三段階に突入していった。一九二二年八月半ばから、マンスターの山間部に潜伏した反政府軍によるゲリラ的な軍事行動が間歇的に展開された。ドルトンは以下のように報告する。

〔反政府軍は〕今では彼らが何年もの経験をもつタイプの戦闘に入っている。活動している地域も彼らがよく知る地域である。かつてイギリスと戦っていた頃に比べて、今の彼らは武器を豊富にもち、よりよく訓練されている。端的にいえば、彼らは私と私の兵たちを、一年少し前のイギリスと同じ立場に置いたのである。

そして、自由国軍がゲリラ戦の掃討に手を焼く情勢を打開しようと、暫定政府は強圧立法を決断する。条約反対派シン・フェイン議員が欠席したため、暫定政府を批判する勢力がきわめて弱い第三次国民議会で成立したのが、公安法であった。銃器の無許可所持や自由国軍への攻撃の幇助・教唆といった程度の罪状に対して、死刑を含む罰則を適用できる軍法会議を設置する権限を自由国軍に与える趣旨の法である。内戦の第三段階が凄惨さを増す重大な理由はこの法にある。軍事独裁を招くとの懸念の声が労働党議員からあげられはしたが、反政府軍のゲリラ戦に有効に対処できていない戦況に業を煮やす国民議会の大勢は、法案提出翌日の九月二八日に易々と公安法を成立させた。民意を受けて法・秩序の再建・維持を目指す自らと民意に反して不法な治安紊乱を策す条約反対派、という図式の下で、暫定政府と自由国軍は強硬策をもって反政府軍を制圧する姿勢を鮮明にしたのである。

条約賛成派が着々と地歩を固めつつあったことも間違いない。第三次国民議会の開会で議会制民主主義の体裁が整ったし、一〇月二五日の憲法草案の批准によって暫定政府から「暫定」の冠が外され、一二月六日に自由国が正式に発足、コスグレイヴが首相に就任する。さらに、カソリック教会の旗幟鮮明な支持も暫定政府にとって強い追い風となった。一〇月一〇日に発表された共同教書は、反政府軍が遂行しているのは「戦争」ではなく「国軍兵の系統的殺害・暗殺」にすぎない、との判断を示したうえで、暫定政府を支持することは国民の「明白な義務」であって、抵抗をつづければ背教者として破門されるとまで明言した。

## 2　反政府軍の苦境

一九二二年一〇月三日、暫定政府は一〇月一五日までに武器を放棄し暫定政府の権威を認めるなら恩赦を与えると発表するが、応じる反政府軍兵士は少なかった。とはいえ、いかに執拗にゲリラ戦を遂行しようとも、反政府軍への支持は広がらず、勝利への展望など開けようもなかった。武力抗争を一刻も早く終わらせてほしいという切実な思いが浸透する中、形勢不利な反政府軍にあえて肩入れしようとする者は少なかったのである。後に作家として名を成すショーン・オフェイロンは反政府軍で爆弾製造や広報活動に携わっていたが、彼の自伝には、独立戦争の時のＩＲＡが享受できた、「彼らに避難所と食事を与え、昼夜を問わず彼らを匿い、イギリス側のどんな微小な動きでも知らせてくれる男性、女性、子供の忠誠」を、反政府軍は期待できなかったと記されている。「今や国民は分裂しており、よくても不機嫌で非協力的、最悪の場合はわれわれに激しい敵意を向けた」。反政府軍の作戦局長ショーン・モイランから参謀長リンチへの九月一四日付けの手紙には、反政府軍の孤立ぶりがこう綴られる。

私たちの最大の弱みは、国民の反感を招いたために、援助も人材供給源も、情報も物資提供も、移動手段も……失ってしまったことです。したがって、私たちは自らを拠点もない敵国に入り込んだ侵略軍のようなものと見なすべきなのかもしれません……

独立戦争期にはＩＲＡのシンパとなったような文民も、反政府軍に背を向けたのである。

一〇月一七日、多数派の支持を誇る条約賛成派に対し、条約反対派としても正統性の形式を整える必要がある、との判断から、反政府軍は「共和国政府」を改めて樹立することを決定した。条約反対派の立論によれば、条約調印前の第二次国民議会こそが正統的であって（第三次国民議会は違法）、第二次国民議会に立脚する「共和国政府」を設置することで、反政府軍にも「共和国軍」のステータスが確保される。「共和国政府」の大統領となることを要請されたデ・ヴァレラは、一〇月二八日に一二人（スタック、バートン、プランケット伯爵、等）から構成される国家評議会（「共和国政府内閣」）を任命した。

ただし、「共和国政府」樹立の動きはあくまでも軍事指導者の意向に由来し、彼らには形式を整える以上の意図はなかった。会合を開くことさえままならない名目だけの「共和国政府」が設置されても、条約反対派の主導権は相変わらず軍事指導者の手中にあり、反政府軍を「共和国政府」が統制することなどありえなかった。デ・ヴァレラの威光を過大評価してきた暫定政府も、この頃には彼が反政府軍を掌握していないことを理解し、反発を買う危険を冒してまでイースター蜂起の英雄を逮捕する必要はないとの判断に至る。

## 3　反政府軍とチルダーズ

内戦の中でチルダーズはいかに行動したのだろうか？　戦闘員としての活躍など期待されるはずもない彼の一番の任務は『ウォー・ニューズ』を通じたプロパガンダであり、助手をしていたのが後に短編小説家として名声を得るフランク・オコナーであった。オコナーによれば、チルダーズには、「どこか奇妙にイングランド的なもの」、「間違いに敏感で、細かな気遣いでいっぱいの昔の聖職者かパブリック・スクールの教師」を思い起こさせる雰囲気が漂っていた。反政府軍兵士のほとんどはチルダーズが何者かを知らなかったが、彼に尾行がつきまとった一件を経て、段々と「グリフィスが「忌まわしいイングランド人」と呼んだチルダーズこそ暫定政府が殺害を決意している人物であることを悟った」。オコナーの観察では、兵士たちにとってお尋ね者を部隊に抱え込むのは迷惑な話でしかなかった。「結局のところ、彼は単なる忌まわしいイングランド人であり、高齢で病気で心ここにあらずだった」。チルダーズは敬意を集めるような存在ではなかったのである。オコナーはいう。

チルダーズは、行動を共にしたのになんらの意思疎通もできなかったごく少ない一人だった。……想像力に溢れた少年〔オコナーは当時一八歳〕にとって、自らを生活から切り離し、すべて自身の内なる光に従って行動し、ほとんど諦めたかのような態度で破滅の運命を受けとめていると見える大人くらい、かけ離れた存在は他になかった。それでも、私は想像の中で、あたかも自分が同道したかのように、彼が最後に経験したいくつかの哀れな瞬間に繰り返し居合わせねばならなかった。白髪の小柄なイングランド人が、アイルランドの陽光の中に姿を現わす人生最後の機会を見なければならなかった。

最後の部分でオコナーが想像しているのは、チルダーズの処刑の場面に他ならない。

チルダーズがいかなるプロパガンダを発信していたか、『ウォー・ニューズ』から紹介しておこう。なにより強調されるのは、「帝国に魂を売り「国王の政府」に成り下がった」暫定政府のイギリス政府への従属である。暫定政府は「イギリスの命令」に従って、タンズも顔負けの乱暴な手法で「共和国の守護者たち」に戦争を仕掛けている。

買収を通じた嘘、真実の抑圧、賄賂、秘密法廷、殺人集団、拷問、投獄、流刑、といった彼らが用いるイギリスの武器庫のすべての武器が成果を収めることなく使い果たされるまで、アイルランド共和国は、そしてアイルランド共和国軍は、国民を擁護しつづけ、国民に審判を呼びかけるだろう。

チルダーズの筆鋒は独立戦争期を彷彿とさせるが、しかし、今や彼の文章を読者に届けること自体が難しくなっていた。

暫定政府がチルダーズの処刑を策しているとの情報が入ると、反政府軍の士官だった彼の旧友デイヴィッド・ロビンソンが大胆な提案を行った。オコナーは次のように回想する。

彼〔ロビンソン〕はヘンドリック〔チルダーズの助手〕と私を呼び寄せ、バントリで釣り船を借り、チルダーズをフランスに上陸させることを手伝ってくれるか、と尋ねた。フランスとは！　私には、世界中のすべての冒険譚をまとめた話のように聞こえた。……しかし、ロビンソンの心配を幹部に説明した時の反応は冷淡なものだった。「スタッフ・キャプテン・チルダーズは私の指揮下にある」と幹部の一人〔リアム・ディーシ〕はいった……おそらくロビンソン以外の誰も感づいていなかったが、チルダーズの運命はこの午後に決したのである。

勝手に部隊を離れるようなことがあれば射殺する、とまでディーシは述べたという。もちろん、チルダーズが自分だけ逃亡することをよしとしたとは考えにくいが、印刷機が壊れたため『ウォー・ニューズ』の発行も断念され、いよいよ存在価値が薄らいでいたことも事実だった。最大の任務を失った彼が命じられた仕事は宛名書き、イギリスでの名声をかなぐり捨ててまで「共和国」に献身してきた結果としてはあまりにも哀れというべきだろう。さきに触れたショーン・オフェイロンは以下のように書いている。

内戦のドラマの中で誰よりも不思議な存在だったのがアースキン・チルダーズである。彼の最期はこのうえなく悲劇的であった。……この大変に才能のある人物、世界的な評判をとった本の著者であり、イギリス政府の下で信頼と名誉に値する地位にあった人物が、彼の経歴についてもアイルランドへの奉仕についてもなにも知らず、その能力を完全に過小評価する南部ＩＲＡの士官たちとともに静かに移動しているのを見るのは、悲しいことだった。行軍中の疲れ果てたＩＲＡの隊列を見つめる彼の目には、涙が溢れていたものである。オコナーといいオフェイロンといい、若き文学的才能がペンで戦うことさえできないチルダーズの最後の日々を目撃した事実は、やはりある種の感慨を誘う。

## ４　チルダーズの逮捕

この頃から目立ってくるのが、チルダーズを実態からかけ離れた危険人物と描くジャーナリズムの報道である。八月三〇日の『タイムズ』によれば、ケリ州のヴァレンシア島で大西洋横断ケーブルを切断した反政府軍を指揮したのはチルダーズであったし、『アイリッシュ・タイムズ』（八月二一日号）のインタヴューでは、バーナード・ショーが、あたかも反政府軍の二大指導者であるかのように、「デ・ヴァレラ氏とアースキン・チルダーズ氏は武力をもってこの国を制圧し、強引に独立の小さな共和国にしようとしてきました」と語っている。オコナーはいう。

新聞には、チルダーズ自身が指揮したとされる戦闘や奇襲攻撃の血なまぐさいストーリーが掲載されつづけた。ヘンドリックと私はこうした記事を見てただ笑うだけだった。……人が誰かを処刑する準備をいかに巧妙に整えるのか、理解を求められても無理というものだった。

現場ではどんなに馬鹿馬鹿しく響こうとも、反政府軍の黒幕はチルダーズである、とのイメージは浸透し、確実に彼の運命を決してゆく。

こうしたジャーナリズムの論調に便乗してか、九月二七日の国民議会ではオヒギンズがチルダーズを名指しで非難した。

　わが国の政府に敵対する人々を指導する有能なイングランド人は……この国の中枢に、そしてこの国の経済生活に、致命的な、あるいは致命的になると彼が願うような打撃を与えることを、キャリアを通じて着実かつ冷徹に、そして残忍につづけてきました。……私が今言及しているのはイングランド人アースキン・チルダーズのことであります。


そして、「忌まわしい」のみならず危険で「有能」なチルダーズに厳罰を科せる法的武器を、暫定政府は今や公安法というかたちで手にしていた。ホーレス・プランケットが、チルダーズとデ・ヴァレラを逮捕した場合、死刑ではなく流刑に処すべきだとの意見をオヒギンズに伝えることもあったが、もはやこうした嘆願が聞きいれられる状況ではなくなっていた。

　チルダーズがロビンソンとともにダブリンに向けて出発したのは一〇月二五日、デ・ヴァレラから書記官として国家評議会に招請されたためであった。ディーシは次のように回想する。「チルダーズに別れのことばを述べていた時、私はこれが最後の機会になるとは想像だにしていなかった」。南西部からダブリンへの経路は自由国軍に支配されており、移動は困難をきわめた。オコナーによれば、彼らは「アイルランドで最悪の招かれざる客」であって、途上に事故で骨折したロビンソンは応急処置のために運び込まれた農家で罵声を浴びせられた。

　一一月九日、子ども時代の思い出が詰まったバートン家の邸宅グレンダロック・ハウスに到達する。バートンは獄中にあったが、チルダーズが来訪した場合には地下のセラーに匿うようにと使用人に指示していた。しかし、チルダーズは子どもの頃に使った寝室で一夜を過ごすことを選ぶ。使用人の通報により、翌朝早く自由国軍兵士が踏み込み、拳銃を所持するチルダーズを発見した。皮肉にも、「共和国防衛のために」のことばとともにコリンズから護身用にもらったごく小型のリヴォルヴァーであるが、公安法に抵触する無許可所持であることに違いはなかった。ロビンソンとともに即座に逮捕され、ダブリンのポートベロ・バラックへ送致される。

チルダーズの逮捕を翌一一日の『タイムズ』は以下のように報じた。

> アースキン・チルダーズの逮捕は実に重大な出来事である。昨年のロンドンでの講和交渉以来、この人物は自由国にとって最も有力で狡猾な敵対者の一人であった。……
> 共和国派が自由国に対して武器をとることを決定すると、彼はスタッフ・キャプテンとして彼らの軍に加わったが、共和国派の軍事評議会ではもっとはるかに重要な地位を占めたと広く考えられている。
> もちろん、アースキン・チルダーズは、特筆すべき知性の持ち主であると同時に教練を受けた兵士でもある。彼を失うことを共和国派はきわめて深刻に受けとめるだろう。

図 4-2　自由国軍に逮捕されたチルダーズ

「広く考えられている」などと根拠もなしにチルダーズを反政府軍の大物に仕立て上げ、彼の逮捕にことさら重大な意味を付与しようとする意図は明瞭だろう。逮捕の報にさっそく反応したのがチャーチルである。一一月一一日、四日後の投票日に苦杯を舐めることになる選挙区ダンディーで、彼は次のように演説した。

人々を分裂させることを策す残忍な背信者アースキン・チルダーズが捕まったという知らせに接し、私は喜びを覚えています。自分の生まれた国への執念深く陰険な憎悪に駆り立てられるこの不思議な人物ほど、アイルランドの一般国民に害を為し、正真正銘の悪意を示し、大きな災難をもたらそうと努めてきた者はおりません。

ここで「自分の生まれた国」とはイギリスを指すはずである。とすれば、この演説はチルダーズを自由国にとってだけでなく、イギリスにとっての背信者としても性格づけていることになる。二重の背信が指弾されたのである。

## 5 軍法会議

一九二二年一一月一七日、チルダーズを裁く軍法会議が開かれた。冒頭でチルダーズは、暫定政府および軍法会議の合法性を承認しないこと、「アイルランド共和国軍の士官」である自分は戦争捕虜として処遇されるべきことを述べる声明文を提出し、そのうえで陳述を開始した。彼が処刑の可能性をどこまでリアルに感じていたかは判然としないが、運命を左右しかねない場面に身を置いている認識はあっただろう。汚名を晴らすためと同時に、おそらくは自分がやってきたことの正当性を自身に納得させるために、彼は人生を時系列的に振り返る形式で一世一代の陳述を行った。既に述べた内容と重なる部分が多いので（本章第一節参照）、ポイントのみ整理しておこう。

①　誹謗

「自分自身の国を裏切り、アイルランドを欺き破壊するためにアイルランドにやってきたイングランド人、二重の背信者」「イングランドの利益のためにアイルランドを破壊することを策すイングランド人のスパイないし扇動者」といった自分への「非難ないし誹謗」は「誤認や中傷に基づいて」おり、裏づけとなる「一片の証拠も」示されていない。

②　「アイルランド人」

「生まれからいっても、居住地からいっても、自らの意志に基づくシティズンシップの選択からいっても、私はアイルランド人です」。ただし、この主張の根拠はいささか薄弱である。母がアングロ・アイリッシュであるとはいえ、チルダーズはロンドン生まれであり、パブリック・スクール時代以降はイギリスに居住しているからである。「シティズンシップの選択」については、⑤でとりあげる。

③　帝国主義、自治主義

「若い頃はユニオニストであり帝国主義者でしたが、……南アフリカ戦争の経験が人生の方向を全面的に変え、私はリベラルにしてナショナリストとなりました」。『砂洲の謎』や軍事評論に見られる帝国主義的な論調を想起するなら、これはやや単純すぎる整理である。「一九一〇年から一四年にかけて、アイルランドの自治に関して多くを著わし語りました。……当時は共和主義運動が存在せず、シン・フェインは非常に弱体だったので、私は当然のように、最も広い視野でではありますが、自治の線に沿って活動しました」。この言い分もまた、帝国自治領となることにこそアイルランドの未来があると再三述べていたのであるから、正確とはいいがたい。自治主義者だった過去を小さく描きたい、という思いが透けて見える陳述である。「アイルランド義勇軍〔ＩＶ〕への心からの共感をもって、私は彼らに武器を供給するために一九一四年五月に結成された小さな委員会に加わり、七月には、妻や少々の友人とともに、銃が入った船荷をホウスまで自身で密輸しました」。いうまでもなく、この部分に期待されているのは武力闘争型ナショナリズムへの貢献を印象づける効果である。

④ 大戦

大戦にかかわって主張されるのは、志願入隊とナショナリズムとの間に矛盾はないこと(「私は「小国のための戦争」という考えに誤導され、……イギリス海軍……に入隊しました」)、そして、軍務を理由とするスパイの嫌疑は成立しないこと(「この事実〔諜報士官だったこと〕を根拠として、私が諜報機関のスパイであるという忌むべき伝説が構築されたのです」)、である。大戦期のもう一つ重要な経験が、アイリッシュ・コンヴェンションである。「当時はこのコンヴェンションが国制上の決着をもたらす僅かに残されたチャンスでした。コンヴェンション全体の崩壊と徴兵制を強要しようとする企てが、自治の死を私に確信させました。そして、一九一六年の蜂起によって基礎を据えられた革命が不可避にして不可欠であることを」。コンヴェンションの失敗で自治主義に見切りをつけ、共和主義に転ずる、という流れは明快である。なぜかイースター蜂起には詳しく論及していないが、蜂起を批判的に論評し、蜂起後も自治領ステータスによる決着を提唱しつづけた過去が、軍法会議では語りにくかったためと考えられる。

⑤ シン・フェイン

「一九一九年に正式に共和国が樹立されたことに伴い、私自身のように複合的な出自の者たちには自分のシティズンシップをはっきりと選択することが必要となりました。動員解除され、イギリス軍とのあらゆる関係を絶つと、多くの元兵士たちと同じように、私はアイルランド共和国のシティズンシップを選びました」。この主張の前提は、国民議会による「独立宣言」によって新たな国籍上の選択肢＝「共和国民」が用意されたのだ、という必ずしも広く共有されてはいない想定であった。もちろん、「共和国」の現存はシン・フェインの大原則だったが、自由国の設立に同意した条約賛成派は実質的にこの前提を否定したのであるから、軍法会議の場でこの前提を自明のごとく語っても、すんなりとは受けいれられなかったはずである。「共和国派の運動のための活動に身を投じ、一年後には妻と家族と一緒にダブリンに定住することとしました。最初に私にはっきりと与えられた任務は、一九一九年夏、新聞対応その他の仕事を手伝うために、わが国のパリ派遣使節……を訪ねることであり、その際にはアーサー・グリフィス大統領代行からの授権書類を携えてゆきました」。「定住」の指摘で「アイルランド人」たる自分を印象づけ、特に必要とも思えないグリフィスによる授権に言及して、自分が条約賛成派の重鎮から信頼されていたことを念押しする語りである。

⑥　対立

「私は〔条約交渉の〕最初からイギリスの自治領スキームを厳しく批判する路線をとり、そうすることで、三年間で初めて共和国派の同僚や同志と対立することとなりました。それまでは、私たちの完璧に協調的な関係を乱すような暗雲は一片たりともありませんでした」。主張の要点は、転機が条約交渉にあったこと、したがって、条約をめぐる対立が旧来の遺恨を引きずるものでないこと、である。

「名誉、良心、原則にかけて、発言においても書きものにおいても行動においても、私は条約に反対しました……なぜなら、国民には自らが宣言し樹立した独立を投げ出す権利はない、そして、たとえ少数派であっても、このような投げ出しには武器をもって抵抗する権利がある、と私たちが考えるからです」。条約反対派こそシン・フェインの原則に忠実なのだ、という訴えである。

処刑に至る可能性さえある軍法会議においても、チルダーズには自分の原則的立場から一歩たりとも後退するつもりはなかった。微妙なごまかしも混入しているとはいえ、総じて真摯で雄弁な、チルダーズなりに思うところを充分に展開できた陳述だったといってよい。しかし、そうした弁論によって窮地を脱することが期待できたかといえば、そうではなかった。

## 6 チルダーズの処刑

陳述が行われたのと同じ一九二二年一一月一七日、銃器の無許可所持を理由に反政府軍兵士四人が銃殺刑に処された。公安法に基づく最初の処刑である。チルダーズが自分を待ちうける運命を否応なく認識させられたのは、この日の夜、幹部とは程遠い若い兵士四人が唐突に処刑されたとの報に接した時だったと思われる。同じ日の国民議会では、オヒギンズが四人の処刑に込められた意図を語った。今回処刑されたのが若い兵士たちだったのは、「最初は標準的なケースを扱う方がよい」からである。「もしも、最初のケースとして飛びぬけて活動的かつ邪悪な者を処刑したとしたら、国中の哀れな馬鹿者どもは、この男は指導者だから、イングランド人だから、他の連中と襲撃を図ったから、殺されたのだな、と考えるかもしれません」。「イングランド人」への言及の含意は明白、チルダーズ本人が指摘する通り、「新聞のすべての読者の心に、そして国民議会に出席していた議員の心に、「イングランド人」ということばは私を意味するものと響く」だろう。チルダーズの処刑が目立たないようにするための煙幕として、前例を急ぎつくることが四人の処刑の狙いであり、きわめて恣意的なやり方で処刑への段取りが進められていたのは間違いない。

一一月一八日に軍法会議がチルダーズに有罪・銃殺刑の判決をくだすと、彼は法的根拠を欠く逮捕・裁判であるとして人身保護律の適用を申請した。これに対し、戦争状態の存在を論拠に、司法当局は人身保護律の適用は不可能だと応答した。「本法廷の司法権は彼〔チルダーズ〕自身も加担してつくりだした戦争状態によって奪われている……いったん戦争状態が生じれば、戦闘がつづいている間、文民法廷には軍法会議の行為を覆す司法権はない」。その後、この結論への異議申し立てが行われており、厳密にいえば、人身保護律の件は審理未了のまま、二四日の銃殺刑が執行されたことになる。

チルダーズの処刑を阻止しようという動きもあった。イギリスで組織された助命嘆願の請願には、自由党議員ウェッジウッド・ベン、労働党議員アーサー・ポンソンビ、詩人・作家ジョン・メイスフィールド、オクスフォード大学欽定ギリシア学講座教授ギルバート・マリ、といった著名人の名が見られる。また、後にアイルランド共和国初代大統領となるゲール学者ダグラス・ハイドがコスグレイヴに送った手紙では、「ブラック・アンド・タンの恐怖の時代の彼のアイルランドへの大きな奉仕」への配慮が求められている。助命の要請はアメリカからも届いた。しかし、いずれもチルダーズ処刑という既定路線を突き進む暫定政府にストップをかける力とはならなかった。

一一月二〇日午後五時、チルダーズは翌朝の処刑を通告された。最後になると意識して、彼はモーリへの手紙にこう綴った。

愛する妻よ、明朝七時に銃殺になると告げられました。心の準備は完全にできています。……私たちにとって、そしてアイルランドと人類にとって、これが最良であるという天の配剤だと確信します。それゆえ、貴女と離れねばならないのは本当につらいことですし、貴女のことが大変に心配ではありますが、……私は自分の勝利を祝っています。そして、貴女も私の勝利を祝ってくれるものと思います。……死ぬことで、私はよりよく理解されるように、よりよく大義を後押しできるようになるでしょう。

……私はすべての人々と友好的に死んでゆきます。自分が為した過ちを許してくれるようすべての人々に乞いながら。そして、自分の側では誰に対する悪意ももたずに。……私はアイルランドへの熱烈な愛を抱えて死んでゆきます。……私は、イングランドを愛しながら、そして、イングランドが完全かつ最終的にアイルランドへの姿勢を変えることを熱烈に祈りながら、死んでゆきます。

「二重の背信者」と非難されるチルダーズが死を前にして到達したのは、「アイルランドのみならずイギリスをも愛するアイルランド人」という自己認識であった。手紙をここまで書いたところで、処刑の延期を伝えられる。

一一月二四日朝の処刑を告げられたのは、二三日夜になってからであった。モーリとの面会要請は却下されたが、この夜、イギリスのパブリック・スクール(グレシャム校)に在学中の一六歳の長男アースキン・ハミルトンが訪ねてきた。チルダーズは二つの約束を求めた。すなわち、「私の死に責任がある暫定政府の大臣全員」を許すこと、そして、もしもアイルランド政治の世界に入るのであれば、「公の場で私の処刑について語らない」こと。アースキン・ハミルトンは、政治家を志し、父の名が人々の気持ちを癒すものとして記憶されるよう全力を尽くすことを約束した。この約束は、アイルランド共和国第四代大統領にまで上り詰める彼のキャリアを貫くインスピレイションとなる。

処刑当日の早朝、モーリへの手紙が改めて執筆される。

今、午前六時です。夜から朝にかけての時間を私が穏やかな平常心で静かに過ごしたこと、そして今も同じ心境でいることを貴女は喜んでくれるでしょう。一日の長い仕事を終えて横になるように、すべては完璧に単純で理に適ったことに思えます。……頭髪を一房同封します。どうぞ笑ってください。頭髪は洗う必要があります！

処刑の直前に書かれたモーリ宛ての手紙がもう一通ある。友人たちへのメッセージを託す趣旨のものである。

次の人たちに私の心からの別れの挨拶を伝えてくれますか？　全員が私とは立場を異にしています。しかし、皆親愛なる人たちです。ホーレス〔・プランケット〕、メアリ・スプリング・ライス、モンティーグル卿、ＡＥ〔ジョージ・ラッセル〕、ジェイムズ・ダグラス、ノーマン一家。

今夜はたびたびホーレスの顔が浮かんできます。どうしてかはわかりませんが……

「立場を異に」する友人の名ばかりが列挙されたことは示唆的である。人生最後の時間に「親愛なる」存在と思えたのは、反政府軍や条約反対派の同志でも自由国側のかつての盟友でもなく、社会的には多少ともエリートと呼びうる、自治主義者の範疇に入る人々であった。彼が心地よく過ごせる相手は、シン・フェインの同志たちよりも自治主義者時代の仲間たちの方だった。あえて話をふくらませるなら、議論と妥協による合意形成を目指したアイリッシュ・コンヴェンションが失敗した事実は、チルダーズや彼に似通った人々が前提としていた政治文化の失効を告げていたともいえよう。代わって台頭してきたのが、敵を問答無用で、暴力を行使してでも打倒することを厭わない、「軍事化」された政治文化であった。チルダーズ自身は新しい政治文化への適応を過剰なまでに試み、その犠牲者となったのである。

チルダーズが最後に求めたのは太陽をもう一度見るために処刑を一時間遅らせることであり、これは許可された。午前八時、チルダーズは銃殺執行隊の全員と握手をし、所定の位置についた。最後のことばはこうである。「一歩か二歩前に来たまえ、諸君。仕事が簡単になるだろう」。執行の場となったベガーズ・ブッシュ・バラックの指揮官サムエル・アーウィンは、「アイルランドを誤った方向に導いたかもしれないものの、一度は戦友であった愛国的な人物」が、「同じく愛国的なアイルランド人によって銃殺されるのを目撃しなければならなかったつらさ」を述懐し、次のようにつづける。「彼は勇敢に死にました。……運命を、指導者たちの弱さを、人間の愚かさを、そして、それがなんであれ、わが国を極限の野蛮にまで導いたものを、私は呪いました」。

## 7 反響

処刑翌日の国民議会では、コスグレイヴが批判を一蹴し、処刑の正当性を主張した。「国民の法の上位にもう一つの法があります。神の法です。私たちはこの法の実施に努めています」。議会制定法に優越する「神の法」を持ち出して権力の恣意的運用を擁護する驚くべき論法である。一一月二六日の国民議会でオヒギンズが見せた強硬姿勢も劣らず凄まじい。

アイルランドは神経症患者や誇大妄想狂が暴れ回ってもよい舞台ではありません。民主主義を守るためであれば、人命をいくつか犠牲にするのはやむをえません。特定の知識人にわが国がなにを望んでいるのか決める権利がある、という信条を許容することはできません。国を生き残らせるためには、この誤った教義、野蛮で狂った教義を粉砕しなければなりません。

……処刑は忌むべきものです。しかし、国の抹殺もまた忌むべきものです。

「人命をいくつか犠牲に」してまでオヒギンズが守ろうとする「民主主義」の実態は、軽微な罪状で政治的敵対者を簡単に銃殺刑に処す点で、むしろ恐怖政治に近かった。処刑の連発に強い抵抗を感じたドルトンは自由国軍を辞したが、自由国軍の最重要幹部の一人がポストを投げうっても、もはや有効な歯止めとはならなかった。国民議会は「誇大妄想狂」の処刑を必要悪として受けいれてしまうくらい批判力を欠き、国民の多数派も情勢の鎮静化のためならやむなしと容認していたように見える。公安法に基づく処刑はつづき、トータルで反政府軍の兵士七七人（加えて、武器の窃盗の容疑で文民四人）が銃殺される。一九二三年二月の時点で、コスグレイヴはこう断言した。「わが国が生き延びるためにに一万人の共和国派を撲滅する必要があるのだとしたら、私にはそれを躊躇するつもりはありません。国民三〇〇万人は一万人よりも多いのです」。

チルダーズの処刑を論評したダブリンの新聞が『アイリッシュ・タイムズ』だけだったのは、新聞各社に対し、この件に関する記事を検閲当局に事前に提出せよとの指示が出ていたためであろう。オヒギンズのいう「民主主義」は、言論の自由においても内実を欠いていたのである。イギリスのジャーナリズムでは処刑に理解を示す論調が支配的だった。一一月二五日の『タイムズ』の論説は、「狂信的」なチルダーズがアイルランドに与えた大きなダメージを思えば、処刑は妥当だったと論じた。「……自由国政府は、その敵対者たちに決して劣るところのない勇気をもって、そしてはるかに大きな責任感をもって、自らの選択をしたのである。この決断に対する文明世界の評価が、それは正当だったというものとなることをわれわれは確信する」。恐怖政治的手法への批判はない。また、チルダーズを実態以上の大物に描く論調は処刑の報道にも見られ、たとえば保守系大衆紙『イヴニング・スタンダード』は、「ロベスピエールの処刑と同じくらい深遠な重要性をもつ歴史的な出来事」とまで書いた。チルダーズを恐怖政治の側に位置づけることで、処刑への批判を封じるのである。

処刑を控えたチルダーズが「たびたび顔が浮かんでくる」と述べたホーレス・プランケットは、助命嘆願の請願に尽力した後、療養先への途上のジブラルタルで、「私が出会った最悪の政治的教条主義者、しかし私的には友人」の処刑を知らされた。

私が思うに、アースキン・チルダーズの処刑は不可避でした。私が政府の一員だったとして、完全に一人でアイルランドを離れることを受けいれるなら、彼の生命は救ったことでしょう。彼はおそらく拒否したでしょうが……彼の勇気、能力、そして勤勉さは、いずれもきわめて高い水準のものでした。分別のある路線をとりさえすれば、彼はアイルランド問題にかかわるずば抜けて有能な人物だったはずです。

チルダーズにとっての「親愛なる人たち」の多くは、シン・フェイン強硬派としてのチルダーズに同調することができず、自分たちに耳を傾けようとしなかった彼が処刑に至る道を歩んだことに悲しみは覚えたものの、それをやむなしと受けいれたように思われる。

## 8 報復合戦

チルダーズ処刑の最も直接的な帰結は、両軍による報復の応酬であった。一一月三〇日、反政府軍参謀長リンチは公安法に賛成した閣僚や議員、上級裁判官や新聞の社主を射殺せよとの命令を発した。この報復命令に、自由国軍はさらに三人を処刑することで応えた。その一週間後、白昼のダブリンの路上で銃撃された条約賛成派の議員ショーン・ヘイルズが死亡し、議会副議長パトリック・オマリが重傷を負うと、翌日にはフォー・コーツ攻防戦で逮捕された反政府軍の幹部四人、ローリ・オコナー、リアム・メロウズ、ジョゼフ・マケルヴィ、リチャード・バレットが処刑される。チルダーズ処刑を契機に、内戦は独立戦争を思わせるような報復合戦に陥っていったのである。さすがに、コスグレイヴ政権への批判も起こった。一二月八日の自由国議会では労働党党首トム・ジョンソンが「貴方たちは生まれたばかりの新国家を殺しました」と発言し、一〇日にはカソリックのバーン大司教が、「報復という手法は賢明でないばかりか、道徳的な見地からしてまったく正当化できません」とコスグレイヴに書き送った。それでも、批判を押し切って処刑は継続された。議員の殺害こそその後は生じなかったが、コスグレイヴの叔父やオヒギンズの父が殺されたのはまず間違いなく反政府軍による報復の一環であろう。また、反政府軍は条約賛成派の家屋をターゲットとするようになり、一二月一〇日に議員ショーン・マクギャリの家が放火されて七歳の息子が焼死したのを皮切りに、一九二三年一—

二月だけで三七人の議員の住居が放火された。

自由国軍の行動も残忍さを増し、ケリ州では、反政府軍捕虜が地雷に括りつけられたまま爆死させられる、といった事例が複数生じた（条約反対のポスターを掲示しただけで殺害されたケースもあった）。捕虜が処刑されたり拷問を受けたりしたばかりでなく、根拠薄弱な嫌疑で殺害された文民も少なくない。反政府軍も自由国軍捕虜を処刑し、条約の支持者は実質的に戦闘員に等しい、などという口実で、文民を殺害することさえ躊躇しなかった。自由国軍士官ニオル・C・ハリントンの回顧録には次のようにある。「内戦の際、双方の陣営から出た最初の犠牲は騎士道精神と人道精神であった」。まごうかたなきダーティ・ウォーの再来である。

こうした暴力の応酬の最中、一九二二年一二月六日に正式に樹立された自由国は血にまみれて誕生したと評されざるをえない。同じ日のコミュニスト・インターナショナル第四回世界大会では、自由国が遂行する反政府軍兵士の処刑はタンズやイタリアのファシストをも凌駕する野蛮な恐怖政治であり、そこから生まれるのは「帝国主義テロリスト政府」に他ならないとする決議が全会一致で採択された。さらに、これも同じ日のイギリスのリベラル誌『ネイション』は、ゲリラ戦への自由国側の対処をこう論評した。「自由国政府は、アイルランド国民の意に反して何世紀もアイルランドを占領した者たちの精神を引き継いでいるかのようだ」。強大なイギリスに抗して果敢な闘争を挑んだ小国アイルランド、といった図式で描かれがちな独立戦争の勇士たちは、タンズやファシストに準えられるほどの暴力の泥沼にはまり込んでいったのであり、内戦後の自由国が、甚大な人的損失、対立のしこり、といった重い負の遺産を背負うことは不可避だった。

## 9　休戦

内戦終結の直接のきっかけは、一九二三年四月一〇日に逃走中のリンチが自由国軍に銃撃され、死亡したことであった。既に年初から獄中の反政府軍幹部が降伏を呼びかけるようになっていたにもかかわらず、絶望的な戦闘の継続にこだわり、和平の実現を阻んできた参謀長が舞台を去ったのである。後任の参謀長フランク・エイケンはかつての同志との武力抗争に懐疑的で、内戦勃発の当初は中立の立場をとり、リンチに比べてデ・ヴァレラにずっと近かった。四月三〇日にエイケンが「攻撃停止」命令を発したことで、休戦への流れは一気に加速される。勝敗は誰の目にも明らかであった。戦闘の継続はもはや論外であり、五月二四日、エイケンはついに「休戦と武装解除」を命令する。同じ日にデ・ヴァレラは次のような声明を出した。

諸君の側でさらなる犠牲を出すのは今となっては無駄であり、武力闘争の継続は国民の利益に照らして賢明ではない。当面のところ、軍事的な勝利は共和国を破壊した者たちのものとされざるをえない。国民の権利を守るために、別の手段が求められなければならない。

休戦命令は広く反政府軍兵士に受けいれられた。上意下達の指揮系統が弱かった反政府軍において、これは珍しいことであり、それだけ戦意喪失が著しかったのだといえる。チルダーズを含め、多くのナショナリストが生命まで賭けて守ろうとした「共和国」の大義は、少なくとも当面のところ、はっきりと敗北したのである。

内戦の休戦協定は結ばれなかった。反政府軍兵士は単に武装を解除して帰宅したにすぎず、仮に新たな戦闘命令が出た場合には再び武器を手にすることがありえた。一九二三年五月の段階で、都市部はほぼ完全に自由国軍の支配下にあったが、コーク州やケリ州、メイヨー州の山間部を中心に少数の反政府軍ゲリラが潜伏をつづけていたため、自由国政府は警戒を弛めることができず、休戦後にも公安法による銃殺は執行された。一九二三年七月三一日に司法当局が戦争状態の解消を根拠に自由国軍に拘禁されている囚人の釈放を命令し、公式に終戦が確定したものの、段階的な釈放が完了するのは翌年夏になってからである。一九二四年一一月には、内閣が内戦期の犯罪にかかわる恩赦を宣言する。

## 10　南北分割の固定化

北アイルランドはどうなったのだろうか？　第3章第五節で述べたように、暴力的抗争のピークは一九二二年前半にあり、治安の乱れは北アイルランドの存立を脅かすほど深刻だった。独立戦争の休戦以降、「南部」のIRAは北アイルランドで治安勢力への襲撃や要人の誘拐を繰り返したが、一九二二年三月にIRAが分裂したことで、北アイルランドへの軍事介入は新たな意味を帯びた。IRAの分裂を克服するための梃子になる、という意味である。この見通しに大きな期待を託したのがコリンズであった。一九二二年二―三月だけで北アイルランドのカソリック住民一〇〇人以上が殺害される状況を前に、彼はリンチをはじめとする反政府軍幹部と協調して北アイルランドの治安勢力を攻撃するプランを立案した。共同作戦の実行を通じて条約賛成派と反対派の反目を軽減させ、いずれはIRA両派の再統一を実現したい、これがコリンズの目論見であった。大戦の際に語られた「南北共闘→南北和解」のIRA版ともいえる。また、南北分割を本心では受けいれられずにいた彼にとっては、

ＩＲＡの軍事介入が北アイルランドを統治不能な状態へと追い込めば、やがて南北統一の気運が醸成される、という見通しも魅力的であった。もちろん、暫定政府を率いるコリンズがＩＲＡ両派による北アイルランドへの軍事介入を企てていることが露呈すれば、イギリス政府が暫定政府を見限る可能性が大きく、自由国の発足さえ覚束なくなるかもしれない。したがって、機密保持には細心の注意が必要だったのだが、実際にはきわめて杜撰で、五月一九日に共同作戦を開始するプランは事前に筒抜けとなった。決行直前に中止命令が飛び交い、両派の確執が衝突を生んだりもしたため、軍事介入は大失敗に終わる。結果的に、自由国軍と反政府軍の対立はむしろ強められ、ＩＲＡ再統一の見通しはあえなく潰えた。

「南部」からの軍事的脅威が露呈したことを受けて、北アイルランドの駐留イギリス軍は南北境界地域を占領し、北アイルランド政府もすべての共和主義結社を非合法化するとともに、ＩＲＡ活動家の大量逮捕に乗り出した。いったん「南部」で内戦が始まると、条約賛成派であれ反対派であれ、「南部」のＩＲＡは目の前の内戦に全力を投入せざるをえなくなり、こうして「南部」からのサポートを失った北アイルランドの弱体なＩＲＡは、特別権限法(6)を活用したクレイグ政権の強硬な治安維持政策に対抗できなかった。結局、南北境界付近の若干の事例を除けば、内戦期に北アイルランドで戦闘は生じず、一九二二年八月三日の閣議でチャーチルはこう述べることができた。「北アイルランド

(6)　一九二二年四月に制定。内相に「治安維持のために必要と思われるあらゆる措置をとり、あらゆる命令を発する」権限が与えられ、令状なしの逮捕や裁判なしの拘禁が可能となった。

政府の領域において、……殺人や放火はほぼ完全になくなり、静穏な状態が確立されています。おそらく、こうした展開になったのはガンマンたちが南部で手一杯であるためです」。事実上「南部」だけの現象であった内戦は、「南部」では暴力が横行しているというユニオニストの偏見を改めて裏づけ、北アイルランドの宗派主義的性格の色濃い治安維持政策を正当化する役割を果たした。存立の危機さえ囁かれた北アイルランドは、いわば内戦によって救われたのである。

内戦が南北分割を固定化させる力となったことは否定できない。条約交渉ではほとんど前景化されなかったとはいえ、南北分割は、自治領ステータス（忠誠宣誓）と並ぶ最も重要な係争点であり、条約賛成派にしても、それをいつまでも放置するつもりはなかった。南北分割はあくまでも暫定措置であって、いずれは統一が実現されねばならない、という発想から立案されたのがIRA両派による北アイルランドへの共同軍事介入だったわけだが、これは大失敗に終わり、内戦が勃発した後には、自由国軍にも反政府軍にも北アイルランドに介入するだけの余力はなかった。一九二二年八月に自由国軍は北アイルランドへの軍事介入を停止する方針を採用し、一二月にはコスグレイヴが強引に南北統一を求めるつもりがないことを言明した。「南部」における北アイルランドへの関心は内戦によって弱まり、南北分割は実質的に黙認されることとなったのである。そして、イギリス政府の支援を受けて内戦に勝利した以上、自由国政府が連合王国の一部としての北アイルランドに介入することはいよいよ難しくなる。いずれもシン・フェインの原則に抵触する自治領ステータスと南北分割のうち、前者は一九三七年の自由国憲法の改正によって（終章第一節参照）、いわば自力で実質的に解消されえた（コリンズの最初の憲法草案はこれを時期尚早気味に試みたものであった）。反対に、後者は現存する北アイルランドを無視して一方的に解消できない。たしかに一九三七年憲法には「アイルランド島全体から成る国土」が謳われるが、だからといって既成事実としての北アイルランドを否定できるわけではなかった。革命が招いた内戦は、未達成のまま今日に至っている南北統一という課題をいっそう困難なものにしたのである。

# 終章　アイルランド革命の帰結

1932年総選挙の選挙運動で演説する
デ・ヴァレラ

## 第一節　戦間期のアイルランド

### 1　二大政党制

内戦以降の概略を示しておこう。内戦が終結した段階で自由国の行く末を楽観することは難しかった。同時代の他の内戦と比べて、相対的に短期間で犠牲者も少なかったとはいえ（ほぼ同じ人口規模のフィンランドの内戦では死者が二万五〇〇〇人超）、かつての同志たちが殺しあった経験のトラウマは容易に癒えるものではなかった。内戦の悪夢が去っていないことを知らしめたのが、一九二七年七月一〇日にオヒギンズがIRA活動家によって暗殺された事件であり、この時には内戦再燃の懸念さえ広がった。また、内戦に敗れてなお条約反対派が自由国の正統性を否定し、議会への登院を拒んだため、条約賛成派が一九二三年四月に結成したクマン・ナ・ゲール（アイルランド語で「ゲール人の結社」）の事実上の一党支配体制が出来したが、これはファシズム的な強権政治が根づいても不思議でない土壌といえた。

それでも、「共和国」に固執する者たちに対し、内戦の経験が武力による抵抗の難しさを思い知らせたことは間違いなく、武力闘争に代わる手法＝政治闘争への関心が蘇った。それに伴って存在感を増していったのが、内戦では周縁的な役割に甘んじたデ・ヴァレラである。登院拒否の方針にもかかわらず、共和主義勢力の健在を知らしめるため、デ・ヴァレラは一九二三年八月の総選挙にあえて参加する方針を打ち出すのだが、これが彼の影響力を復活させる重要な契機となる。

共和国は実在しつづけているという考えをとるなら、総選挙は違法だと宣言し、それから距離をとらねばならない。しかし、実践的な政治方針として考えるなら、私にはそれが最善とは思えない。……選挙戦はわれわれの立場を説明し、国民に近づく機会を提供するのであり、われわれはこの機会を利用すべきだと考える。

依然として一万人以上の反政府軍関係者が獄中にある中で行われた総選挙で、大方の予想を覆し、条約反対派シン・フェインは全一五三議席中の四四議席を獲得する健闘を見せた。内戦に勝利した直後にもかかわらず、クマン・ナ・ゲールは六三議席しか得られず、労働党も一四議席に留まった。選挙結果が示したのは、反政府軍の暴力的抵抗が嫌忌されたからといって、共和主義そのものへの支持が失われたわけではないこと、そして、デ・ヴァレラが見せた議会政治への参入の姿勢が歓迎されたことである。登院拒否の方針が保たれたため、議会はクマン・ナ・ゲールによって牛耳られることになるが、それでも、戦闘ではなく政治を通じて支持を広げてゆく可能性に共和主義勢力はたしかに手応えを得た。

ただし、前年の国民議会選挙の際のような選挙協定もイギリスからの圧力もない、いわば公明正大な総選挙を経たことで、自由国の正統性が強められたのも事実であって、コスグレイヴのクマン・ナ・ゲール政権は一九三二年まで維持される。コスグレイヴのプラグマティズムを端的に表現するのが、次のことばである。「私は共和制的な統治形態には興味がない……自由で自立した、権威ある国民主権の統治であるならば、その形態がどんなものであろうと気にしない」。コスグレイヴ政権は効率的な税制や非武装の警察機構を樹立して自由国の基盤を整備してゆくが、なによりも重要だったのは軍事に対する政治の優位を定着させたことである。一九二四年三月に自由国軍の一部勢力が政府への反抗の動きを見せると、叛徒と政府内のシンパ（閣僚を含む）は厳しく排除され、文民政府が軍を統制下に置くシヴィリアン・コントロールが確立された。オヒギンズ殺害や「青シャツ隊」の跋扈（本節4参照）のような事態もあったとはいえ、一九六〇年代末に北アイルランド紛争が深刻化するまで、政治的暴力は総じて封じ込められる。内戦期に反政府軍へのサポートがきわめて弱かったことが示すように、闘争の前線に立つ者たちが依然として「軍事化」の心性を保っていたのに対し、独立戦争ではIRAのシンパとしてふるまった文民の多くは休戦から内戦にかけていち早く「軍事化」の心性から脱し始めていたのであって、このことが比較的順調な政治的暴力の無力化を促したと思われる。

自由国体制が着々と安定してゆく情勢を受けて、デ・ヴァレラももはや教条的に自由国を否定するだけでは状況を転換できないとの認識を強め、一九二六年五月に新政党フィーナ・フォイル（アイルランド語で「運命の戦士」）を結成する。フィーナ・フォイルは現実主義的な共和主義勢力を求める者たちを惹きつけ、一九二七年六月の総選挙ではクマン・ナ・ゲールの四七議席に対して四四議席を獲得した。直後にオヒギンズ暗殺事件が起こると、今なお暴発の危険性を孕むかつての条約反対派を議会政治に囲い込むことを意図して、コスグレイヴ政権は登院拒否を非合法化する措置をとった。議会政治への参入に向け、デ・ヴァレラの背が押されたことに疑問の余地はない。残された問題は議員に求められるイギリス国王への忠誠宣誓の扱いであったが、結局、宣誓文を読む必要はなく、それに署名すればよい（しかも聖書を置かずに）、という妥協案が案出され、一九二七年八月一一日、デ・ヴァレラとフィーナ・フォイルの同僚たちがついに登院した。アイルランド政治の光景が一変した瞬間であった。

クマン・ナ・ゲールの一党支配は終焉し、二大政党制の時代が始まったのである。一九二八年の時点で、コスグレイヴは大所高所からこう表明している。「われわれの政権は長くつづきすぎました……私が遠からぬうちに実現させたいと考えているのは、現政権が権力の座を退き、他の党派が指揮をとることです」。

## 2　フィーナ・フォイル政権と一九三七年憲法

コスグレイヴの希望は一九三二年に実現する。同年二月の総選挙で二大政党はともに五七議席を獲得したが、労働党がフィーナ・フォイル支持に回ったため、戦間期のヨーロッパではきわめて例外的だったコスグレイヴの長期政権に終止符が打たれ、デ・ヴァレラ政権が成立した。懸念された軍の介入もないまま、クマン・ナ・ゲールは粛々と下野し、平和的に権力が移行した。内戦終結から九年足らずで議会制民主主義が根づいたことを示す政権交代劇であった。政治的な要求は暴力によってではなく二大政党が対峙する議会の手続きを通して追求される、こうしたイギリス的な政治文化が自由国に定着したのである。長期にわたったイギリスによる支配の遺産とも解釈できよう。大戦を経て成立した多くの新興国のうちでも、民主主義を堅持しえた点で自由国は特筆に値する存在であり、同じく民主主義を堅持したチェコスロヴァキアのように第二次世界大戦前に解体されることもなかった。民主主義の安定の要因としては、シヴィリアン・コントロールの確立、カソリック教会による議会政治の支持、世紀転換期から急増した自作農層の現状維持志向、プロテスタント人口の激減による宗派対立の実質的解消（次節参照）、等が考えられる。

ただし、議会政治に参入したとはいえ、フィーナ・フォイルは条約反対のスタンスを捨てたわけではなく、したがって、イギリスからの自立性を強め実質的な共和国へと自由国を導くことがデ・ヴァレラ政権の最大のテーマとなった。一九三三年のイギリス国王への忠誠宣誓の廃止、三二―三八年のイギリスとのいわゆる経済戦争[1]、等、一連の自立化政策のクライマックスとなったのが三七年の新憲法の制定である。これは戦間期に生じた最大の政治的変化であった。自由国憲法の改正を宿願としてきたデ・ヴァレラ本人が起草した新憲法は、「共和国という文言を用いない共和国憲法」に他ならない。いわば一九二二年のコリンズの企ての再現であるが(第4章第一節参照)、エドワード八世の退位(三六年一二月)というスキャンダルに揺れた直後のイギリス政府が積極的な介入を控えたため、新憲法制定は阻止されなかった。一九三七年憲法には、イギリス国王やその代理人=総督の権限にかかわる条項がいっさい含まれず、国号をエールとした自由国は「独立の民主的主権国家」と規定された。しかも、憲法の適用範囲は「アイルランド島全体から成る国土」(ただし、当面は「南部」二六州だけに適用)、あくまでも全島共和国を目指すという原則が書き込まれたのである。この規定は一九九八年四月の北アイルランド和平合意に伴って書き換えられ(アイルランド共和国が北アイルランドの領有権を放棄)、他にも改正が繰り返されてきてはいるが、一九三七年憲法自体は現在でも有効である。

実質的な共和国憲法の制定を成し遂げたデ・ヴァレラ政権は、第二次世界大戦においては枢軸国にも連合国にも与さない中立の立場を貫いた。一九三一年のウェストミンスター憲章によってイギリス帝国自治領には外交権が認められており、イギリスの戦争に同調しないという選択が可能になってはいたが、実際に中立政策をとったのはエールだけである。「友好的中立国」として連合国に便宜を図りはしたものの、厳しい圧力に屈することなくイギリスの戦争から距離をとり、エールは「独立の民主的主権国家」の矜持を保った。一九四八年のアイルランド共和国法に基づいて、翌年にはアイルランド共和国が正式に発足し、南北分割という現実は厳然としていたものの、共和主義の革命はひとまず目標を達成した。かつてコリンズが力説した通り、自由国は共和国樹立へ向けた「踏み石」として機能したといってよい。

## 3　「オレンジ国家」

北アイルランドにも触れておこう。自由国と決定的に違ったのは、北アイルランドのカソリックの人口比が自由国のプロテスタントのそれよりもはるかに高かったことであり(全人口の三分の一程度)、しかも、北アイルランドが抱えるこの相対的に大きなマイノリティは「南部」のＩＲＡから軍事的支援を受けた過去をもっていた。北アイルランド政府はこうした潜在的脅威に抑圧と排除の姿勢で臨み、ＩＲＡを潰滅に追い込んで以降も特別権限法は実質的に恒久化されて、Ｂスペシャルズも一万二〇〇〇人規模で維持された。カソリックにも門戸を開いていたとはいえ、治安勢力は圧倒的にプロテスタントによって構成された。北アイルランドでは宗派対立という宿痾が克服されなかったのであり、そ

(1)　土地購入を望むアイルランド人借地農の資金とすべくイギリス政府が導入した低利のローンの債務返済をデ・ヴァレラ政権が停止したことに端を発して、アイルランドとイギリスの双方が相手国からの輸入品に高率の関税を課した。一九三八年に総じてアイルランド側に有利なかたちで落着した。

れゆえ、自由国のように二大政党制が許容されることもなかった。一九二〇年アイルランド統治法には、マイノリティ保護の方策として比例代表制が規定されていたが、二九年にこれは廃止され、恣意的な選挙区割り《ゲリマンダリング》の実施と相まって、UUPが議会内の安定多数とともに政権を確保しつづけることが可能とされた。「オレンジ国家」としての旗幟を鮮明にしたのである。

南北統一のチャンスがあったとすれば、それは第二次世界大戦にあたりイギリス政府が中立の放棄と連合国側での参戦の見返りとして南北統一を提示した時だったが、この取引は成立しなかった。デ・ヴァレラ政権が申し出を拒否した大きな理由の一つは、ユニオニストが支配する北アイルランドの政治的な頑なさであった。ユニオニスト支配に風穴が開かない限り、南北統一がリアリティをもつことは考えにくく、全島共和国という理想は先送りされるしかなかった。

### 4　革命の終焉

内戦の終結、軍事に対する政治の優位の確立、二大政党制の成立、平和的な政権交代、等を積み重ねてきた自由国が革命期を過ぎたことは、一九三〇年代のファシズムの顛末に示される。一九三三年一月の総選挙で大敗したクマン・ナ・ゲール（フィーナ・フォイルの七七議席に対し四八議席）はファシズム的な路線に再起を託すようになり、パラミリタリである国民衛兵（「青シャツ隊」）や国民中央党と合流して新政党フィネ・ゲール（アイルランド語で「ゲール人の家族」）を結成した。総裁となったオーン・オダッフィは「（ヒトラー、ムッソリーニにつづく）ヨーロッパで三番目に偉大な男」を自称し、彼の下で「青シャツ隊」は暴力的な示威や挑発の行動を繰り返した。しかし、政党指導者としての適性を欠くオダッフィは一九三四年九月に総裁の座を追われ、以降、フィネ・ゲールはかつてのクマン・ナ・ゲールとさして違わない議会主義政党として、二大政党の一翼を担う。「青シャツ隊」にしても、最盛期には五万人規模に達したものの、一九三五年末までに事実上解体した。破滅的な経済危機、コミュニズムの台頭、等、ヨーロッパ大陸諸国の多くに見られた要因が不在だったアイルランドでは、ファシズムは大きな影響力をもちえず、議会制民主主義が維持された。また、政権を掌握したフィアナ・フォイルがＩＲＡとの協力関係を解消し、一九三六年六月にはＩＲＡを非合法化した事実も、革命期の終焉を伝える。「軍事化」された政治は、もはや過去のものとなったのである。

とはいえ、フィーナ・フォイルは条約反対派に、フィネ・ゲールは条約賛成派に淵源をもつ以上、政党政治に内戦期の敵対が持ち込まれることはやはり避けがたく、二大政党の関係は協力よりも対決を基調とした。二大政党の連立は、「緊急事態」と呼ばれた第二次世界大戦のような場合も含め、一度も成立していない。また、アースキン・ハミルトン・チルダーズを持ち出すまでもなく、戦間期、さらには第二次世界大戦後においてさえ、有力政治家の多くは内戦の当事者ないしその子孫であって、内戦のトラウマは時々に蘇った。

## 第二節　総括——二つの国家の誕生

### 1　革命の決算

革命はなにを達成し、なにを達成できなかったのか？　いうまでもなく、中核的な成果は連合王国の構成部分から帝国自治領へという「南部」二六州の政治的ステータスの変化、自決権を享受する主権国家としての自由国の成立である。フィンランド、ポーランド、チェコスロヴァキア、等、大戦で崩壊した帝国からの独立を果たした国家の事例は数多あるが、大戦の戦勝国から離脱した点でアイルランドのケースは特筆に値する。そして、革命によって樹立された自由国体制は、国号を改め、さらに自治領から名実ともに独立国になるという変化こそ経験するものの、議会制民主主義を機能させ、今日まで安定的に存続している。革命の成果は徒花では終わらなかったのである。ただし、自由国が迅速に安定を獲得した背景に、南北分割とプロテスタントの大量流出に伴う住民の均質化があったことには留意しておきたい。主権獲得のためのイギリスとの闘争と同時に、革命の中ではアイルランド人同士の抗争も展開されたのであり、一九二二―二三年に限らず、革命全体が内戦的な性格をもっていた。

革命の限界として第一に指摘されるべきは南北分割である。革命を志した者たちがなんとしても避けたかった措置であるが、しかし、それもまた革命の帰結であった。そもそも、アイルランドに二つの国家が成立するに至る過程の端緒は第三次自治法案への革命的な含意(議会制定法への不服従、独自暫定政府の構想、パラミリタリの組織、等)を帯びたユニオニストの抵抗にあり、革命はアルスターから始まったといってもよい。そして、革命期を通じてアルスターは「南部」とははっきりと異なる歩みを見せ、「二つのアイルランド」の語りにリアリティを与えた。ただし、革命期のアルスターで進展した事態は「南部」の革命から切り離されていたわけではなく、「ソンムの血の犠牲」が利敵行為たるイースター蜂起との対比においてアルスターの忠誠心を明示するエピソードとして喧伝され、「南部」

のＩＲＡの介入がベルファストをはじめとするアルスター各地での暴力的な宗派抗争の引き金となったように、革命の展開と明らかに連関していた。その意味で、北アイルランドの創設もまた革命なくしてはありえなかった事態、目論見に反するとはいえ、革命の副産物であった。あるいは、北アイルランドという連合王国内の自治国家の成立自体を革命的な変化と評すことも許されるだろう。もちろん、北アイルランドが宗派主義的な治安維持国家となったことも、革命に伴う宗派対立の尖鋭化を度外視しては理解できない。自由国と北アイルランドという、各々のマイノリティを強引に周縁化する二つの国家こそ革命の最も永続的な遺産であって（南北の境界は一九二〇年から変化していない）、今日までのアイルランドの歩みもこの遺産の枠内で展開されてきた。ドイツ、朝鮮、ヴェトナム、等、二〇世紀の世界に深い刻印を残した分断はアイルランドでいち早く出来し、今も残存している。本書がアルスター情勢に紙幅を割いたのは、アルスターもまた革命の渦中にあり、革命の帰結として北アイルランドが成立したことを示すためであった。

第二に、革命が政治の領域に限定され、経済や社会の領域においてはさしたる成果がなかったことである。革命は政治権力の奪取を事実上唯一の目標として戦われた。自由国が成立した後も、安定の確保にはエリート層からの支持調達が不可欠と判断したコスグレイヴ政権が概して保守的な経済政策をとり、厳しい財政事情のためもあって公的支出の抑制を基本方針とした結果、経済構造そのものにはほとんど手がつけられなかった。たとえば労働者の貧困も失業も内戦以来の対立構図の中で周縁に位置づけられてしまい、労働党は二大政党の狭間で伸び悩んだ。そもそも、一九世紀末からの土地改革＝自作農創設の進展によってアイルランドは経済の領域にかかわる重大な変革をひとまず経験しており、さらなる変革の要求は強くなかった。社会改革に関しても、アイルランド語の復興を別にすれば、クマン・ナ・ゲールには大胆な政策を実施する用意はなく、むしろ、離婚の非合法化(一九二五年)や聖職者が支配する検閲局の設置(三〇年)のような、カソリック教会の意向に沿った保守化が目につく。一九一九年の「民主綱領」に盛り込まれた経済・社会の改革のヴィジョンは、ほぼ全面的に棚上げされたのである。そして、独立戦争から内戦にかけての時期に暴力や略奪の脅威にさらされがちだった「南部」プロテスタントにとって、カソリック色の強い自由国も生きづらい場所であり、一九一一—二六年で三四%(大半は二一—二四年)というカタストロフ的な規模で「南部」のプロテスタント人口は減少した。内戦終結後も流出はつづき、結果的に達成された高い水準の住民の均質化は、自由国の政治的安定の重大な要因となる。背景にあったのは、同時代のヨーロッパ各地で見られた、「他者」や「内なる敵」の放逐による均質化志向の強まりである。

カソリック教会と歩調を合わせようとした点では、フィーナ・フォイルも同様である。デ・ヴァレラ政権が検閲の強化をはじめとする道徳引き締め策を打ち出した狙いは、明らかにカソリック教会との連携強化であった。一九三七年憲法は宗教の自由を規定する一方でカソリック教会に「特別な地位」を認め、家族を「社会における自然かつ最も重要な根本を成すユニット集団」と位置づけた。そして、女性の居場所は家庭だという認識を前提に、「母親たちが経済的必要に迫られ家庭での責務を蔑ろにして労働に従事しなければならない」事態を招かないことを、国家の責務と規定するのである。一九三九年のラジオ放送でデ・ヴァレラが「わが国はカソリック国だ」と明言したように、「独立の民主的主権国家」たるエールは保守的なカソリック国家、いわば「グリーン国家」として自己成型していった。一九三九年の時点で、ショーン・オフェイロンはこう書いている。「南部のプロテスタントが重要な公的地位に就くチャンスは、北部のカソリックとほとんど違わぬくらい僅かである。……南部の宗教は北部と同じく堅牢に組織されており、偏狭なことでも劣らない」。一九一六年の「共和国宣言」は宗派を超えた包括的なアイルランド国民を構想し、男性にも女性にも同等に呼びかけていたのだが、理想と現実の落差は大きかった。「これまで革命を成功させることができた革命家の中で、われわれはおそらく最も保守的な性向の革命家である」というオヒギンズの有名なことばは、クマン・ナ・ゲールのみならずフィーナ・フォイルにも該当する。そして、自由国がカソリック色を強めれば、南北統一はいよいよ困難になる。「グリーン国家」と「オレンジ国家」とが睨みあう状況が定着してゆくのである。こうした意味で、第二の限界は第一の限界と連動した。

第三に、イースター蜂起以降の革命の最も重要な旗印となった共和国が獲得されなかったことである。現時点から振り返れば、自由国は共和国への「踏み石」になったといえるが、同時代には自由国を革命の目標には足りない結果と捉えるナショナリストが多く、だからこそ内戦が招かれたのであった。そして、共和国の不達成という第三の限界は一九三七年憲法の制定によって実質的に克服された。憲法制定を主導したデ・ヴァレラは時を隔てて革命の完遂を企て、暴力を介在させることなく目標を達したのである。ただし、この達成が「南部」二六州に限られる点では依然として不完全であること、しかも、一九三七年憲法に顕著な保守的なカソリック国家の志向が、南北分割をむしろ固定化する力となったことも見逃せない。全島共和国の理想に照らして、一九二一年の講和条約には自治領ステータスと南北分割という二つの難点があったわけだが、一九三七年憲法による前者の克服は後者の温存・強化を伴ったことになる。未完の革命に孕まれたジレンマである。

## 2　大戦というコンテクスト

大戦のコンテクストを抜きにして革命が捉えられないことは、イースター蜂起の事例だけを見ても明らかだろう。大戦によってイギリス軍がグローバルに広がる戦闘に注力せざるをえなくなり、アイルランドへの備えが相対的に手薄になったこと、「敵の敵」たるドイツが連携の相手として浮上したこと、大戦に見られた自己犠牲と流血が急進派ナショナリストを強く刺激したこと、これらの要因があったからこそ蜂起は決行された。そして、レーニンのスローガン「帝国主義戦争を内戦に転化させよ」を先取り的に実践した点でも、蜂起は大戦とロシア革命のコンテクストに位置づけられる。また、自決という大戦の(総じて積み残された)戦争目的を賭けた独立戦争は、各地で勃発した「戦後の戦争」の一例であり、「大戦のやり直し」であった。それにつづく内戦も大戦の余波として把握できる。小国の権利や自決を大義に掲げた連合国が勝利したにもかかわらず、大戦はアイルランドの自決を実現させなかった。アイルランドにとって大戦はまさに「未完の戦争」に他ならず、結果的に、より凄惨な暴力による決着が導かれたのである。

革命から生まれた二つの国家にも、大戦の刻印を見出すことができる。自由国(暫定)政府も北アイルランド政府も強権的な治安維持手法を駆使したが、それは大戦後のヨーロッパ大陸諸国で広く見られた右翼権威主義の台頭とパラレルな現象である。軍法会議による処刑を連発した自由国(暫定)政府をファシストに準えることばも聞かれた。さらに、「オレンジ国家」たる北アイルランドはもちろん、

「グリーン国家」と化す自由国でも、進展したのはマイノリティの抑圧や排除であって、これもまた大戦末期・終結後に設立された新興国の多くで行われたことである。アイルランドはアイルランドなりのやり方で大戦とその後の混乱期を経験したのであり、この経験を貫いたのが革命であった。

## 3　革命の暴力

革命の展開は暴力の発動によって決定的に左右された。UVFとIVの登場とともに大戦に先駆けて始まった政治の「軍事化」には、大戦により拍車がかけられ、暴力が頻発する状況がもたらされた。南北間の内戦もあるか、という緊張が醸成されて以降、多大な犠牲者を出した大戦によって、そして、殉教者が次々と生まれたイースター蜂起と独立戦争によって、大義のためなら自他の犠牲を厭わない暴力的なヒロイズムが浮上したことは否めず、それは必ずしも不可避だったとは思えない内戦までも引き起こした。革命の一〇年間は暴力が政治に対する優位を着々と獲得してゆく一〇年間に他ならなかった。ただし、少なくとも自由国に関する限り、暴力の優位が比較的迅速に解消されたことも記憶しておくべきだろう。大戦後のヨーロッパ大陸諸国の多くが直面した経済の破綻やコミュニズムの脅威がなかったことに加えて、長きにわたるイギリスの支配が多少とも民主的な政治文化の素地を育んでいたことが、こうした展開を可能にしたと考えられる。逆に、マイノリティが脅威と目されつづけた北アイルランドでは、暴力のプレゼンスは容易に小さくならなかった。

アイルランド・ナショナリズムには非暴力的な政治的手法を旨とする潮流と暴力的手法を辞さない潮流とがかねてから並存し、状況に応じて一方が他方に対して優位に立ち、状況が変化すれば優劣の関係も逆転することが繰り返されてきた。本書が扱った革命期は、当初は優位だった政治的手法が段々と暴力的手法の台頭を許し、後者の優位が定着した時期にあたる。そして、前者が後者に対する優位を再び確立したことをもって、革命期は終焉を迎えたのであった。ただし、二つの潮流が截然と区分されうることは稀で、むしろしばしば重なり合っていた。たとえば、議会の手続きを通じた自治の獲得を目指したレドモンドはＩＲＢの影響下にあるパラミリタリ＝ＩＶの総裁に就任したし、ＩＲＡが「国際的承認」の獲得という政治的手法による目標の達成を志向したシン・フェインにしても、ＩＲＡが駆使する暴力的手法を否定することはなく、軋轢や齟齬も存在したものの、協力関係を結んだ。

革命期の暴力にはどのような特徴があったのか？「軍事化」の先鞭をつけたＵＶＦであれＩＶであれ、武器を密輸までしたとはいえ、大戦勃発以前の段階では、先制的に暴力を行使することを意図していた者はごく少数に留まった。パラミリタリの武装や教練が単なる政治的圧力の一環であることをやめ、実際に暴力を行使することがリアルな選択肢になっていったのは、やはり大戦による暴力の日常化によるところが大きい。そして、この選択肢を実践したのがイースター蜂起であった。しかし、最初からわかっていたかもしれないにせよ、蜂起は正面からの暴力による戦いでは勝利の見通しなど開かれないことを改めて痛感させる出来事でもあり、そこから導かれた一番の教訓は、無謀な暴力行使は回避されるべきだ、ということであった。代わって浮上した方針が、①政治的手法の可能性を改めて追求する、そして、②暴力を用いる場合にはゲリラ戦のような形態を選ぶ、であった。パリ講和会議の時期にシン・フェインが採用したのが①であり、その行き詰まりを受けてＩＲＡが実践したのが②であった。しかも、ゲリラ戦の背後では、国民議会を拠点とする対抗国家構築という政治的手法の戦いが継続された。つまり、暴力は無思慮なまま噴出したわけではなく、政治的手法との相互関係の中で戦略的に行使されたのである。

とはいえ、暴力の戦略的行使ばかりを指摘するのはバランスを欠くだろう。革命期の暴力の主要な担い手となったのはパラミリタリであった。イースター蜂起のＩＶや独立戦争のＩＲＡはもちろん、内戦の際の自由国軍や反政府軍も、あるいは、独立戦争において治安勢力の尖兵となったタンズやオーグジズも、パラミリタリの性格を色濃くもっていた。そして、パラミリタリ暴力は「裏切り者」と目された(多くの場合、濡れ衣)文民に向けてしばしば理不尽に行使された。独立戦争末期に殺害された者の六割以上は文民であったし、内戦でも独立戦争以上に文民の犠牲者が多かった。年来の宗派対立を抱えたアイルランドの場合、宗派が攻撃対象の選択基準となることが常套的で、パラミリタリ暴力の多くは宗派的な性格のものであった。政治的・戦略的なそれとは別の暴力行使の「論理」が存在したのであって、この「論理」はダーティ・ウォーを招かずにはいなかった。

## 4　ナショナリズムと宗派主義

革命を牽引したナショナリズムの性格についても考えておきたい。アイルランド史上の先行する蜂起と比較して、イースター蜂起の著しい特徴といえるのは、指導者のほとんどがカソリックだったことである。名目的にはプロテスタントだったケイスメント、マルクス主義者コノリ、無神論者クラークも処刑直前にカソリックとなっている。叛徒の圧倒的多数もカソリックであって、蜂起の直前にプランケット伯爵は教皇庁を訪ねて叛徒への祝福を求めた。イースター蜂起はカソリシズムに深く根差していたのであり、この点は独立戦争も同様である。こうした傾向はなにも共和主義運動だけに見出されるわけではなく、自治主義の陣営にしても、一八九〇年代以来、指導者の位置を占めたのはカソリックであった。背景には、一九世紀に始まるプロテスタント優位体制の弛緩とカソリックの着実な社会的台頭がある。

カソリックの主導権が強まり、ナショナリズムとカソリシズムとが結びついてゆくことに伴って、プロテスタントがナショナリズムの「敵」に認定されやすい状況が生まれる。蜂起が発した「共和国宣言」が「宗教的・市民的自由」を明言し、宗派を超えた包括的なアイルランド国民を謳ったことは事実だが、わかりやすい「敵」の設定は支持調達のうえではやはり有効であり、パラミリタリ暴力にはっきりと見られたように、実際にはプロテスタント＝「敵」の図式は広く活用された。一九一七年の東クレア補選にあたって、デ・ヴァレラは「宗教と愛国心の不可分性」を宣言している。ナショナリズムとカソリシズムとが着々と一体化していった結果、いかに南北和解を提唱しても、プロテスタントとの間を架橋することは困難を増してゆく。宗派主義を伴った革命の成果である自由国は、プロテスタントには生きにくい偏狭な国家、カソリック教会の支配力が強い「グリーン国家」となる。南北分割とプロテスタント住民の流出によって、自由国ではある種の「民族浄化」が達成されたともいえる。自由国の政治的安定の背後できわめて排他的な力が作用していたことは否定できない。

実質的な「民族浄化」が果たされた自由国と相対的に大きな宗教的マイノリティが残留した北アイルランドとでは事情は異なるとはいえ、はっきりと宗派主義的な性格の国家となったことでは双方とも同様であった。ひとまず安定を獲得したものの、こうした宗派主義は特にカソリックが制度的にも実態の面でも著しい不利益を被った北アイルランドにおいて抗争の火種でありつづけ、その噴出が招いたのが一九六〇年代以降の北アイルランド紛争であった。革命が尖鋭化させた宗派対立は南北分割に帰結したが、この措置によって宗派対立が収拾されたわけではなく、約半世紀の時を隔てて、革命期を彷彿とさせる暴力的抗争が再び導かれたのである。

# エピローグ――「亡霊が扉を叩いている」

本書でクロース・アップした三人の死後について述べて、締め括りとしたい。

チルダーズの生涯を総括する最初の試みといえるのが、ヨット仲間だった作家アルフレッド・オリヴァントによる『アースキン・チルダーズ――評価と批判』(一九二三年)である。

知的な限界が彼を最終的な破滅へと導いた。意識していなかっただろうが、彼は第一に、なにによりも増して、一貫した神秘主義者であった。……彼はこの世とは隔絶された夢と理想の雲の中で生きていた。足は地についておらず、頭はたしかに天国にあった。……感情が大きかったのと同じくらい知性がよいものであったなら、彼はわれらの時代の世界を動かす偉大な力の一人となっただろう。しかし、彼の知性の目はぼやけていて、段々とさらにぼやけていったように私には思えた。……彼が追求したのはもはやアイルランド国民の意志ではなく、アイルランド国民のためになると彼が信ずるものであった。

晩年のチルダーズが反政府軍を操る黒幕であるかのように描かれがちだったのに対し、知的限界を大きな弱みとする無意識の神秘主義者、というまったく異なるチルダーズ像を打ち出したのである。

より本格的な再評価を意図したのが、法制官僚時代以来の親友ベイジル・ウィリアムズの『アースキン・チルダーズ――記憶と手紙に基づく素描』であり、一九二六年に私家版として刊行された。結論部分は以下のようである。

〔アイルランドとイギリスの〕いずれにとっても、彼はこれまでそう呼ばれてきたような背信者ではなかった。……彼をよく知る者だったら誰もが確信していることが一つある。すなわち、彼という人間には卑劣さや背信性は微塵もなかったこと、彼がどんな路線で行動したにせよ、彼の判断をわれわれがどんなに嘆くにせよ、それが誰にも劣らず繊細で真正な良心の鼓舞と名誉の意識に裏づけられていたこと、である。

「二重の背信者」というチルダーズに貼られた最も不本意なレッテルから、彼の真摯さや誠実さを救いだそうとするのである。晩年の言動についての留保はあっても、チルダーズを「最も高貴で無私な人物の一人」と評価するウィリアムズは、オリヴァント以上に共感を込めて再評価を求めたといえる。

ウィリアムズは一九四一年にもチルダーズを回顧する一文を『アイリッシュ・タイムズ』に寄せているが、一九年頃を境に人間的な魅力を失った、という趣旨に、『ブルティン』時代のチルダーズの同僚フランク・ギャラハーが反論した。

ウィリアムズ氏は一九一九年以降のアースキン・チルダーズは大きく変わったと信じているようです。ユーモア、寛容さ、視野の広さの多くが、さらに彼がもっていた優しささえ多少とも失われてしまった、と。……ウィリアムズ氏は一九一九年までのアースキン・チルダーズを親しく知っていました。私はといえば、一九一九年まで会ったことがありませんでした。ウィリアムズ氏が愛情を込めて描くアースキン・チルダーズは私の知るアースキン・チルダーズとまったく同じなのです。ユーモアといい、優しさといい、高貴さといい、寛容さといい、視野の広さといい、すべてが。つまり、実際のところ、彼は変わったりはしなかったのです。ギャラハーにいわせれば、シン・フェインへの参加によってチルダーズの美質は失われたどころか、むしろ全面的に開花したのだった。

チルダーズの政治的な名誉回復が着手されたのは一九二四年一〇月、彼の遺骨が、銃殺刑の場であったベガーズ・ブッシュ・バラックから、ダニエル・オコネル、チャールズ・ステュアート・パーネル、グリフィス、コリンズ、等(後にはデ・ヴァレラやケイスメントも)、アイルランド史上の「英雄」が眠るダブリンのグラスネヴィン墓地へと移されたのである。そして、フィーナ・フォイル政権下で名誉回復の動きは加速され、デ・ヴァレラは折りに触れてチルダーズの功績に言及した。一九六一年七月三〇日には武器密輸で活躍したチルダーズのヨット「アズガード」が共和国政府に寄贈され、その記念式典は「現代アイルランドの形成に対するアースキン・チルダーズの貢献のアイルランド国家による最初の公的顕彰」となった。運輸電力相アースキン・ハミルトン・チルダーズも列席した式典で、デ・ヴァレラは共和国大統領としてこう演説した。

本日、獲得された自由の光に照らして、私たちは皆、この自由をもたらすことに貢献した人々、とりわけ……「自由の先駆者」となった白いヨットをこの岸壁まで運んできた人々に敬意を表したいと思います。このヨットが私たちにとっていつまでも希望と信頼のシンボルでありますように。そして、アースキン・チルダーズ、チルダーズ夫人、メアリ・スプリング・ライス、その他の「アズガード」乗組員の名がいつまでも私たちの間で崇敬の対象でありますように。

こうして、「二重の背信者」として死んだチルダーズの名誉はようやく公式に回復された。一九六四

図 E-1　チルダーズと長男(1912 年頃)

年一月一日に死亡したモーリの葬儀で喪主を務めたのも、大統領在任中のデ・ヴァレラであった。

処刑前夜の父との面会で約束した通り、アースキン・ハミルトンはアイルランド政治の世界を歩んだ。一九三八年にフィーナ・フォイル所属の議員となった彼は、重要閣僚を歴任した末、七三年六月には第四代共和国大統領に就任する。大統領選の対立候補は、父の処刑の責任者ともいうべきオヒギンズの甥トム・オヒギンズであった。アースキン・ハミルトンはこう語っている。「父の忠告に従い、私はいかなる演説の中でも内戦に言及しないようにしてきました。北アイルランドで内戦のような事態が発生した時には、父からメッセージを託されているように感じました。それゆえ、前大統領〔デ・ヴァレラ〕を別にすれば、私はおそらく誰よりも多く繰り返し平和的和解と暴力の回避について語りました」。「アイルランドのみならずイギリスをも愛するアイルランド人」という自己認識に達した父の記憶にインスパイアされ、大統領在任中の一九七四年一一月一七日に死亡するまで、彼は南北間の、そしてアイルランドとイギリスの間の和解を促進することを政治家としてのテーマとした。『タイムズ』のアースキン・ハミルトンの死亡記事では、父が言及されている。

彼の父アースキン・チルダーズは、『砂洲の謎』の著者として、そして第一次世界大戦の際の卓越した海軍航空部隊の士官として、イギリスでは最もよく知られている。シン・フェインと運命をともにし、条約に反対して共和国を頑強に主張するデ・ヴァレラ氏を支持した。

彼は一九二二年に自由国政府に逮捕され、銃器所持なる怪しげな罪で銃殺執行隊によって処刑された。この当時イングランドのパブリック・スクールの生徒だった息子は、処刑直前に死刑囚房で父と面会した。父はアイルランド政治の世界に入る気持ちがあるのかどうかを問い、息子はそのつもりだと応えた。

この痛ましい対面の記憶は、一瞬たりとも彼の脳裏を離れなかった。若き日の彼がした約束は、豊かに実現されたのである。

かつて反政府軍の危険で狡猾な黒幕に仕立てられたチルダーズは、ここでは、より受けいれられやすいキャリアを歩んだ有名政治家にまつわる美談の無害な登場人物にすぎない。

戦死直後のウィリーは「英雄」扱いを受け、記念・追悼の企画も多かった。第三次イープルの戦いがまだ終息していないにもかかわらず、一九一七年一〇月二一日にはメモリアル委員会の代表団が墓参のために戦地を訪れ、式典では第一六師団と第三六師団の兵士が礼砲を鳴らした。委員会のセクレタリは墓前で次のように演説した。

祖国の苦難と危機の時にあって、アイルランド人が結束できるとしたら、それはお互いに戦うことによってではなく、共通の悪辣な敵とサイド・バイ・サイドで戦うことによってであること

図 E-2　ウィリーの墓

を、彼は予見したのです。……

北部から、南部から、東部から、西部から、アイルランド人がやってきました。私たちが異なる寺院で同じ唯一の神に祈るからといって、なんの問題があるでしょう。

ウィリーは「サイド・バイ・サイド」の「英雄」として追悼されたのであり、実際、第三六師団からもメモリアル基金への寄付があった。ウェクスフォードのレドモンド・パークにウィリーの胸像が設置されるのは一九三一年である。

また、一九一七年のうちに、ウィリーを記念する書物も二冊刊行された。一つはウィリーがリベラル系週刊紙『デイリ・クロニクル』に戦地から寄せた記事を集成した『フランスの塹壕より』、もう一つはティペラリの聖職者アーサー・ライアンが編集した『ウィリアム・レドモンド少佐』である。一九一八年にはメモリアル委員会が『追悼』を刊行する。『ウィリアム・レドモンド少佐』に収録された追悼文の中で異彩を放つのは、創立当初のＩＶの教練に尽力したモーリス・ムーアの寄稿であり、ここではウィリーがピアースと並置される。

彼らはいずれも、なんらかの党派組織のためではなく、北も南も含めたアイルランド全体のために死んだ。彼らの名は党派的な掛け声として使われてはならない。党派的憎悪を強めるために使われてはならない。彼らはアイルランド全体のものなのだ……。

しかし、イースター蜂起以降の時期に、イギリスの支配に抗して決起したピアースとイギリス軍に志願入隊したウィリーとを同列に置く議論は広くは受けいれられなかった。革命後の自由国や共和国においても、イギリス軍士官として死んだウィリーを前向きに評価することは難しかった。結果的に、ウィリーの忘却が進み、フル・スケールの評伝が刊行されるのはようやく一九九五年(今のところ唯一)、玉石混交で夥しい数の評伝があるチルダーズやケイスメントとは対照的である。

ウィリーのそれに限らず、近年まで共和国では大戦の記憶は影が薄く、「国民的記憶喪失」とさえ形容された。自由国の時代には、アイルランド人の大戦への関与とその犠牲は、それが自由国の設立に貢献したとまでは評価されなかったにせよ、広く認知されており、毎年の休戦記念日には式典やパレードが行われていたのだが、第二次世界大戦が契機となって、記憶の抹消が始まる。多くのアイルランド人がイギリスの戦争に献身した大戦の記憶には、エールが採用する中立政策への批判が含意されたからである。第二次世界大戦後になっても、「最も偉大な戦争」は共和国建国の端緒となったイースター蜂起だとの言い分が支配的で、大戦を顕彰するのは難しかった。もちろん、「ソンムの血の犠牲」への関心が北アイルランドで衰えることはなかったが、共和国では概して黙殺された。

大戦の記憶が蘇ってくるのは一九八〇年代後半のことである。きっかけとなったのが、一九八七年一一月八日、北アイルランドのエニスキレンにおける休戦記念の追悼行事でＩＲＡの爆弾により一一人が死亡した事件である。大戦への関心が強力に喚起された背景としては、次の三点があげられる。

①ヨーロッパ統合の進展が、ヨーロッパにおける自らの役割への関心を強めたこと。そこに呼び込まれたのが大戦の記憶であった。大戦はアイルランドがヨーロッパと共有する歴史的経験と把握され、アイルランドが担った役割が積極的に意味づけられた。②「ケルトの虎」と呼ばれるようになった共和国の経済的活況が、価値の相対化を促したこと。既存の歴史像への異議申し立てが容易になり、共和主義の影に隠れていた自治主義に改めて光があてられた結果、自治の実現を促そうとイギリス軍の兵士として大戦に従軍した人々の姿が浮かび上がった。③一九九八年四月の北アイルランド和平合意(聖金曜日協定)に至るプロセスの前進によって、南北の違いを認めたうえでの和解や共存を構想しやすくなったこと。大戦は共和国と北アイルランドとに共通する記憶として再想起され、北アイルランド紛争を泥沼化させてきた宗派対立を克服しようとする動きと共振した。

南北和解への思いと大戦の記憶の再想起との交錯をシンボライズするのが、ベルギーのメシーヌに建設されたアイリッシュ・ピース・タワー、「南部」出身かアルスター出身かを問わず、大戦で戦死したすべてのアイルランド人を記念・追悼するためのモニュメントである。一九九八年一一月一一日のオープニング式典に共和国大統領メアリ・マカリースとイギリス女王エリザベス二世が顔を揃えたのは、和平合意の年に相応しい光景であった。ピース・タワーに体現されているのは、アイルランドと大戦のかかわりの記憶を喚起することと南北和解を促すこととが軌を一にする状況である。入口に刻まれた「平和の誓い」が、ピース・タワーに込められた思いを端的に表現している。

この追悼の聖地から……われわれはすべてのアイルランド人に対し、平和で寛容な社会の建設に力を貸すよう訴える。これらの塹壕でともに任務を果たしていた時、プロテスタント兵とカソリック兵の間に生まれた連帯と信頼を思い出そうではないか。
大戦における南北共闘の記憶を呼び起こすことを通じて南北対立を乗り越えようとのレトリックは、ウィリーが繰り返したそれと実質的に違わない。換言すれば、南北和解という課題に取り組むにあたり、ウィリー的な立論は今も有効だと考えられているのである。ピース・タワーが建設されるべき記憶の場としてメシーヌが選ばれたのは最初の「サイド・バイ・サイド」の舞台だったからであるが、ここはウィリー終焉の地でもあり、ピース・タワーが彼の記憶を永らえさせる作用を及ぼすことは容易に想像できる。

ただし、南北共闘の記憶が南北和解を促す、という想定の危うさも意識しておかねばならない。メシーヌの「サイド・バイ・サイド」はたしかに大きな戦果を収めたわけだが、敗走したドイツ兵を単純に悪役に据え、共通の敵を一緒に打倒した記憶で南北和解を支えようとするなら、忌むべき排他性が頭をもたげてくる。実際、「民主主義とすべての国の権利を守るために共通の敵と戦ったアイルランドのあらゆる地方出身の数千数万の若者たち」の顕彰を謳う「平和の誓い」、あるいは、大戦を「ヨーロッパにおける抑圧に抗する戦争」と把握する式典でのマカリースの演説からは、

図 E-3　メシーヌのピース・タワー(著者撮影)

ドイツ＝悪の構図が透けて見える。また、メシーヌばかりが注目され、惨敗に終わったランゲマルクでの「サイド・バイ・サイド」が想起されてこなかったのも（ランゲマルクにメモリアルが設置されるのはようやく二〇一六年）、勝利の記憶の心地よさゆえだろう。敗者の犠牲の上に和解を語ってしまうことには警戒が必要である。二〇一四年七月のティプヴァル（ソンム）における開戦一〇〇周年式典で、イギリス皇太子チャールズは、連合国の兵士ばかりでなく、「あらゆる戦闘のうちでも最も不毛だったこの会戦〔ソンムの戦い〕で戦い生命をおとしたドイツの兵士のこともまた、われわれは記憶します」と述べたが、同じ趣旨のことばはメシーヌでも語られるべきである。あるいは、第一六師団のカソリック従軍司祭ウィリアム・ドイルが、メシーヌ・リッジ攻略作戦の際、ドイツ兵にも赦罪のことばを施したエピソードを想起するのも無意味ではなかろう。

今日のアイルランドでは大戦に関する「国民的記憶喪失」は克服されている。歴史研究も着実に積み重ねられ、二〇世紀のアイルランドが経験した最大の戦争に他ならず、今日に至る歩みを強く方向づけた大戦という経験に、ようやくアイルランド史上の「中核的エピソード」の位置が与えられようとしている。本書が試みたように、大戦のコンテクストに引きつけて革命を叙述することも可能になった。そして、アイルランド史における大戦の再評価の焦点の一つは、南北和解の萌芽を大戦で一時的とはいえ実現された南北共闘に見出そうとすることにあった。南北和解が今日なお切実なテーマであることを考えるなら、この課題にいわば殉じたウィリーへの関心が喚起されたことは驚くにあたらない。ウィリーの評伝が刊行されたのは、まさに和平合意への流れができあがってゆく時期においてである。さらに、二〇一三年一二月一九日にウィリーの墓を訪れた共和国首相エンダ・ケニが、「ウィリー・レドモンドの墓の前に立つ私の心によぎったのは、だからこそ私たちはヨーロッパ連合をつくったのだ、だからこそ私はヨーロッパ評議会に出席しているのだ、という思いでした」と述べたように、今やウィリーはヨーロッパ統合の文脈においてさえ想起されつつあるのかもしれない。

図 E-4　マーロウ湾に建つケイスメントの記念碑

ケイスメントの埋葬は、一九一六年八月三日の処刑当日にペントンヴィル刑務所内で行われた。刑務所内に埋葬されるのは殺人罪によって処刑された者のみであるのが慣例だったから、これは遺族・関係者にとって納得しがたい措置であった。ケイスメントの従妹ガートルード・バニスターは、本人からこう求められていた。「このおぞましい場所に私が横たわったままにはしないでほしい。私の骨をアイルランドに持って帰り、懐かしいマーロウ湾〔アルスターのアントリム州。両親を失ってからしばらく、ケイスメントはこの地で暮らした〕の墓地に埋葬してほしい」。処刑の直後から遺骨の返還が何度も要求されたが、イギリス政府はこれを拒否、半世紀近くにわたって返還は実現されなかった。一九五三年にチャーチルが述べた「かつての対立の苦渋に充ちた記憶を覚醒させるリスクは避けるべきだ」とのことばに、デ・ヴァレラは、引渡しが行われない限り「苦渋に充ちた記憶」

が刺激されつづけるだろうと返答した。イギリス政府はケイスメントの「亡霊」に怯えていたのである。

この世とあの世の狭間をさまよう「亡霊」としてのケイスメントを描いたW・B・イェイツの「ロジャー・ケイスメントの亡霊」（一九三六年）も、遺骨の返還を求める意味を込めて書かれた。「ジョン・ブル」から為された不正への復讐のためにアイルランドに帰ったケイスメントの「亡霊」が「嘲りのうなり声」をあげる様子の描写で始まり、イギリス（帝国）の犠牲になってきた者たち＝「苦悩を抱えた親愛なる者たち」に「亡霊」の名を叫ぶことを呼びかけて終わるこの詩でなによりも印象的なのは、四つのスタンザの最後に繰り返される「ロジャー・ケイスメントの亡霊が扉を叩いている」である。執拗なリフレインはあたかも呪文のように響く。イースター蜂起に寄せた詩の中でも頭抜けて有名なイェイツの「イースター、一九一六年」（一九一六年九月に完成、二〇年一〇月に発表）にはケイスメントへの言及はないが、ひときわ耳に残る「恐ろしい美が生まれた」の繰り返しには、死してなおこの世を去ろうとせず、飽くことなく扉を叩いてイギリスへの呪詛を喚起するケイスメントの「亡霊」を予感させるものがある。

遺骨がついに共和国に戻ったのは一九六五年二月二三日であった。三月一日に国葬が執り行われ、チルダーズを含めた「英雄」たちが眠るグラスネヴィン墓地への埋葬の際には（マーロウ湾は北アイルランドに属したため、ケイスメントの生前の希望は叶えられなかった）、体調不良を押して参列した八二歳のデ・ヴァレラが演説した。

ケイスメントはアルスター出身であり（ダブリン州生まれだが、少年時代をアントリム州で過ごした）、この国のすべてを愛しましたが、アルスター地方への愛情は特に強いものでした。彼がアルスター地方を愛したのは、アイルランドの歴史を通じてアルスターの人々が果たしてきた役割ゆえであり、また、私たちの誰もが自分の生まれた地方の次にはアルスター地方を愛していることを彼が知っていたからでもありました。

　ここに集った私たちの誰もが、アルスター地方の人々と私たちとが協力関係によって結ばれるようあらゆる努力を尽くすことを、そして、何世紀にもわたって多くの犠牲が払われてきたこの国を誰にも負けないほど愛することを、改めて決意するでしょう。

やっとアイルランドに帰った「亡霊」は、革命の最大の負の遺産ともいうべき南北の確執を克服する形象として歓迎されたのである。全島共和国という未達成の理想への貢献が、「亡霊」となってまで求められたようにも見える。しかし現実には、「亡霊」の帰還はまもなく顕在化する北アイルランド紛争の序幕であったのかもしれない。

「亡霊」が執拗に徘徊しつづけた一番の理由は「ブラック・ダイアリ」にある。きわめてスキャンダラスなかたちで処刑されたケイスメントの名は、イギリスによる支配の不当性のシンボルとして死後も長く語られ、激しいイギリスへの敵意に依拠する戦闘的なナショナリズムの火を保つことに貢献した。もちろん、同性愛をどう受けとめるのかという扱いの難しい問題がそこにはつきまとった。一九三六年に発表されたイェイツの「ロジャー・ケイスメント」は、同性愛はでっち上げであるとの立場をとる。

## 時の裁きの前に

敗れることを恐れ
彼らは捏造の策略を凝らし
彼のよき名を傷つけた

同性愛が許容されがたかった時代において、捏造説はケイスメントの名誉を守るための砦であった。彼の同性愛を否定する声は依然として消えていないが、「ブラック・ダイアリ」の真贋論争は二〇〇二年の科学的な鑑定でひとまず決着し、捏造を否定する解釈が今では優勢である。同性愛を指摘されたとしても、もはや殉教者の名誉が傷つけられたりしないところまで、性愛の見方が変わってきてもいる。

ノーベル賞作家ホルヘ・マリオ・ヴァルガス・リョサがケイスメントの生涯を描いた小説『ケルト人の夢』(二〇一〇年)はベストセラーとなり、二〇一二年には英語版も刊行されるが、ヴァルガス・リョサのことばを借りるなら、ケイスメントは「植民地主義の現実に世界の目を開かせた」人物であった。たしかに、ケイスメントがコンゴとプトゥマヨで達成したものの大きさに異論の余地はない。それに比べれば、武器密輸に貢献したにせよ、「アイルランド旅団」の組織に尽力したにせよ、あるいは、死後にもなお「亡霊」として役割を果たしたにせよ、革命に関連する彼の達成は色褪せざるをえない。ジャーナリズムによってイースター蜂起の首魁に擬せられもしたが、ドイツ滞在中のケイスメントがダブリンやニューヨークの情報から概して切り離され、蜂起の具体的なプランを直前まで知らされなかったことを考えれば、こうした解釈は明らかに不正確であるし、ドイツでの工作にしても、ドイツ語能力を欠き、イギリスの外交官として知られた彼が適任であったとは考えにくい。ケイスメントが潜水艦でアイルランドに帰還したちょうど一〇〇年後にあたる二〇一六年四月二一日、上陸の地バンナ・ストランドでの式典で演説した共和国大統領マイケル・D・ヒギンズは、彼が愛国者であっただけでなく、今も世界中の人々に追慕される「偉大な人道主義者」でもあったことを強調した。ケイスメントはまずなによりも先住民虐待と闘った人道主義の先駆者なのであり、したがって、彼を十全に評価するためには革命に身を投ずる前の領事としての活動を視野に収めることが欠かせないが、それは本書の射程を超える。

共和国政府は二〇一二―二二年を「記念・追悼の一〇年」と定め、二〇一二年は第三次自治法案一〇〇周年、一四年は大戦勃発一〇〇周年、といったように、一連のコメモレイションを実施している。特筆に値するのは、二〇一六年のコメモレイションがイースター蜂起だけでなくソンムの戦いもとりあげたことであり、同年七月九日には第一六師団と第三六師団の戦死者のための追悼式典が行われた。「今年の一〇〇周年祝賀行事の重要な原則は包摂であります」「私たちには包摂的な未来の可能性を現実にする力があります」といったヒギンズの演説が示唆する通り、一世紀の時を隔てて一九一六年を想起するにあたり重視されたのは、アイルランドが抱える「数多くの相異なる伝統、理念、イデオロギー」を承認して、「平和と和解を促し、すべての伝統を尊重する方向で未来を想像する」こと、「赦しを呼び覚まし、癒しを達成する」ことであった。「アイルランドという島の相異なる伝統を背負った人々の間の相互理解の深化」を促そうというのであれば、蜂起だけに一九一六年を代表させることはもはや許されない。さきに言及したティプヴァルにおける開戦一〇〇周年式典に列席した文化相へザー・ハンフリズは、「記念・追悼の一〇年」を通じて、南北を問わずソンムで戦死した兵士たちには「アイルランド史における正当な位置」が初めて与えられることになろう、と述べた。南北和解のいっそうの促進が意図されていることは明らかである。既に指摘したように、南北和解のレトリックは時として危うい排他性を孕むし、独立戦争や北アイルランドの設立がどのようにコメモレイトされることになるのかも現時点ではわからないが、それでも、大戦との連関の中で革命を把握することが友好的な南北関係を実現してゆくための手がかりになる、という認識が浸透してきていることは推察できる。革命が残した負の遺産の克服は、革命そのものを改めて批判的に再検討することを通してこそ可能になるのであろう。

# あとがき

もう三五年以上も昔のことになる。私は卒業論文で青年アイルランド派をとりあげた。以来ずっとアイルランド史は私にとって大切なテーマでありつづけているが、アイルランド史を正面から扱う一書を上梓するのは今回が初めてである。なにも意識的に回避してきたわけではない。私の関心が、アイルランド史そのものよりもアイルランド問題を抱え込んだイギリス史の方に向かっていたせいではないかと思う。

本書は今日までのアイルランドの方向性を決定づけた一〇年間＝アイルランド革命期の概説書である。史料の調査を基礎とする学術的なリサーチの成果ではあるが、執筆にあたって想定した読者はアイルランド史やイギリス史の専門家だけではない。専門外の読者であっても、少々の忍耐力（これはやはり必要だ）とともに読み進めさえすれば、さほど苦労せずに革命の経緯と全体像が摑めるような叙述を心がけた。もちろん、著者の意図は意図以上のものではなく、そうした叙述が実現されているかどうかの判定は読者に委ねる。

煩瑣かつ膨大になりがちな史料・文献注を省いたのも、専門外の読者が手に取りやすい本に仕上げようとの気持ちからである。ありていにいえば、できるだけ分量を小さくして価格を抑えたかったのである。ならばいっそ新書にしては、というアイデアもなかったわけではない。しかし、依然として基本的な事実関係が広く共有されていないアイルランド史の場合、新書のスペースで論ずべき点を論じ尽くし、伝えるべき情報を過不足なく伝え、同時に読者がおもしろさを味わえる歴史叙述を展開するのはやはり至難だろうと思われた。いわば私の狙いと能力とがかろうじて両立する落としどころが、本書のようなミドル・サイズの本だったことになる。

本書の特徴は以下の諸点にあるだろう。第一に、一九一三年から二三年までを一続きの革命のプロセスとして把握していること。イースター蜂起や独立戦争、内戦については、日本でも先達の研究成果が公刊されているが、しかし、これらの出来事の意味を十全に理解するには各々を一〇年間にわたる革命の流れの中に置くことが必要だ、というのが本書の主張である。第二に、革命と第一次世界大戦の絡み合いを強調していること。アイルランド史を語る際にイギリスとの関係が重視されるべきなのは当然だが、大戦のコンテクストに引き寄せ、ドイツやアメリカ、西部戦線やパリ講和会議、といったファクターをも考察対象とすることで、より大きく複合的な視野において革命を捉えることが可能になるはずである。第三に、「南部」だけでなくアルスターの動向にも注意を払っていること。革命の主たる舞台はたしかに「南部」であったが、「南部」で進展する事態を受けてアルスターでも情勢が激動し、結果的に自治国家としての北アイルランドの成立という重大な変化が生じた。アルスターもまた革命の渦中にあったのであり、アルスターを射程に収めてはじめて革命の全貌が浮かび上がってくると思われる。

また、本書では概説的な叙述と三人の人物に関する評伝的な叙述とを組み合わせた。革命のドラマに刻まれた深い陰影をよりヴィヴィッドに伝え、概説書がどうしても陥りやすい平板さを免れようと考えてのことである。もちろん、どんな人物を中心に据えて革命を描くか、選択は多様でありうる。

本書の場合、コリンズ、デ・ヴァレラ、ピアース、コノリ、といった著名な指導者はあえて避けた。ウィリー・レドモンド、ロジャー・ケイスメント、そしてアースキン・チルダーズを選んだ最大の理由は、各々まったく違った意味合いにおいてではあるが、大戦が彼らの人生を決定的に転換させ、革命とのかかわり方を大きく左右したことである。革命のコンテクストとしての大戦を重視する本書にとって、三人は是非とも注目を促したい人物なのである。加えて、コワモテの軍人や辣腕の政治家から文筆の人まで、著名とはいえないものの私に強い印象を残した六人についてのコラムを設けた。ここ数年のことだが、私は歴史の中の個人に以前より強く惹きつけられるようになったと感じている。伝記研究に傑出した業績をもつ恩師、都築忠七先生のスタイルへと、不肖の弟子なりに原点回帰しつつあるのかもしれない。

なお、本書はほぼ全面的に書きおろしである。第一章と第三章の内容の一部は論文として発表されているが、いずれにも大幅な修正を施した。なるべく端折らずに全体を読み通していただけるなら、著者としてこれ以上嬉しいことはない。

本書を準備する過程では、国内外の図書館や文書館のスタッフをはじめ、実に多くの方たちから貴重なお力添えを得た。心より感謝したい。すべてを列挙するのはもとより不可能だが、草稿に目を通し、的確にして手厳しいコメントを寄せてくれた藤原辰史さん(京都大学)と福元健之さん(関西学院大学)の名は逸することができない。お二人のコメントは、私がやや自信をもてずにいた部分をものの見事に言い当ててきた。藤原さんからは、題名は『アイルランド革命』がよいと背中を押してももらった(「革命的」からはおよそ程遠いヘタレの私には、勇気を要する選択肢だった)。ダブリン大学トリニティ・カレッジが所蔵する文献の入手・複写は、西真紀子さん(コーク大学)にお願いした。人名や団体名、地名の表記に頭を悩ませていた時、京都大学で研究生活を送るマホン・マーフィさんの助言が得られたのは心強かった。瞠目すべき探求心と着想、生産力でいつも私を圧倒してくれる京都大学人文科学研究所の同僚たちにも、謝意を伝えておきたい。いうまでもなく、配偶者の多岐にわたるサポートがあってはじめて、私は研究生活を継続できている。

岩波書店の石橋聖名さんのお世話になるのは、二〇〇六年刊の『プリムローズ・リーグの時代』、二〇一四年刊の『現代の起点　第一次世界大戦』(全4巻)につづいて三度目である。当初の目論見では、人文研の共同研究プロジェクト「第一次世界大戦の総合的研究」が終了したら、直ちに大戦期のアイルランドに関する単著の執筆を始めるつもりであった。ところが、私が大戦の勉強に力を割いている間にアイルランド史研究は目覚ましい進展を見せ、新たな成果の摂取には予想以上の時間がかかった。私の構想自体も二転三転したため、本書の草稿をようやく手渡すことができたのは二〇一七年に入ってからであった。以来、不出来な草稿を刊行しうるところまで練り上げるとともに、価格は抑えたい、しかし図版はたくさん掲載したい、等々、勝手な要望に誠実に対応してくれたのは石橋さんである。練達の編集者の導きなしに本書がかたちを成すことはありえなかった。

私が初めてアイルランドの地を踏んだのは一九八六年三月、当時の私はバーミンガム大学のドロシ・トムスン先生の指導を仰ぎ、修士論文に向けて勉強中であった。トムスン先生は二〇一一年一月に亡くなり、同年三月からケンブリッジに滞在する予定だった私は久しぶりの再会を楽しみにしていたのだが、その願いは叶わなかった。研究者人生の初期に最良の師に恵まれた、との思いは今も変わらない。本書が都築先生やトムスン先生、そして浜林正夫先生や杉山忠平先生から受けた学恩に報いるだけのものになったかどうか、いささか心許なくはあるが、僅かでも評価しうる内容が含まれているとしたら、それは間違いなく四人の恩師に負う。

最終稿を手放してからまもなく、二〇一七年一一月に闘病中だった父が世を去った。感傷的になっているだけなのだろうが、父にもおもしろがってもらえる内容に、という思いをどこかで抱きながら本書を書いたような気がしてならない。

二〇一八年二月　春の訪れが待望される京都にて

小関　隆

**小関 隆**
1960年生まれ．一橋大学大学院社会学研究科博士課程単位取得退学．現在，京都大学人文科学研究所教授．社会学博士．イギリス・アイルランド近現代史．
著書に『一八四八年──チャーティズムとアイルランド・ナショナリズム』(未來社，1993)，『世紀転換期イギリスの人びと──アソシエイションとシティズンシップ』(編著，人文書院，2000)，『プリムローズ・リーグの時代──世紀転換期イギリスの保守主義』(岩波書店，2006)，『徴兵制と良心的兵役拒否──イギリスの第一次世界大戦経験』(人文書院，2010)，『現代の起点 第一次世界大戦(全4巻)』(共編，岩波書店，2014)など．

アイルランド革命 1913-23
──第一次世界大戦と二つの国家の誕生

2018年4月10日 第1刷発行

著 者 小関《こせき》 隆《たかし》

発行者 岡本 厚

発行所 株式会社 岩波書店
〒101-8002 東京都千代田区一ツ橋 2-5-5
電話案内 03-5210-4000
http://www.iwanami.co.jp/

印刷・三陽社 カバー・半七印刷 製本・牧製本


ISBN 978-4-00-061253-1 Printed in Japan

# 人名索引

## ア 行

アスクィス，H. H.(Herbert Henry Asquith, 1852-1928)　24, 25, 32, 34, 36, 37, 96, 104, 120-122, 124
イェイツ，W. B.(William Butler Yeats, 1865-1939)　104, 318, 319
ウィリアム3世(オレンジ公)(William III, 1650-1702)　6
ウィリアムズ，ベイジル(Arthur Frederick Basil Williams, 1867-1950)　viii, 20, 307, 308
ウィルソン，ウッドロウ(Thomas Woodrow Wilson, 1856-1924)　150, 176
ウィルソン，ヘンリ(Henry Hughes Wilson, 1864-1922)　164, 199, 204, 245
ヴィルヘルム2世(Wilhelm II, 1859-1941)　55
ウォルシュ，ウィリアム(William Walsh, 1841-1921)　112
ウルフ，ヴァージニア(Virginia Woolf, 1882-1941)　208
エイケン，フランク(Frank Aiken, 1898-1983)　247, 281
エリザベス1世(Elizabeth I, 1533-1603)　6
オケリ，ショーンT.(Sean Thomas O'Kelly, 1882-1966)　176, 249
オコナー，フランク(Frank O'Connor, 1903-1966)　262-266
オコナー，ローリ(Rory O'Connor, 1883-1922)　232, 237, 238, 248, 249, 279
オコネル，ダニエル(Daniel O'Connell, 1775-1847)　309
オダッフィ，オーン(Eoin O'Duffy, 1890-1944)　294, 295
オヒギンズ，ケヴィン(Kevin Christopher O'Higgins, 1892-1927)　231-233, 265, 266, 272, 277, 279, 288, 290, 299, 310
オヒギンズ，トム(Thomas Francis O'Higgins, 1916-2003)　310
オフェイロン，ショーン(Sean O'Faolain, 1900-1991)　261, 264, 265, 299
オブライエン，ウィリアム(William O'Brien, 1881-1968)　255
オブライエン，ウィリアム・スミス(William Smith O'Brien, 1803-1864)　156
オブライエン，コナー(Edward Conor Marshall O'Brien, 1880-1952)　28, 29
オマリ，アーニー(Ernest O'Malley, 1897-1957)　169
オリヴァント，アルフレッド(Alfred Ollivant, 1874-1927)　307, 308

## カ 行

カーソン，エドワード(Edward Carson, 1854-1935)　25, 34, 35, 37, 43-45, 92, 96, 121, 125, 130, 140, 158, 193
ガフ，ヒューバート(Hubert Gough, 1870-1963)　92, 144

カーペンター，エドワード（Edward Carpenter, 1844-1929）　208
ギブズ，フィリップ（Philip Gibbs, 1877-1962）　127, 135, 154, 191, 206-208
ギャラハー，フランク（Frank Gallagher, 1893-1962）　187, 211, 212, 308
グウィン，スティーヴン（Stephen Lucius Gwynn, 1864-1950）　40, 91, 92, 127, 132, 139, 151, 155-158, 161, 162
クラーク，トマス（Thomas Clarke, 1858-1916）　111, 112, 122, 303
グラッドストン，ウィリアム（William Ewart Gladstone, 1809-1898）　7
クリステンセン，アドラー（Eivind Adler Christensen, 1890-?）　56-58, 72, 74, 79
グリフィス，アーサー（Arthur Griffith, 1871-1922）　48, 49, 123, 148, 152, 160, 161, 167, 168, 170, 176, 177, 191, 197, 220-226, 231, 232, 235, 236, 239, 240, 242, 243, 256, 257, 262, 271, 309
グリーン，アリス・ストップフォード（Alice Stopford Green, 1847-1929）25, 26
グリーンウッド，ハマー（Hamar Greenwood, 1870-1948）　194, 200, 201, 204
グレイ，エドワード（Edward Grey, 1862-1933）　59, 107
クレイグ，ジェイムズ（James Craig, 1871-1940）　193, 212, 216, 283
クロツィエ，フランク・パーシ（Frank Percy Crozier, 1879-1937）　202-204
クロムウェル，オリヴァー（Oliver Cromwell, 1599-1658）　6
ケイスメント，ロジャー（Roger David Casement, 1864-1916）　v-vii, ix, x, 1, 15-17, 21, 25, 26, 28, 33, 50-74, 76-82, 100-104, 106-108, 112, 119, 122, 124, 156, 176, 201, 228, 303, 309, 313, 317-321
ケインズ，ジョン・メイナード（John Maynard Keynes, 1883-1946）　208
ケトル，トム（Thomas M. Kettle, 1880-1916）　40, 119, 120, 127, 144, 156, 253
コスグレイヴ，ウィリアム（William T. Cosgrave, 1880-1965）　232, 235, 251, 256, 257, 260, 273, 276, 277, 279, 284, 289, 290, 291, 297
コノリ，ジェイムズ（James Connolly, 1868-1916）　48, 112, 122, 303
コリンズ，マイケル（Michael Collins, 1890-1922）　150, 161, 167, 175, 179, 182, 183, 212, 220, 222-226, 231, 232, 235-237, 241-243, 245, 251, 253, 256-258, 267, 282-284, 292, 293, 309
コンラッド，ジョゼフ（Joseph Conrad, 1857-1924）　15

## サ 行

サスーン，シーグフリード（Siegfried Sassoon, 1886-1967）　208
サムエル，ハーバート（Herbert Louis Samuel, 1870-1963）　104, 106, 276
ジェイムズ2世（James II, 1633-1701）6
シェパード，ゴードン（Gordon Strachey Shephard, 1885-1918）28, 30
ショー，バーナード（George Bernard Shaw, 1856-1950）　265
ジョージ5世（George V, 1865-1936）25, 106, 140, 208, 216
ジョンソン，トム（Thomas Johnson, 1872-1963）　255, 279
スタック，オースティン（Austin Stack,

1879-1929)　231, 249, 261
ストレイチ，リットン（Lytton Strachey, 1880-1932)　18, 104
スプリング・ライス，セシル（Cecil Spring Rice, 1859-1918)　107
スプリング・ライス，メアリ（Mary Ellen Spring Rice, 1880-1924)　26, 28, 30, 32, 275, 309
スマッツ，ヤン（Jan Christiaan Smuts, 1870-1950)　216-219

## タ 行

タイナン，キャサリン（Katharine Tynan Hinkson, 1861-1931)　86, 116
ダガン，エーモン（Eamon John Duggan, 1874-1936)　222, 224, 225
ダッフィ，ジョージ・ギャヴァン（George Gavan Duffy, 1882-1951)　176, 177, 222, 224-226
チャーチル，ウィンストン（Winston Churchill, 1874-1965)　v, viii, 19, 93, 94, 194, 200, 211, 222, 228, 243, 250, 268, 283, 317
チルダーズ，アースキン（Robert Erskine Childers, 1870-1922)　vi-x, 1, 15, 17-21, 26-32, 49, 92-95, 103, 104, 113, 120, 121, 150-153, 158-162, 第3章, 第4章, 307, 311, 313, 318
チルダーズ，アースキン・ハミルトン（Erskine Hamilton Childers, 1905-1975)　233, 274, 275, 295, 309, 310
チルダーズ，モーリ（Molly, Mary Alden Osgood Childers, 1875-1964)　26, 28, 104, 151, 173-175, 177, 274, 275, 310
ツィンマーマン，アルトゥール（Arthur Zimmermann, 1864-1940)　58, 59, 62, 63
デ・ヴァレラ，エーモン（Eamon De Valera, 1882-1975)　49, 122, 124, 141, 142, 148, 149, 159-161, 第3章, 第4章, 287-294, 298, 299, 304, 309-311, 317, 318
ディキンソン，ロウズ（Goldsworthy Lowes Dickinson, 1862-1932)　208
ディーシ，リアム（Liam Deasy, 1898-1974)　258, 259, 264, 266
ディロン，ジョン（John Dillon, 1851-1927)　96, 159, 161
デヴォイ，ジョン（John Devoy, 1842-1928)　33, 54, 55, 60, 65, 72, 76, 81
デューク，ヘンリ（Henry Edward Duke, 1855-1939)　125, 158
テューダー，ヘンリ（Hugh Henry Tudor, 1871-1965)　194, 195, 199, 200, 202, 204
ドイル，アーサー・コナン（Arthur Conan Doyle, 1859-1930)　61, 103, 104, 129, 316
トインビー，A. J.（Arnold Joseph Toynbee, 1889-1975)　208
ドルトン，エメット（Emmet Dalton, 1898-1978)　172, 252-254, 259, 277
トレヴェリアン，チャールズ（Charles Trevelyan, 1870-1958)　18

## ナ・ハ 行

ヌジェント，オリヴァー（Oliver Stewart Wood Nugent, 1860-1926)　88, 135, 154
ハイド，ダグラス（Douglas Hyde, 1860-1949)　273
パーソンズ，ローレンス（Lawrence Parsons, 1850-1923)　84, 90, 127, 132

ハドリアヌス4世（Hadrianus IV, 1100頃-1159）　6
バートン，ロバート（Robert Childers Burton, 1881-1975）　113, 120, 153, 220, 222, 224-226, 231, 261, 266
バニスター，ガートルード（Gertrude Agnes Bannister, 1873-1950）　104, 317
パーネル，チャールズ・ステュアート（Charles Stewart Parnell, 1846-1891）　309
ハモンド，J. L.（John Lawrence Hammond, 1872-1949）　208
バリ，トム（Tom Barry, 1897-1980）　172, 183
バルフォア，アーサー（Arthur James Balfour, 1848-1930）　96
バレット，リチャード（Richard Barrett, 1889-1922）　249, 279
ピアース，ウィリアム（William Pearse, 1881-1916）　122
ピアース，パトリック（Patrick Henry Pearse, 1879-1916）　11, 48, 101, 110-112, 115, 116, 122, 157, 312, 313
ヒッキー，W. B.（William Bernard Hickie, 1865-1950）　90, 132, 136, 155
フィッギス，ダレル（Darell Edmund Figgis, 1882-1925）　26, 27, 29
フィッツジェラルド，デズモンド（Desmond Fitzgerald, 1888-1947）　187, 191, 241
フィールディング，ロウランド（Rowland Charles Feilding, 1871-1945）　139, 142, 157
フォースター，E. M.（Edward Morgan Forster, 1879-1970）　208
プランケット，ジョゼフ（Joseph Mary Plunkett, 1887-1916）　68, 69, 76, 112, 117, 151
プランケット，ホーレス（Horace Curzon Plunkett, 1854-1932）　150, 151, 203, 266, 275, 278
プランケット伯爵（George Noble Plunkett, Count, 1851-1948）　112, 125, 148, 167, 261, 303
ブリーン，ダン（Dan Breen, 1894-1969）　170, 171
ブルーア，カッハル（Cathal Brugha, 1874-1922）　167, 169, 231, 249, 250, 258
フレンチ，ジョン（John Denton Pinkstone French, 1852-1925）　160, 181
ヘイグ，ダグラス（Douglas Haig, 1861-1928）　126, 127, 155
ベイリ，ダニエル・ジュリアン（Daniel Julian Bailey, 1887-1968）　71, 81, 82
ベートマン・ホルヴェーク，テオバルト・フォン（Theobald von Bethmann Hollweg, 1856-1921）　55, 59, 63, 68, 80
ベネディクト15世（Benedict XV, 1854-1922）　112, 206
ヘンリ2世（Henry II, 1133-1189）　6
ヘンリ8世（Henry VIII, 1491-1547）　6
ボナ・ロー，アンドルー（Andrew Bonar Law, 1858-1923）　34, 96, 128
ホブソン，ブルマー（Bulmer Hobson, 1883-1969）　28, 31, 101

## マ　行

マクスウィニ，テレンス（Terence MacSwiney, 1879-1920）　183, 184
マクスウェル，ジョン（John Grenfell Maxwell, 1859-1929）　121, 122, 125
マクドナー，トマス（Thomas

MacDonagh, 1878-1916)　122
マクニール，オーン（Eoin MacNeill, 1867-1945）　10, 47, 61, 101, 109, 197
マクファーソン，イアン（Ian Macpherson, 1880-1937）　194
マクブライド，ジョン（John MacBride, 1865-1916）　56, 103, 104
マクライザット，エドワード（Edward MacLysaght, 1887-1986）　152, 153, 188
マクレディ，ネヴィル（Cecil Frederick Nevil Macready, 1862-1946）　194, 199, 201, 204
マケルヴィ，ジョゼフ（Joseph McKelvey, 1885-1922）　249, 279
マーシュ，エディ（Edward Howard Marsh, 1872-1953）　18, 19, 93, 223
マッカーテン，トマス（Tomás MacCurtain, 1884-1920）　183, 199, 213
マホン，ブライアン（Bryan Thomas Mahon, 1862-1930）　85
マルカヒ，リチャード（Richard James Mulcahy, 1886-1971）　161, 237, 248, 251, 255, 256
マルキヴィッ伯爵夫人（Constance Markievicz, Countess, 1868-1927）　112, 122
ムーア，モーリス（Maurice George Moore, 1854-1939）　312
メロウズ，リアム（Liam Mellows, 1892-1922）　237, 249, 279
モンティース，ロバート（Robert Monteith, 1880-1956）　70, 74-77, 81, 82

## ラ 行

ラッセル，バートランド（Bertrand Arthur William Russell, 1872-1970）　18
リンチ，アーサー（Arthur Lynch, 1864-1934）　56, 103-105, 160, 161
リンチ，リアム（Liam Lynch, 1893-1923）　168, 238, 247-249, 252, 261, 279, 281, 282
レオポルド2世（Leopold II, 1835-1909）　15, 16, 70
レドモンド，ウィリー（William Hoey Kearney Redmond, 1861-1917）　vii, ix, x, 1, 13, 15, 17, 21, 33, 39, 83-86, 89, 91-93, 118-122, 127-130, 132-142, 144, 146, 150, 157, 311-313, 315-317
レドモンド，ジョン（John Redmond, 1856-1918）　vii, 10, 12, 34, 36-39, 41-44, 46-48, 50, 53, 89, 90, 96, 104, 118, 122, 125, 129, 130, 140, 146, 153, 154, 302
レーニン，ウラディーミル（Vladimir Lenin, 1870-1924）　115, 300
ロイド・ジョージ，デイヴィッド（David Lloyd George, 1863-1945）　124, 125, 129, 132-134, 140, 150, 158, 160, 161, 176, 188, 200, 204, 212, 220-222, 224, 226, 227, 243, 245, 250
ロビンソン，デイヴィッド（David Lubbock Robinson, 1882-1943）　264, 266, 267
ロレンス，T. E.（Thomas Edward Lawrence, 1888-1935）　106, 115

# 関連年表

1912　第三次自治法案提出(4. 11)
　　　「アルスターの神聖なる同盟と誓約」発表(9. 28)
1913　UVF 設立(1. 31)
　　　ICA 設立(11. 23)
　　　IV 設立(11. 25)
1914　カラーの「反乱」(3. 20)
　　　UVF の武器密輸(4. 24-25)
　　　第三次自治法案三度目の庶民院通過(5. 25)
　　　**ケイスメント**，ニューヨークに到着(7. 18)
　　　バッキンガム宮殿の会談(7. 21-23)
　　　IV の武器密輸(同日にバチェラーズ・ウォーク事件)(7. 26)
　　　大戦勃発(7. 28)
　　　イギリス参戦(8. 4)
　　　**チルダーズ**，海軍に任官(8 月)
　　　自治法成立(9. 18)
　　　レドモンドのウドゥンブリッジ演説(9. 20)
　　　IV の分裂(9. 24)
　　　IRB 最高評議会，蜂起の方針を採択(9 月)
　　　**ケイスメント**，ベルリンに到着(10. 31)
　　　ドイツ政府の「声明」(11. 20)
　　　**ケイスメント**，「アイルランド旅団」の勧誘開始(12. 4)
　　　**チルダーズ**，クックスハーフェン爆撃に参加(12. 25)
　　　ドイツ政府との「条約」(12. 28)
1915　**ウィリー**，第 16(アイルランド)師団に任官(2. 22)
　　　IRB 軍事評議会設立(5 月)
　　　アスクィス連立政権成立(5. 25)
　　　プランケットのドイツ訪問(5-6 月)
　　　第 10(アイルランド)師団，スヴラ湾上陸作戦(8-10 月)
1916　**ウィリー**，庶民院演説①(3. 16)
　　　**ケイスメント**，ドイツを出発(4. 12)

**ケイスメント**，バンナ・ストランドに上陸，逮捕(4. 21)
マクニールの蜂起中止命令(4. 22)
イースター蜂起(24 日に「共和国宣言」)(4. 24-29)
蜂起指導者の処刑(5. 3-12)
**ケイスメント**の裁判(6. 26-29)
第 36(アルスター)師団，ソンムの戦い(7. 1-2)
**ケイスメント**の処刑(8. 3)
第 16(アイルランド)師団，ソンムの戦い(ギユモン　9. 3，ジャンシ　9. 5-9)
ロイド・ジョージ連立政権成立(12. 6)
**ウィリー**，庶民院演説②(12. 15)
1917　北ロスコモン補選でプランケット伯爵が当選(2. 5)
**ウィリー**，庶民院演説③(3. 7)
メシーヌ・リッジの「サイド・バイ・サイド」，**ウィリー**の死(6. 7)
東クレア補選でデ・ヴァレラが当選(7. 10)
アイリッシュ・コンヴェンション，セクレタリとして**チルダーズ**が参加(7. 25-1918. 4. 5)
ランゲマルクの「サイド・バイ・サイド」(8. 16)
シン・フェイン党大会で新綱領採択(10. 25-26)
1918　レドモンドの死(3. 6)
アイルランドに徴兵制を適用する兵役法成立(4. 18)
徴兵制反対運動(4-5 月)
兵役法施行停止(5. 16)
大戦の休戦協定成立(11. 11)
総選挙でシン・フェインが躍進(12. 14)
1919　パリ講和会議開会(1. 18)
国民議会発足(同日に「独立宣言」)(1. 21)
ソロヘドベグ事件(1. 21)
**チルダーズ**，空軍を除隊(3. 10)
デ・ヴァレラ首班の国民議会政府成立(4. 1)
**チルダーズ**，シン・フェインに入党申請(4 月)
ヴェルサイユ条約調印(6. 28)
1920　「ブラック・アンド・タンズ」の編成開始(1. 2)
「オーグジリアリズ」の編成開始(7. 27)

マクスウィニの獄死(10. 25)
USC 設立(10 月)
「血の日曜日」(11. 21)
キルマイケル事件(11. 28)
戒厳令施行(12. 10, 1921. 1. 4 に拡大)
コーク焼き討ち(12. 11)
アイルランド統治法成立(12. 23)
1921 デ・ヴァレラ＝クレイグ会談(5. 5)
南北の自治議会選挙(5. 24)
**チルダーズ**, 国民議会議員および広報相に就任(5 月)
税関襲撃(5. 25)
クレイグ, 初代北アイルランド首相に就任(6. 7)
北アイルランド議会開設(6. 22)
独立戦争の休戦協定成立(7. 9)
講和条約交渉(10. 11-12. 6)
1922 講和条約批准(1. 7)
自由国暫定政府成立(1. 14)
自由国暫定政府に統治権移行(1. 16)
シン・フェイン党大会(2. 22-23)
IRA 大会(3. 26-27)
反政府軍によるフォー・コーツの占拠(4. 14)
コリンズ＝デ・ヴァレラ協定発表(5. 20)
コリンズ＝デ・ヴァレラ協定破棄(6. 14)
国民議会選挙投票, 自由国憲法草案発表(6. 16)
**チルダーズ**, 国民議会選挙で落選(6. 16)
ヘンリ・ウィルソンの暗殺(6. 22)
フォー・コーツ砲撃とともに内戦開始(6. 28)
**チルダーズ**, 反政府軍に入隊(6 月)
コーク陥落(「マンスター共和国」の瓦解)(8. 9)
グリフィスの死(8. 12)
コリンズの暗殺(8. 22)
公安法成立(9. 28)
自由国憲法批准(10. 25)
**チルダーズ**の逮捕(11. 10)

| | |
|---|---|
| | **チルダーズ**の軍法会議(11. 17-18) |
| | **チルダーズ**の処刑(11. 24) |
| | 自由国正式発足(12. 6) |
| 1923 | リンチの死(4. 10) |
| | クマン・ナ・ゲール設立(4. 27) |
| | エイケンが「休戦と武装解除」を命令(5. 24) |
| 1924 | 自由国軍の「反乱」(3月) |
| 1926 | フィーナ・フォイル設立(5. 16) |
| 1927 | オヒギンズの暗殺(7. 10) |
| | フィーナ・フォイル議員の登院(8. 11) |
| 1929 | 北アイルランド議会の比例代表制廃止(4. 16) |
| 1932 | クマン・ナ・ゲールからフィーナ・フォイルへの政権交代(2-3月) |
| | 経済戦争(6. 30-1938. 4. 25) |
| 1933 | イギリス国王への忠誠宣誓の廃止(5. 3) |
| | フィネ・ゲール設立(9. 2) |
| 1937 | 新憲法批准(6. 14, 施行は 12. 29) |
| 1939 | 第二次世界大戦における中立を宣言(9. 2) |
| 1948 | アイルランド共和国法成立(12. 21) |
| 1949 | アイルランド共和国発足(4. 18) |

# 史料・文献リスト

特に重要な史料には☆を，文献には★を，本文中の図版等に使用したものには＊を付した．紙幅の制約から，大戦を主題とする文献は最小限に留めた．山室信一・岡田暁生・小関隆・藤原辰史(編)『現代の起点　第一次世界大戦』(全4巻)，岩波書店，2014年の参考文献リストを参照されたい．


## 手稿

Boehm/Casement Papers, UCD Digital Library (School of History and Archives)

Bureau of Military History, http://www.bureauofmilitaryhistory.ie/

☆Robert Erskine Childers Papers, TCD MSS 7781-7931, Trinity College, Dublin

Robert Erskine Childers Papers, TCD MS 7859 ff. 885-911, Trinity College, Dublin

☆Erskine Childers Papers, Boxes 1-4, Trinity College, Cambridge

☆The First World War Diaries of Lieutenant Commander R. E. Childers, DSC, RNVR, 80/36/1 & PP/MCR/C28, Imperial War Museum

War Office Papers, WO 339/19182, National Archives, London

☆The Papers of Sir Lawrence Parsons, R. A., Liddell Hart Centre for Military Archives, King's College, London

## 新聞・雑誌

☆*Daily Bulletin*

*Daily News*

☆*Freeman's Journal*

＊*Illustrated London News*

☆*Irish Bulletin*

*Irish Examiner*

☆*Irish Freedom*

☆*Irish Independent*

*Irish Legation Circular*

*Irish Times*

*Irish Volunteer*

*Irish Worker*
*Manchester Guardian*
*National Volunteer*
*Nationality*
*Sinn Fein*
*Times*
*War News*
*Workers'Republic*

**国民議会議事録**

☆Dail Debates, http://oireachtasdebates.oireachtas.ie/debates%20authoring/debateswebpack.nsf/yearlist?readform&chamber=dail

**文献**

★Aan de Wiel, Jérôme, *The Catholic Church in Ireland, 1914-1918: War and Politics*, Dublin: Irish Academic Press, 2003.
Asquith, H. H., *The Irish Question*, London: Liberal Publication Dept., 1913.
Augusteijn, Joost, *From Public Defence to Guerrilla Warfare: The Experience of Ordinary Volunteers in the Irish War of Independence, 1916-1921*, Dublin: Irish Academic Press, 1996.
Augusteijn, Joost (ed.), *Ireland in the 1930s*, Dublin: Four Courts Press, 1999.
★Augusteijn, Joost (ed.), *The Irish Revolution, 1913-1923*, Basingstoke: Palgrave, 2002.
Barry, Tom, *Guerilla Days in Ireland*, Dublin: Anvil Books, 1949, rpt. 1999.
Béaslaí , Piaras, *Michael Collins and the Making of a New Ireland* (2 vols.), Dublin: Phoenix Pub., 1926.
Bew, Paul, *Ideology and the Irish Question: Ulster Unionism and Irish Nationalism, 1912-1916*, Oxford: Oxford UP, 1994, rpt. 2002.
Bew, Paul, *John Redmond*, Dundalk: Dundalgan Press, 1996.
Bew, Paul, *Churchill & Ireland*, Oxford: Oxford UP, 2016.
Birrell, Augustine, *Things Past Redress*, London: Faber & Faber, 1937.
Bond, Brian, *et al* (eds.), *'Look to Your Front': Studies in the First World War by the British Commission for Military History*, Staplehurst: Spellmount, 1999.
Bowman, Timothy, *Irish Regiments in the Great War: Discipline and Morale*, Manchester: Manchester UP, 2003.

Bowman, Timothy, *Carson's Army: The Ulster Volunteer Force, 1910–22*, Manchester & New York: Manchester UP, 2007.

Boyce, D. G. (ed.), *The Revolution in Ireland, 1879–1923*, Basingstoke: Macmillan, 1988.

Boyce, D. George, *Nationalism in Ireland*, London & New York: Routledge, 1982, 3rd edn., 1995.

Boyce, George, *The Sure Confusing Drum: Ireland and the First World War*, Swansea: Univ. College of Swansea, 1993.

Boyce, D. George & Alan O'Day (eds.), *Ireland in Transition, 1867–1921*, London & New York: Routledge, 2004.

Boyce, D. George & Alan O'Day (eds.), *The Ulster Crisis, 1885–1921*, Basingstoke: Palgrave Macmillan, 2006.

★Boyle, Andrew, *The Riddle of Erskine Childers*, London: Hutchinson, 1977.

Boyne, Sean, *Emmet Dalton: Somme Soldier, Irish General, Film Producer*, Sallins: Merrion Press, 2015.

Brennan, Robert, *Allegiance*, Dublin: Browne & Nolan, 1950.

Bromage, Mary C., *Churchill and Ireland*, Notre Dame: Univ. of Notre Dame Press, 1964.

Bryant, William, *Roger Casement: A Biography*, New York: iUniverse, 2007.

Burnell, Tom, *Irishmen in the Great War: Reports from the Front, 1914*, Barnsley: Pen & Sword Military, 2014.

☆Casement, Roger, *Ireland, Germany and the Next War*, Belfast: Davidson & M'Cormack, 1913.

☆Casement, Roger, *Ireland, Germany, and the Freedom of the Seas: A Possible Outcome of the War of 1914*, n.p., 1914.

☆Casement, Roger, *The Crime against Ireland and How the War Right It*, [New York], [1914].

☆Casement, Roger, *The Crime against Europe: A Possible Outcome of the War of 1914*, 1915.

Childers, Erskine, *In the Ranks of the C.I.V.*, London: Smith, Elder, & Co., 1900.

Childers, Erskine, *The Riddle of the Sands: A Record of Secret Service*, London: Smith, Elder, & Co., 1903.

Childers, Erskine, *The Times History of the War in South Africa, vol. 5*, London: Sampson Low, Marston, 1907.

Childers, Erskine, *War and the Arme Blanche*, London: Edward Arnold, 1910.

☆Childers, Erskine, *The Framework of Home Rule*, London: Edward Arnold, 1911.

Childers, Erskine, *German Influence on British Cavalry*, London: Edward Arnold, 1911.

☆Childers, Erskine, *The Form and Purpose of Home Rule: A Lecture Delivered at a Public Meeting Convened by the Young Ireland Branch of the United Irish League at the Mansion House, Dublin, on March 2nd, 1912*, Dublin: E. Ponsonby, 1912.

Childers, Erskine, 'Irish Fiscal Autonomy', Royal Economic Society, *The Fiscal Relations of Great Britain & Ireland: Papers read at the Congress of the Royal Economic Society, January 10th, 1912*, London & Bungay: Richard Clay & Sons, 1912.

☆Childers, Erskine, *A Strike-Breaking Army at Work*, London: Daily Herald, 1919.

☆Childers, Erskine, *Military Rule in Ireland*, Dublin: Talbot Press, 1920.

☆Childers, Erskine, *The Constructive Work of Dail Eireann*, Dublin: Talbot Press, 1921.

☆Childers, Erskine, *Who Burnt Cork City?*, with Alfred O'Rahilly, Dublin: Irish Labour Party and Trades Union Congress, 1921.

☆Childers, Erskine, *Is Ireland a Danger to England?*, 1921.

☆Childers, Erskine, *What the Treaty Means*, Dublin: "Republic of Ireland", [1922].

☆Childers, Erskine, *Clause by Clause: A Comparison between the "Treaty" and Document No. 2*, Dublin: "Republic of Ireland", [1922].

Clark, Gemma, *Everyday Violence in the Irish Civil War*, Cambridge: Cambridge UP, 2014.

Coleman, Marie, *The Irish Revolution, 1916–1923*, Abingdon: Routledge, 2014.

コノリー，ジェイムズ（堀越智・岡安寿子訳）『アイルランド・ナショナリズムと社会主義——ジェイムズ・コノリー著作集』未來社，1986年.

Coogan, Tim Pat, *1916: The Easter Rising*, London: Cassell & Co., 2001, paperback edn., 2005.

*Coogan, Tim Pat & George Morrison, *The Irish Civil War: A Photographic Record*, Boulder: Roberts Rinehart Pub., 1998.

Cooper, Bryan, *The Tenth (Irish) Division in Gallipoli*, London: Herbert Jenkins Limited, 1917.

Costello, Francis, *The Irish Revolution and its Aftermath, 1916–1923*,

Dublin: Irish Academic Press, 2003.
Cottrell, Peter, *The Anglo-Irish War: The Troubles of 1913–1922*, Oxford: Osprey, 2006.
Cottrell, Peter, *The Irish Civil War, 1922–23*, Oxford: Osprey, 2008.
Cottrell, Peter, *The War for Ireland, 1913–1923*, Oxford: Osprey, 2009.
Cox, Tom, *Damned Englishman: A Study of Erskine Childers (1870–1922)*, Hicksville: Exposition Press, 1975.
Cronin, Mike & John M. Regan (eds.), *Ireland: The Politics of Independence, 1922–49*, Basingstoke: Macmillan, 2000.
*Crowley, John, Donal O'Drisceoil & Mike Murphy (eds.), *Atlas of the Irish Revolution*, Cork: Cork UP, 2017.
Crozier, F. P., *Impressions and Recollections*, London: T. Werner Laurie, 1930.
Crozier, F. P., *A Brass Hat in No Man's Land*, Uckfield: Naval & Military Press, n. d.
☆Curry, Charles E. (ed.), *Sir Roger Casement's Diaries: "His Mission to Germany and the Findlay Affair"*, Munich: Aiche Pub., 1922.
☆Dail Eireann, *Tuairisg Oifigiuil (Official Report)*, Dublin: Talbot Press, n. d.[1922].
☆De Brun, Pádraig, *The Arrest and Trial of Capt. Childers*, London: Leslie Smith, n. d.[1922?].
De Burca, Pádraig & John F. Boyle, *Free State or Republic?: Pen Pictures of the Historic Treaty Session of Dail Eireann*, Dublin: Talbot Press, 1922.
De Valera, Eamonn, *Ireland's Case against Conscription*, Dublin & London: Maunsel & Co., 1918.
Deasy, Liam, *Brother against Brother*, Cork & Dublin: Mercier Press, 1982.
Debevere, Rafael, *William Redmond, 1861–1917: On the fiftieth anniversary of his death*, Rekkem: Ons Erfdeel, 1967.
Denman, Terry, 'Sir Lawrence Parsons and the Raising of the 16th (Irish) Division, 1914–15', *Irish Sword*, vol. 17, no. 67, 1987–88.
Denman, Terence, 'The Catholic Irish soldier in the First World War: the "racial environment"', *Irish Historical Studies*, vol. xxvii, no. 108, Nov. 1991.
★Denman, Terence, *Ireland's Unknown Soldiers: The 16th (Irish) Division in the Great War*, Dublin: Irish Academic Press, 1992.
*★Denman, Terence, *A Lonely Grave: The Life and Death of William*

*Redmond*, Blackrock: Irish Academic Press, 1995.

Dockrill, Michael & David French (eds.), *Strategy and Intelligence: British Policy during the First World War*, London & Rio Grande: Hambledon Press, 1996.

★Doerries, Reinhard R., *Prelude to the Easter Rising: Sir Roger Casement in Imperial Germany*, London: Frank Cass, 2002.

Dolan, Anne, *Commemorating the Irish Civil War: History and Memory, 1923–2000*, Cambridge: Cambridge UP, 2003.

Dooley, Chris, *Redmond: A Life Undone*, Dublin: Gill & Macmillan, 2015.

Dooley, Thomas, *Irishmen or English Soldiers? The Times and World of a Southern Catholic Irish Man (1876–1916) Enlisting in the British Army During the First World War*, Liverpool: Liverpool UP, 1995.

Doran, Fionnuala, *The Trial of Roger Casement*, London: Self Made Hero, 2016.

Drummond, Maldwin, *The Riddle*, London: Nautical Books, 1985.

☆Dudgeon, Jeffrey, *Roger Casement The Black Diaries, with a study of his background, sexuality, and Irish political life*, Belfast: Belfast Press, 2002, 2nd edn., 2016.

Duggan, J. P., 'Poltergeist Pistol', *History Ireland*, vol. 3, no. 3, 1995.

★Dungan, Myles, *Irish Voices from the Great War*, Dublin: Irish Academic Press, 1995, rpt., 1998.

★Dungan, Myles, *They Shall Grow Not Old: Irish Soldiers and the Great War*, Dublin: Four Courts Press, 1997.

Eichenberg, Julia, 'The Dark Side of Independence: Paramilitary Violence in Ireland and Poland after the First World War', *Contemporary European History*, vol. 19, no. 3, 2010.

English, Richard, *Ernie O'Malley: IRA Intellectual*, Oxford: Oxford UP, 1998.

English, Richard, *Armed Struggle: The History of the IRA*, Oxford: Oxford UP, 2003.

English, Richard & Graham Walker (eds.), *Unionism in Modern Ireland: New Perspectives on Politics and Culture*, Basingstoke: Macmillan, 1996.

Falls, Cyril, *The History of the 36th (Ulster) Division*, Belfast & London: McCaw, Stevenson & Orr, 1922, rpt., London: Constable, 1998.

Fanning, Ronan, *Fatal Path: British Government and Irish Revolution, 1910–1922*, London: Faber & Faber, 2013.

Farrar, Martin J., *News from the Front: War Correspondents on the*

*Western Front, 1914–18*, Stroud: Sutton Pub., 1998.
Farrell, Mel, Jason Knirck & Ciara Meehan (eds.), *A Formative Decade: Ireland in the 1920s*, Sallins: Irish Academic Press, 2015.
☆Feilding, Rowland, *War Letters to a Wife: France and Flanders, 1915–1919*, London: Medici Society, 1929, rpt., Staplehurst: Spellmount, 2001.
★Ferriter, Diarmaid, *A Nation and Not a Rabble: The Irish Revolution, 1913–1923*, London: Profile Books, 2015.
☆Figgis, Darrell, *Recollections of the Irish War*, New York: General Books, rpt., 2010. [Based on Figgis's manuscript, 'Recollection of the Irish War', written in 1921–22.]
Finnan, Joseph P., *John Redmond and Irish Unity, 1912–1918*, New York: Syracuse UP, 2004.
Fitzpatrick, David, *Politics and Irish Life, 1913–1921: Provincial Experience of War and Revolution*, Cork: Cork UP, 1977, rpt. 1998.
Fitzpatrick, David (ed.), *Ireland and the First World War*, Dublin: Trinity History Workshop, 1986.
Fitzpatrick, David, 'The Overflow of the Deluge: Anglo-Irish Relationships, 1914–1922', Oliver Macdonagh & W. F. Mandle (eds.), *Ireland and Irish-Australia: Studies in Cultural and Political History*, London: Croom Helm, 1986.
Fitzpatrick, David (ed.), *Revolution?: Ireland, 1917–1923*, Dublin: Trinity History Workshop, 1990.
Fitzpatrick, David, 'The Logic of Collective Sacrifice: Ireland and the British Army, 1914–1918', *Historical Journal*, vol. 38, no. 4, Dec. 1995.
Fitzpatrick, David, 'Militarism in Ireland, 1900–1922', Thomas Bartlett & Keith Jeffery (eds.), *A Military History of Ireland*, Cambridge: Cambridge UP, 1996.
Fitzpatrick, David, *The Two Irelands, 1912–1939*, Oxford: Oxford UP, 1998.
Fitzpatrick, David (ed.), *Terror in Ireland, 1916–1923*, Dublin: Lilliput Press, 2012.
Flanagan, Frances, *Remembering the Revolution: Dissent, Culture, and Nationalism in the Irish Free State*, Oxford: Oxford UP, 2015.
Foster, Roy, 'A Patriot for Whom?: Erskine Childers, A Very English Irishman', *History Today*, 38, Oct. 1988.
Foster, R. F., *Vivid Faces: The Revolutionary Generation in Ireland, 1890–1923*, London: Allen Lane, 2014.

Foy, Michael & Brian Barton, *The Easter Rising*, Stroud: Sutton Pub., 1999.
Gallagher, Frank, *The Anglo-Irish Treaty*, London: Hutchinson & Co., 1965.
Garvin, Tom, *Nationalist Revolutionaries in Ireland, 1858–1928*, Dublin: Gill & Macmillan, 1987.
Garvin, Tom, *1922: The Birth of Irish Democracy*, Dublin: Gill & Macmillan, 1996.
★Gerwarth, Robert & John Horne (eds.), *War in Peace: Paramilitary Violence in Europe after the Great War*, Oxford: Oxford UP, 2012.
☆Gibbs, Philip, *Realities of War*, London: William Heinemann, 1920.
☆Gibbs, Philip, *The Hope of Europe*, London: William Heinemann, 1921.
Golding, G. M., *George Gavan Duffy, 1882–1951: A Legal Biography*, Dublin: Academic Press, 1982.
Graham, B. & P. Shirlow, 'The Battle of Somme in Ulster memory and identity', *Political Geography*, vol. 21, no. 7, 2002.
Grayson, Richard S., *Belfast Boys: How Unionists and Nationalists Fought and Died Together in the First World War*, London: Continuum, 2009.
Grayson, Richard S. & Fearghal McGarry (eds.), *Remembering 1916: The Easter Rising, the Somme and the Politics of Memory in Ireland*, Cambridge: Cambridge UP, 2016.
★Gregory, Adrian & Senia Pašeta (eds.), *Ireland and the Great War: 'A war to unite us all'?*, Manchester & New York: Manchester UP, 2002.
Gregory, Adrian, 'Peculiarities of the English?: War, Violence and Politics, 1900–1939', *Journal of Modern European History*, vol. 1, 2003.
Gwynn, Denis, *Traitor or Patriot: The Life and Death of Roger Casement*, New York: Jonathan Cape & Harrison Smith, 1931.
Gwynn, Stephen & T. M. Kettle (eds.), *Battle Songs for the Irish Brigades*, Dublin & London: Maunsel & Company, 1915.
Gwynn, Stephen, *John Redmond's Last Years*, New York: Longmans, Green & Co., 1919, rpt. 2006.
Gwynn, Stephen, *Experiences of a Literary Man*, London: Thornton Butterworth, 1926.
Gwynn, Stephen, *Aftermath*, Dundalk: W. Tempest, Dundalgan Press, 1946.
Hanna, Henry, *The Pals at Suvla Bay: Being the Record of "D" Company of the 7th Royal Dublin Fusiliers*, Dublin: E. Ponsonby Ltd., [1916].
Harris, H. E. D., *The Irish Regiments in the First World War*, Cork: Mercier Press, 1968.
Hart, Peter, *The I.R.A. and Its Enemies: Violence and Community in*

*Cork, 1916-1923*, Oxford: Clarendon Press, 1998.

Hart, Peter, *The I.R.A. at War, 1916-1923*, Oxford: Oxford UP, 2003.

Hart, Peter, *Mick: The Real Michael Collins*, New York: Penguin Books, 2005.

Harvey, A. D., 'Who Were the Auxiliaries?', *Historical Journal*, vol. 35, no. 3, 1992.

Hawkings, F. M. A., 'Defence and the role of Erskine Childers in the treaty negotiations of 1921', *Irish Historical Studies*, vol. xxii, no. 87, March 1981.

Hay, Marnie, *Bulmer Hobson and the Nationalist Movement in Twentieth-Century Ireland*, Manchester: Manchester UP, 2009.

Heartfield, James & Kevin Rooney, *Who's Afraid of the Easter Rising? 1916-2016*, Winchester: Zero Books, 2015.

★Hennessey, Thomas, *Dividing Ireland: World War I and Partition*, London: Routledge, 1998.

Hepburn, A. C., *Catholic Belfast and Nationalist Ireland in the Era of Joe Devlin, 1871-1934*, Oxford: Oxford UP, 2008.

Herlihy, Jim, *The Royal Irish Constabulary: A Short History and Genealogical Guide with a Select List of Medal Awards and Casualties*, Dublin: Four Courts Press, 2nd edn., 2016.

Hill, Judith, *In Search of Islands: A Life of Conor O'Brien*, Cork: Collins Press, 2009.

History Ireland, *1916, Dream & Death*, Dublin: History Publications, 2016.

Hogan, David (Frank Gallagher), *The Four Glorious Years*, Dublin: Irish Press, 1953.

Hopkins, Lisa, 'The Irish and the Germans in the Fiction of John Buchan and Erskine Childers', *Irish Studies Review*, vol. 9, no. 1, 2001.

Hopkinson, Michael, *Green against Green: The Irish Civil War*, Dublin: Gill & Macmillan, 1988.

Hopkinson, Michael, *The Irish War of Independence*, Dublin: Gill & Macmillan, 2002.

堀越智『アイルランド イースター蜂起 1916』論創社，1985 年.

堀越智『アイルランド独立戦争 1919-21』論創社，1985 年.

Horne, John, 'Ireland at the Somme', *History Today*, vol. 57, no. 4, April 2007.

★Horne, John (ed.), *Our War: Ireland and the Great War*, Dublin: Royal Irish Academy, 2008.

★Horne, John & Edward Madigan (eds.), *Towards Commemoration: Ireland in War and Revolution, 1912–1923*, Dublin: Royal Irish Academy, 2013.

Hughes, Gavin, *Fighting Irish: The Irish Regiments in the First World War*, Sallins: Merrion Press, 2015.

池田真紀「自治運動ナショナリズムの発展と崩壊――アイルランド国民党，シン・フェイン，およびイギリス・アイルランド関係，1900–1918 年」博士論文，東京大学法学部，2006 年.

Inglis, Brian, *Roger Casement*, London: Hodder & Stoughton, 1974.

井野瀬久美惠『植民地経験のゆくえ――アリス・グリーンのサロンと世紀転換期の大英帝国』人文書院，2004 年.

Irish Convention, *Report of the Proceedings of the Irish Convention*, Dublin: H. M. Stationery Office, 1918, rpt., 2010.

*The Irish Home-Rule Convention*, New York: Macmillan, 1917.

*The Irish Uprising, 1914–21: Papers from the British Parliamentary Archive*, London: H. M. Stationery Office, 2000.

Jeffery, Keith, 'The Great War in Modern Irish Memory', T. G. Fraser & Keith Jeffery (eds.), *Men, Women and War: Papers read before the xxth Irish Conference of Historians, held at Magee College, University of Ulster, 6–8 June 1991*, Dublin: Lilliput Press, 1993.

Jeffery, Keith (ed.), *'An Irish Empire'?: Aspects of Ireland and the British Empire*, Manchester & New York: Manchester UP, 1996.

★Jeffery, Keith, *Ireland and the Great War*, Cambridge: Cambridge UP, 2000.

Jeffery, Keith, *Field Marshall Sir Henry Wilson: A Political Soldier*, Oxford: Oxford UP, 2006.

Johnson, Nuala C., *Ireland, the Great War and the Geography of Remembrance*, Cambridge: Cambridge UP, 2003.

Johnston, Kevin, *Home or Away: The Great War and the Irish Revolution*, Dublin: Gill & Macmillan, 2010.

★Johnston, Tom, *Orange, Green & Khaki: The Story of the Irish Regiments in the Great War, 1914–18*, Dublin: Gill & Macmillan, 1992.

Karsten, Peter, 'Irish Soldiers in the British Army, 1792–1922: Suborned or Subordinate?', *Journal of Social History*, vol. 17, no. 1, Fall 1983.

Kautt, William H., *The Anglo-Irish War, 1916–1921*, Westport: Praeger, 1999.

Kautt, W. H., *Ambushes and Armour: The Irish Rebellion, 1919–1921*, Dublin: Irish Academic Press, 2010.

Keating, Joseph, 'Major Willie Redmond', Felix Lavery (cd.), *Great Irishmen in War and Politics*, London: Andrew Melrose, 1920.
Kenneally, Ian, *The Paper Wall: Newspapers and Propaganda in Ireland, 1919–1921*, Cork: Collins Press, 2008.
Kennedy, Thomas C., 'War, Patriotism, and the Ulster Unionist Council, 1914–18', *Éire-Ireland*, vol. 40, nos. 3 & 4, 2005.
Kenny, Kevin (ed.), *Ireland and the British Empire*, Oxford: Oxford UP, 2004.
Kent, Susan Kingsley, *Aftershocks: Politics and Trauma in Britain, 1918–1931*, Basingstoke: Palgrave Macmillan, 2009.
Keogh, Michael, *With Casement's Irish Brigade*, Drogheda: Choice Pub., 2010.
Kerr, S. Parnell, *What the Irish Regiments Have Done*, London: T. Fisher Unwin, 1916.
Kettle, Thomas, *The Open Secret of Ireland*, London: W. J. Ham-Smith, 1912, rpt., 2007.
Kildea, Jeff, *Anzacs and Ireland*, Cork: Cork UP, 2007.
Killeen, Richard, *A Short History of the Irish Revolution, 1912 to 1927*, Dublin: Gill Books, 2007.
Kissane, Bill, *Explaining Irish Democracy*, Dublin: University College Dublin Press, 2002.
Kissane, Bill, *The Politics of the Irish Civil War*, Oxford: Oxford UP, 2005.
Kissane, Bill, *New Beginnings: Constitutionalism & Democracy in Modern Ireland*, Dublin: University College Dublin Press, 2011.
Knirck, Jason K., *Imagining Ireland's Independence: The Debates over the Anglo-Irish Treaty of 1921*, Plymouth: Rowman & Littlefield, 2006.
Knirck, Jason, 'The Dominion of Ireland: The Anglo-Irish Treaty in an Imperial Context', *Éire-Ireland*, vol. 42, nos. 1 & 2, 2007.
Knirck, Jason, *Afterimage of the Revolution: Cumann na aGaedheal and Irish Politics, 1922–1932*, Madison: Univ. of Wisconsin Press, 2014.
小関隆『プリムローズ・リーグの時代——世紀転換期イギリスの保守主義』岩波書店，2006 年.
小関隆『徴兵制と良心的兵役拒否——イギリスの第一次世界大戦経験』人文書院，2010 年.
小関隆「歴史叙述と「想像力」——戯曲を素材に」大浦康介(編)『フィクション論への誘い——文学・歴史・遊び・人間』世界思想社，2013 年.
小関隆「西部戦線のアイルランド・ナショナリスト：戦場の共有は和解の契

機たりうるか？」山室信一・岡田暁生・小関隆・藤原辰史(編)『現代の起点　第一次世界大戦 第2巻 総力戦』岩波書店，2014年.
小関隆「「自決」と報復——「戦後の戦争」としてのアイルランド独立戦争」山室信一・岡田暁生・小関隆・藤原辰史(編)『現代の起点　第一次世界大戦 第4巻 遺産』岩波書店，2014年.
Kosok, Heinz, *The Theatre of War: The First World War in British and Irish Drama*, Basingstoke & New York: Palgrave Macmillan, 2007.
Kostick, Conor, *Revolution in Ireland: Popular Militancy, 1917–1923*, Cork: Cork UP, 2nd edn., 2009.
Laffan, Michael, *The Resurrection of Ireland: The Sinn Fein Party, 1916–1923*, Cambridge: Cambridge UP, 1999.
Landreth, Helen, *The Mind and Heart of Mary Childers*, Massachusetts: H. Landreth, 1965.
Laubscher, Michael, *Who is Roger Casement?: A New Perspective*, Dublin: History Press Ireland, 2010.
Lavery, Felix (ed.), *Irish Heroes in the War*, London: Everett & Co., 1917.
Law, Hugh A., 'John Redmond: A Remembrance', *Dublin Review*, vol. 163, no. 326, July 1918.
Lawrence, Jon, 'Forging a Peaceable Kingdom: War, Violence, and Fear of Brutalization in Post-First World War Britain', *Journal of Modern History*, vol. 75, no. 3, Sept. 2003.
★Leeson, D. M., *The Black & Tans: British Police and Auxiliaries in the Irish War of Independence*, Oxford: Oxford UP, 2011.
Leonard, Jane, 'Facing 'the Finger of Scorn': Veterans' Memories of Ireland after the Great War', Martin Evans & Ken Lunn (eds.), *War and Memory in the Twentieth Century*, Oxford & New York: Berg, 1997.
Leslie, Shane, 'Burnt-Offerings', *Dublin Review*, vol. 163, no. 326, July 1918.
Lewis, Alan, *Dying for Ireland: The Prison Memoirs of Roger Casement*, San Francisco: Kite Hill Press, 2012.
Lewis, Geoffrey, *Carson: The Man Who Divided Ireland*, London & New York: Hambledon and London, 2005.
Lucy, J. F., *There's a Devil in the Drum*, Uckfield: Naval & Military Press, 1992.
☆Lynch, Arthur, *My Life Story*, London: J. Long, 1924.
Lynch, Florence Monteith, *The Mystery Man of Banna Strand: The Life and Death of Captain Robert Monteith*, New York: Vantage Press, 1959.
Lynch, Robert, *Revolutionary Ireland, 1912–25*, London: Bloomsbury

Academic, 2015.
Lyons, J. B., *The Enigma of Tom Kettle: Irish Patriot, Essayist, Poet, British Soldier, 1880–1916*, Dublin: Glendale Press, 1983.
Lysaght, Charles, *Edward MacLysaght, 1887–1986*, Dublin: National Library of Ireland Society, 1988.
Lysaght, Edward E., *Sir Horace Plunkett and His Place in the Irish Nation*, Dublin & London: Maunsel & Co., 1916.
MacDonagh, Michael, *The Irish at the Front*, London, New York & Toronto: Hodder and Stoughton, 1916.
MacLysaght, Edward, *Changing Times: Ireland since 1898*, Gerrards Cross: Colin Smythe, 1978.
Macready, Nevil, *Annals of an Active Life* (2 vols), London: Hutchinson & Co., n. d.
Manela, Erez, *The Wilsonian Moment: Self-Determination and the International Origins of Anticolonial Nationalism*, Oxford: Oxford UP, 2007.
Mansion House Conference, *No Conscription!: Ireland's Case Re-stated*, Dublin: Mansion House Conference, [1918].
Marsh, Edward, *A Number of People: A Book of Reminiscences*, London: William Heinemann, 1939.
Martin, F. X. (ed.), *The Howth Gun-Running and the Kilcoole Gun-Running, 1914*, Dublin: Browne and Nolan, 1964.
☆Martin, Hugh, *Ireland in Insurrection: An Englishman's Record of Fact*, London: D. O'Connor, 1921.
松井清『北アイルランドのプロテスタント――歴史・紛争・アイデンティティ』彩流社，2008年.
McCarthy, Cal, *Cumann na mBan and the Irish Revolution*, Cork: Collins Press, 2007.
McCarthy, John P., *Kevin O'Higgins: Builder of the Irish State*, Dublin: Irish Academic Press, 2006.
McConnel, James, 'Recruiting Sergeants for John Bull?: Irish Nationalist MPs and Enlistment during the Early Months of the Great War', *War in History*, vol. 14, no. 4, 2007.
McCormack, W. J., *Roger Casement in Death or Haunting the Free State*, Dublin: University College of Dublin Press, 2002.
McCracken, Donal P., *Forgotten Protest: Ireland and the Anglo-Boer War*, Belfast: Ulster Historical Foundation, 2003.

McDowell, R. B., *The Irish Convention, 1917-18*, London: Routledge & Kegan Paul, 1970.

★McGarry, Fearghal, *The Rising: Ireland, Easter 1916*, Oxford: Oxford UP, 2010.

McGaughey, Jane G. V., *Ulster's Men: Protestant Unionist Masculinities and Militarization in the North of Ireland, 1912-1923*, Montreal & Kingston: McGill-Queen's UP, 2012.

McGreevy, Ronan, *Wherever the Firing Line Extends: Ireland and the Western Front*, Dublin: History Press Ireland, 2016, rpt., 2017.

McGuiness, Frank, *Observe the Sons of Ulster Marching Towards the Somme*, London: Faber & Faber, 1986.

McInerney, Michael, *The Riddle of Erskine Childers*, Dublin: E.&T. O'Brien, 1971.

McMahon, Sean, *Rebel Ireland: From Easter Rising to Civil War*, Cork: Mercier Press, 1999.

＊McNamara, Conor, *The Easter Rebellion, 1916: A New Illustrated History*, Cork: Collins Press, 2015.

Meleady, Dermot, *Redmond: The Parnellite*, Cork: Cork UP, 2008.

Messenger, Charles, *Broken Sword: The Tumultuous Life of General Frank Crozier, 1879-1937*, Barsley: Praetorian Press, 2013.

南野泰義『北アイルランド政治論――政治的暴力とナショナリズム』有信堂, 2017 年.

＊Mitchell, Angus, *16 Lives: Roger Casement*, Dublin: O'Brien Press, 2013.

☆Mitchell, Angus (ed.), *One Bold Deed of Open Treason: The Berlin Diary of Roger Casement, 1914-1916*, Sallins: Merrion Press, 2016.

Mitchell, Arthur, *Revolutionary Government in Ireland: Dail Eireann, 1919-22*, Dublin: Gill & Macmillan, 1995.

森ありさ『アイルランド独立運動史――シン・フェイン，IRA，農地紛争』論創社，1999 年.

森ありさ「自治から共和主義への転換点――ウィリー・レドモンド従軍からクレア補欠選挙へ」法政大学比較経済研究所／後藤浩子(編)『アイルランドの経験――植民・ナショナリズム・国際統合』法政大学出版局，2009 年.

Murdoch, Iris, *The Red and the Green*, London: Vintage, 1965, rpt., 2002.

Murphy, David, *Irish Regiments in the World Wars*, Oxford & New York: Osprey, 2007.

★Myers, Jason R., *The Great War and Memory in Irish Culture, 1918-2010*,

Palo Altp: Academica Press, 2013.
Myers, Kevin, *Ireland's Great War*, Dublin: Lilliput Press, 2014.
中村麻衣子「ロジャー・ケイスメントとは誰なのか？――コンゴ，同性愛，アイルランド蜂起」『テクスト研究』5号，2009年3月.
Nelson, Bruce, *Irish Nationalists and the Making of the Irish Race*, Princeton & Oxford: Princeton UP, 2012.
Newsinger, John, '"I Bring Not Peace but a Sword": The Religious Motif in the Irish War of Independence', *Journal of Contemporary History*, vol. 13, no. 3, July 1978.
Novick, Ben, *Conceiving Revolution: Irish Nationalist Propaganda during the First World War*, Dublin: Four Courts Press, 2001.
O'Casey, Sean, *The Silver Tassie*, London: Macmillan, 1929, rpt., 2014.
*★Ó Comhraí, Cormac, *Ireland and the First World War: A Photographic History*, Cork: Mercier Press, 2014.
O'Connor, Frank, *An Only Child and My Father's Son: An Autobiography*, London: Macmillan, 1961, rpt., London: Penguin Books, 2005.
オコナー，ユーリック（波多野裕造訳）『恐ろしい美が生まれている――アイルランド独立運動と殉教者たち』青土社，1997年.
O'Day, Alan, *Irish Home Rule, 1867-1921*, Manchester: Manchester UP, 1998.
O'Donnell, Charles James & Brendan Clifford, *Ireland in the Great War: The Irish Insurrection of 1916 Set in Its Context of the World War*, Belfast: Athol Books, 1992.
O'Faoláin, Seán, *Vive Moi!: An Autobiography*, London: Rupert Hart-Davis, 1965.
O'Farrell, Padraic, *Who's Who In the Irish War of Independence and Civil War, 1916-1923*, Dublin: Lilliput Press, 1997.
Officer, David, '"For God and for Ulster": the Ulsterman on the Somme', Ian McBride (ed.), *History and Memory in Modern Ireland*, Cambridge: Cambridge UP, 2001.
O'Hegarty, P. S., *A Bibliography of the Books of Erskine Childers*, Dublin: Alex. Thom & Co., 1948.
Ollivant, Alfred, *Erskine Childers: An Appreciation and a Criticism*, Fraser Press, [1923].
O'Malley, Ernie, *On Another Man's Wound*, London: Rich & Cowan, 1936.
O'Neill, Hugh, *Ireland, England and the War*, n. p., n. d.[1917].
O'Rahilly, Alfred, *The Padre of Trench Street: The Jesuit Priest Who Gave*

*His Life for His Men & His God at Ypres*, London: Longman, Green & Co., 1920, rpt., 2005.

Orr, Philip, *The Road to the Somme: Men of the Ulster Division Tell Their Story*, Belfast & Wolfeboro: Blackstaff Press, 1987.

Orr, Philip, *Field of Bones: An Irish Division at Gallipoli*, Dublin: Lilliput Press, 2006.

＊Ó Ruáirc, Pádraig Óg, *Revolution: A Photographic History of Revolutionary Ireland, 1913–1923*, Cork: Mercier Press, 2014.

＊★Ó Síocháin, Séamas, *Roger Casement: Imperialist, Rebel, Revolutionary*, Dublin: Lilliput, 2008.

"Outis", 'Has Recruiting in Ireland been satisfactory?', *United Service Magazine*, Aug. 1915.

Pakenham, Frank (Lord Longford), *Peace by Ordeal: The Negotiation of the Anglo-Irish Treaty*, London: Jonathan Cape, 1935, new edn., London: Pimlico, 1992.

Pašeta, Senia, *Before the Revolution: Nationalism, Social Change and Ireland's Catholic Elite, 1879–1922*, Cork: Cork UP, 1999.

Pašeta, Senia, *Thomas Kettle*, Dublin: University College Dublin Press, 2008.

Passingham, Ian, *Pillars of Fire: The Battle of Messines Ridge, June 1917*, Stroud: Sutton Pub., 2004.

Pennell, Catriona, *A Kingdom United: Popular Responses to the Outbreak of the First World War in Britain and Ireland*, Oxford: Oxford UP, 2012.

Perry, Nicholas (ed.), *Major General Oliver Nugent and the Ulster Division, 1915–1918*, Stroud: Sutton Pub., 2007.

Phillips, Terry, 'Enigmas of the Great War: Thomas Kettle and Francis Ledwidge', *Irish Studies Review*, vol. 16, no. 4, November 2008.

＊Piper, Leonard, *The Tragedy of Erskine Childers: Dangerous Waters*, London & New York: Hambledon and London, 2003.

Plunkett, Horace, *A Better Way: An Appeal to Ulster not to desert Ireland*, Dublin: Hodges, Figgis & Co., 1914.

Popham, Hugh & Robin Popham (eds.), *A Thirst For the Sea: The Sailing Adventures of Erskine Childers*, London: Stanford Maritime, 1979.

☆Redmond, John, *The Irish Nation and the War: Extracts from Speeches Made in the House of Commons and in Ireland since the Outbreak of the War*, Dublin: Sealy, Bryers & Walker, 1915.

Redmond, John, *Account of a Visit to the Front*, London: Thomas Nelson &

Co., 1915.

Redmond, John, *Strong Words from Mr. Redmond: Treason to the Home Rule Cause*, London: Sir Joseph Causton & Sons, 1916.

Redmond, John, *The Voice of Ireland: Being an Interview with John Redmond, M.P. and Some Messages from Representative Irishmen regarding the Sinn Fein Rebellion*, London: Thomas Nelson & Sons, [1916].

Redmond, William, *Through the New Commonwealth*, Dublin: Sealy, Bryers and Walker, 1906.

☆Redmond, Major William, *Trench Pictures from France*, London: Andrew Melrose, 1917.

Redmond, Major Wm., 'From the Trenches: a Plea and a Claim', *Dublin Review*, vol. 160, no. 321, April 1917.

☆Redmond, William Hoey Kerney (ed. by Arthur Ryan), *Major William Redmond*, London: Burns & Oates, n. d.[1917].

☆Redmond, William Hoey Kearney, *In Memorial: Major Willie Redmond*, Dublin: Souvenir Booklet, 1918.

Regan, John M., *The Irish Counter-Revolution, 1921–1936*, New York: St. Martin's Press, 1999.

★Reid, B. L., *The Lives of Roger Casement*, New Haven & London: Yale UP, 1976.

Reid, Colin, 'The Irish Party and the Volunteers: Politics and the Home Rule Army, 1913–1916', Caoimhe Nic Dháibhéid & Colin Reid (eds.), *From Parnell to Paisley: Constitutional and Revolutionary Politics in Modern Ireland*, Dublin: Irish Academic Press, 2010.

Reid, Colin, *The Lost Ireland of Stephen Gwynn: Irish Constitutional Nationalism and Cultural Politics, 1864–1950*, Manchester: Manchester UP, 2011.

Richardson, Neil, *A Coward If I Return, A Hero If I Fall: Stories of Irishmen in World War I*, Dublin: O'Brien Press, 2010.

Richardson, Neil, *According to Their Lights: Stories of Irishmen in the British Army, Easter 1916*, Cork: Collins Press, 2015.

Ring, Jim, *Erskine Childers: Author of The Riddle of the Sands*, London: John Murray, 1996.

Ryan, Meda, *The Tom Barry Story*, Dublin & Cork: Mercier Press, 1982.

Ryan, Meda, *Tom Barry: IRA Freedom Fighter*, Dublin: Mercier Press, 2003.

酒井朋子「北アイルランド・ユニオニズムにおける第一次大戦の記念と表象——名誉革命期ボイン戦との記憶の接合をめぐって」『宗教と社会』11 号, 2005 年 6 月.

Sawyer, Roger, *Casement: The Flawed Hero*, London: Routledge & Kegan Paul, 1984.

Sawyer, Roger (ed.), *Roger Casement's Diaries, 1910: The Black & the White*, London: Pimlico, 1997.

Scholes, Andrew, *The Church of Ireland and the Third Home Rule Bill*, Dublin: Irish Academic Press, 2010.

Seed, David, 'Erskine Childers and the German Peril', *German Life and Letters*, vol. 45, no. 1, January 1992.

Shaw, George Bernard, *War Issues for Irishmen: An Open Letter to Col. Arthur Lynch from Bernard Shaw*, Dublin & London: Maunsel & Co., 1918.

Sheehan, Daniel Desmond, *Ireland since Parnell*, London, 1921.

*The 6th Connaught Rangers: Belfast Nationalists and the Great War*, Belfast: 6th Connaught Rangers Research Project, 2011.

Smith, Jeremy, 'Sir Edward Carson and the Third Home Rule Bill, 1913–14', *Irish Historical Studies*, vol. xxxv, no. 140, Nov. 2007.

Spender, Harold, 'Ireland and the War', *Contemporary Review*, vol. CX, July-December 1916.

Spindler, Karl, *Gun Running for Casement in the Easter Rebellion, 1916*, London: Collins, Sons & Co., 1921,

Staniforth, J. H. M.(ed. by Richard S. Grayson), *At War with the 16th Irish Division, 1914–1918*, Barnsley: Pen & Swords Books, 2012.

Stanley, Jeremy, *Ireland's Forgotten 10th: A Brief History of the 10th (Irish) Division, 1914–1918, Turkey, Macedonia and Palestine*, Ballycastle & Coleraine: Impact Printing, 2003.

Switzer, Catherine, *Unionist and Great War Commemoration in the north of Ireland, 1914–1939: People, Places and Politics*, Dublin: Irish Academic Press, 2007.

竹内幸雄『イギリス人の帝国——商業, 金融そして博愛』ミネルヴァ書房, 2000 年.

Taylor, A. J. P., 'A Patriot for One Ireland', A. J. P. Taylor, *Essays in English History*, Harmondsworth: Penguin Books, 1976.

Taylor, Paul, *Heroes or Traitors?: Experiences of Southern Irish Soldiers Returning from the Great War, 1919–1939*, Liverpool: Liverpool UP,

2015.

Taylor, Rex, *Assassination: The Death of Sir Henry Wilson and the tragedy of Ireland*, London: Hutchinson & Co., 1961.

Tobin, Fergal, *The Irish Revolution: An Illustrated History, 1912-25*, Dublin: Gill & Macmillan, 2013.

富山太佳夫『シャーロック・ホームズの世紀末(増補新版)』青土社，2014年．

Townshend, Charles, *The British Campaign in Ireland, 1919-1921: The Development of Political and Military Policies*, London: Oxford UP, 1975.

★Townshend, Charles, *Easter 1916: The Irish Rebellion*, London: Penguin Books, 2006.

★Townshend, Charles, *The Republic: The Fight for Irish Independence*, London: Allen Lane, 2013.

Tynan, Katharine, *The Years of the Shadow*, London: Constable & Co., 1919.

Vargas Llosa, Mario, *The Dream of the Celt*, London: Faber & Faber, 2012.

Walker, Graham, '"The Irish Dr Goebbels": Frank Gallagher and Irish Republican Propaganda', *Journal of Contemporary History*, vol. 27, no. 1, Jan. 1992.

Walsh, Maurice, *The News from Ireland: Foreign Correspondents and the Irish Revolution*, London & New York: I. B. Tauris & Co., 2008.

Walsh, Maurice, *Bitter Freedom: Ireland in a Revolutionary World, 1918-1923*, London: Faber & Faber, 2015.

Ward, Alan J., 'Lloyd George and the 1918 Irish Conscription Crisis', *Historical Journal*, vol. xvii, no. 1, 1974.

Ward, Alan J., *The Easter Rising: Revolution and Irish Nationalism*, Wheeling: Harlan Davidson, 2nd edn., 2003.

Wells, Warre B., *The Life of John Redmond*, New York: George H. Doran Co., 1919.

Wells, Warre B & N. Marlowe, *The Irish Convention and Sinn Fein*, Dublin & London: Maunsel & Co., 1918.

West, Trevor, *Horace Plunkett: Co-operation and Politics, an Irish Biography*, Gerrards Cross: Colin Smythe, 1986

White, Terence De Vere, *Kevin O'Higgins*, London: Methuenn 1948, rpt., Dublin: Anvil, 1986.

Wilkinson, Burke, *The Zeal of the Convert: The Life of Erskin* [*sic*] *Childers*, Gerrards Cross: Colin Smythe, 1976, repub., New York: Second

Chance Press, 1985.

Williams, Basil (ed.), *Home Rule Problems*, London: P. S. King & Son, 1911.

☆Williams, Basil, *Erskine Childers, 1870–1922: A Sketch based on Memories and Letters*, London: Women's Printing Society, 1926.

Williams, Basil & Erskine Childers (eds.), *The H.A.C. in South Africa*, London: Smith, Elder, & Co., 1903.

Wilson, T. K., *Frontiers of Violence: Conflict and Identity in Ulster and Upper Silesia, 1918–1922*, Oxford: Oxford UP, 2010.

Windle, Bertram, F.R.S., 'The Convention: A Member's Afterthoughts', *Dublin Review*, vol. 163, no. 326, July 1918.

Woods, Brett F., 'Pen and Sword: The Enigma of Erskine Childers', *Richmond Review*, 2003. http://www.richmondreview.co.uk/library/pen_and_sword.html

尹慧瑛『暴力と和解のあいだ――北アイルランド紛争を生きる人びと』法政大学出版局，2007 年．

Young, John N., *Erskine H. Childers, President of Ireland: A Biography*, Gerrards Cross: Colin Smythe, 1985.

# 図版・地図出典一覧

出典の書誌は，巻末「史料・文献リスト」の＊を参照．
：の後の数字は出典の頁を表す．

Ó Comhraí, 2014.
図 P-1: 35／図 1-4: 146／図 1-5: 150／図 2-4: 213／図 E-2: 15／コラム F(ドルトン)：256

Denman, 1995.
序章 扉(ウィリー)：16／図 2-3: 131

Mitchell, 2013.
序章 扉(ケイスメント)：表紙／図 2-1: 272＋

Piper, 2003.
序章 扉(チルダーズ)：102＋／図 4-2: 102＋

McNamara, 2015.
図 0-1: 66／第 2 章 扉：117／図 2-2: 140

Ó Síocháin, 2008.
第 1 章 扉：424＋

Ó Ruáirc, 2014.
図 1-1: 35／図 1-3: 36／図 2-5: 93／図 3-1: 178／図 3-2: 115／図 3-3: 150／図 3-5: 133-134／コラム C(クロツィエ)：141

Crowley, et. al., 2017(をもとに修正).
図 1-2: 170

*Illustrated London News*, 6 May 1916.
図 1-6

Coogan & Morrison, 1998.
第 3 章 扉：107／図 3-4: 108／図 3-6: 132／第 4 章 扉：170／図 4-1: 231／終章 扉：271／コラム E(オヒギンズ)：136

Ring, 1996.
図 E-1: 140＋

https://commons.wikimedia.org/wiki/File:Murlogh_Bay.jpg
図 E-4

https://commons.wikimedia.org/wiki/File:Arthur_Alfred_Lynch_in_1915.jpg
コラム A(リンチ)

https://commons.wikimedia.org/wiki/File:Stephen_L_Gwynn.jpg
コラム B(グウィン)

http://ageofuncertainty.blogspot.jp/2010/09/sir-philip-gibbs.html
コラム D(ギブズ)